本专著系"贵州财经大学引进人才科研启动项目"研究成果之一
项目名称为"转型国家土地市场研究"

乡村振兴探索
——以贵州省为例

邱 蓉 何律琴 刘 琦 著

科 学 出 版 社

北 京

内 容 简 介

为推动山地农业转型，实现经济跨越式发展，贵州省政、产、学、研各界上下求索。本书作者长期关注三农问题，积累了丰富的资料和研究经验。在国家宏观战略指引下，本书立足贵州省农村，观察农村发展现状，致力于研究贵州省在乡村产业兴旺、生态宜居、乡风文明、治理有效、生活富裕的各个方面。研究认为产业兴旺是基础，其他各项彼此之间相互联系、相互协调、相互促进。因此，本书在涵盖了乡村振兴基本内容的同时，侧重于产业兴旺的探索。

本书研究贵州省在乡村振兴中所具备的条件、所取得的成绩、存在的不足，从理论上探索贵州省乡村振兴的路径，为政府决策提供智力支持，为地方经济社会发展建言献策。本书适合经济类相关专业的本科生、研究生，以及相关研究机构和其他感兴趣的人阅读使用。

图书在版编目(CIP)数据

乡村振兴探索：以贵州省为例 / 邱蓉，何律琴，刘琦著. — 北京：科学出版社，2019.6

ISBN 978-7-03-060233-6

Ⅰ. ①乡⋯　Ⅱ. ①邱⋯　②何⋯　③刘⋯　Ⅲ. ①农村-社会主义建设-研究-贵州　Ⅳ. ①F327.73

中国版本图书馆 CIP 数据核字 (2018) 第 291968 号

责任编辑：张　展　华宗琪 / 责任校对：彭　映
责任印制：罗　科 / 封面设计：墨创文化

科 学 出 版 社 出版

北京东黄城根北街16号
邮政编码：100717
http://www.sciencep.com

四川煤田地质制图印刷厂印刷

科学出版社发行　各地新华书店经销

*

2019 年 6 月第　一　版　　开本：787×1092　1/16
2019 年 6 月第一次印刷　　印张：14
字数：330 000

定价：119.00 元

(如有印装质量问题，我社负责调换)

前　　言

在本书即将付梓之时，翻看书架，距上一本专著出版已经有几年的时间了。年少时，常常仰着头"Yes，I can"。可是有一些际遇，往往猝不及防。回望来路，会说："是的，也许可以。"

在清冷的岁月里，见识了一些人性的阴暗。微薄的金钱、低端的名利，竟可以使蝼蚁之形怀蛇蝎之心、行狐狼之盗。是的，也许可以。

然而，有清冷，就有温暖。有阴暗，就有阳光。

小朋友，他自己一个人选学校、办签证，瘦弱的身子背着沉重的行李过海关，战胜焦虑、恐惧，独自前往，长途飞行到异国他乡。克服水土不适、语言障碍，独自办理报到、住宿、注册等手续，独自处理生活事务、学业问题。每天睡眠不足 6 小时，竟可以在两年后获得奖学金。是的，也许可以。

父亲年轻时非常严肃，也从来不进厨房。现在不自觉叫着母亲的昵称，时常改良菜谱，逢年过节、客人来访，父亲必要露上一手。每天写字，写着写着竟有了出书的想法，甚至开始钻研《说文解字》。是的，也许可以。

在无力的日子里，有人伸过来一只手，你可以扶着，慢慢地站起来。在寂寥的时候，窗边有一枝小花，可以完胜盛世美颜。在困苦的时候，有人说：不要紧，慢慢来。是的，也许可以。

从本书的写作、编撰到出版，与各位作者，与出版社的各位编辑相互信任，从合作伙伴变成了朋友。是的，也许可以。

从"Yes，I can "到"是的，也许可以"，一路走来，家人的扶持、朋友的帮助、老师的教诲、领导的关心，就像阳光，温暖着我。梦入蓬蒿深似海，醒来已得明镜台。

谨以此书，献给我亲爱的儿子、敬爱的双亲，以及爱我和我爱的人。

邱　蓉

2018 年 12 月 8 日于花溪大学城

目　录

第一章　非均衡发展理论与乡村振兴

邱　蓉　　陈霜霜[①]

经济学的核心是探究经济增长的动力问题，然而，国与国之间、地区与地区之间资源禀赋、所处的发展阶段不一样。因此，区域均衡发展理论就显得比较理想化，特别是与发展中国家的客观现实距离太大，无法为区域发展问题找到出路。区域经济差异一直是区域经济学研究的核心问题之一，也是世界各国经济发展过程中的一个普遍性问题。非均衡发展理论因此被广泛应用，尤其成为发展中国家实现经济发展目标的一种理论选择，或者作为区域经济发展战略选择的理论基础。

非均衡发展主张首先发展一类或几类有带动性的部门，通过这几个部门的发展带动其他部门的发展。在经济发展的初级阶段，非均衡发展理论对发展中国家更有合理性和现实指导意义。按发展阶段的适用性，非均衡发展理论按有无引入时间变量，大体可分为两类：一类是无时间变量的；另一类是有时间变量的，主要以倒"U"形理论为代表。按研究对象可分为三类：一是产业非均衡理论，包括梯度转移理论、循环累积因果论、新结构经济学理论；二是地区非均衡理论，包括增长极理论、不平衡增长论、中心—外围理论；三是群体非均衡理论，包括反贫困理论等。

一、产业非均衡理论

(一)区域经济梯度转移理论

该理论是以美国的跨国企业问题专家弗农等的工业生产生命循环阶段论为基础的，认为工业各部门甚至各种工业产品都处在不同的生命循环阶段，在发展中必须经历创新、发展、成熟、衰老4个阶段，并且在不同阶段，将由兴旺部门转为停滞部门，最后成为衰退部门。区域经济学者把生命循环论引用到区域经济学中，创造了区域经济梯度转移理论。根据该理论，每个国家或地区都处在一定的经济发展梯度上，世界上每出现一种新行业、新产品、新技术，都会随时间的推移由高梯度区向低梯度区传递，威尔伯等形象地将其称为"工业区位向下渗透"现象。

[①] 邱蓉(1970年—)，经济学博士、教授，贵州财经大学硕士研究生导师。陈霜霜，贵州财经大学政治经济学专业研究生。

(二)冈纳·缪尔达尔的循环累积因果论

该理论认为，经济发展过程在空间上并不是同时产生和均匀扩散的，而是从一些条件较好的地区开始的，一旦这些区域由于初始优势而比其他区域超前发展，在既得优势基础上，这些区域便会通过累积因果过程，不断积累有利因素继续超前发展，从而进一步强化和加剧了区域间的不平衡，导致增长区域和滞后区域之间发生空间相互作用，由此产生两种相反的效应：一是回流效应，表现为各生产要素从不发达区域向发达区域流动，使区域经济差异不断扩大；二是扩散效应，表现为各生产要素从发达区域向不发达区域流动，使区域发展差异得到缩小。在市场机制的作用下，回流效应远大于扩散效应，即发达区域更发达，落后区域更落后。基于此，缪尔达尔提出了区域经济发展的政策主张。在经济发展初期，政府应当优先发展条件较好的地区，以寻求较好的投资效率和较快的经济增长速度，再通过扩散效应带动其他地区的发展，但当经济发展到一定水平时，也要防止累积循环因果造成贫富差距的无限扩大，政府必须制定一系列特殊政策来刺激落后地区的发展，以缩小经济差异。

(三)林毅夫的新结构经济学理论

新结构经济学用新古典的方法，以企业自生能力为微观分析基础，以每一个时点给定的要素禀赋结构为切入点，提出经济发展是一个动态的结构变迁过程，主要依靠有效市场来形成能够反映要素稀缺性的价格体系以引导企业按比较优势来选择产业、技术，从而形成竞争优势。同时，又需要有为政府来解决结构变迁过程中必然出现的外部性问题和软硬基础设施的协调问题。新结构经济学与传统结构经济学的区别在于，结构主义认为不同发达程度国家的结构差异是外生的，新结构经济学认为其内生于要素禀赋结构的差异。新结构经济学与一般新古典经济学的区别在于，新古典经济学把发达国家和发展中国家的结构同质化，没有区分二者之间在产业和技术上的差异。新结构经济学认为，在某一个时点，一国或地区的资源禀赋是静态的，需要正视差异并采用有形和无形的手段引导异质成为该国和地区的产业竞争优势。从长期来看，结构可以不断演变，新结构经济学致力于研究结构演变及演变因素、演变路径。

二、地区非均衡理论

(一)增长极理论

该理论由法国经济学家佩鲁在1950年首次提出，被认为是不平衡发展论的依据之一。增长极理论认为：一个国家要实现平衡发展只是一种理想，在现实中是不可能的，经济增长通常是从一个或数个"增长中心"逐渐向其他部门或地区传导。他借喻了磁场内部运动在磁极最强这一规律，称经济发展的这种区域极化为增长极。如果把发生支配效应的经济空间看作力场，那么位于这个力场中的推进性单元就可以描述为增长极。增长极是围绕推进性的主导工业部门而组织的有活力的高度联合的一组产业，它不仅能迅速增长，而且能通过乘数效应推动其他部门的增长。增长并非出现在所有地方，而是以不同强度首先出现在一些增长点或增长极上，这些增长点或增长极通过不同的渠道向外扩散，对整个经济产生不同的最终影响。因此，应选择特定的地理空间作为增长极，以带动经济发展。法国经济学家佩鲁首次提出的增长极概念的出发点是抽象的经济空间，是以部门分工所决定的产业联系为主要内容，所关心的是各种经济单元之间的联系。他认为增长并非同时出现在各部门，而是以不同的强度首先出现在一些增长部门，然后通过不同渠道向外扩散，并对整个经济产生不同的终极影响。他主要强调规模大、创新能力高、增长快速、居支配地位的且能促进其他部门发展的推进性单元即主导产业部门，着重强调产业间的关联推动效应。布代维尔从理论上将增长极概念的经济空间推广到地理空间，认为经济空间不仅包含了经济变量之间的结构关系，也包括了经济现象的区位关系或地域结构关系。因此，增长极概念有两种含义：一是在经济意义上特指推进性主导产业部门；二是在地理意义上特指区位条件优越的地区。应指出的是，点—轴开发理论可看作是增长极和生长轴理论的延伸，它不仅强调"点"（城市或优区位地区）的开发，而且强调"轴"（点与点之间的交通干线）的开发，以点带轴，点轴贯通，形成点轴系统。

(二)阿尔伯特·赫希曼的不平衡增长论

该理论是美国经济学家阿尔伯特·赫希曼1958年在《经济发展战略》一书中提出的。赫希曼从主要稀缺资源应得到充分利用的认识出发，提出了不平衡增长理论。该理论认为经济进步并不同时出现在每一处，经济进步的巨大推动力将使经济增长围绕最初的出发点集中，增长极的出现必然意味着增长在区域间的不平等是经济增长不可避免的伴生物，是经济发展的前提条件。他提出了与回流效应和扩散效应相对应的"极化效应"和"涓滴效应"。在经济发展的初期阶段，极化效应占主导地位，因此区域差异会逐渐扩大；但从长期看，涓滴效应将缩小区域差异。赫希曼认为，发展道路是一条"不均衡的链条"，从主导部门通向其他部门。首先选择具有战略意义的产业部门进行投资，可以带动整个经济发展；对于社会基础设施或直接生产部门的投资，具有不同的作用。前者为后者创造了外部经济。在决策时，社会成本低、外部经济好的投资项目应该优先选择。一般地说，政府应主动担负投资额大、建设周期长、对私人资本缺乏吸引力的社会基础设施的投资。不平衡增长论主张，集中有限的资金，扶持具有较强产业关联度的产业部门。例如，钢铁工业就是一个具有较大综合关联效应的应重点发展的产业，通过加快钢铁工业的发展，不仅可以带动与之前相关联的机械、电子产业，而且可以推动与之后相关联的矿山、交通、能源等产业的发展。不平衡增长理论主张发展中国家应有选择地在某些部门进行投资，通过其外部经济使其他部门逐步得到发展。

(三)弗里德曼的中心—外围理论

在考虑区域不平衡较长期的演变趋势基础上，将经济系统空间结构划分为中心和外围两部分，二者共同构成一个完整的二元空间结构。中心区发展条件较优越，经济效益较高，处于支配地位，而外围区发展条件较差，经济效益较低，处于被支配地位。因此，经济发展必然伴随着各生产要素从外围区向中心区的净转移。在经济发展初始阶段，二元结构十分明显，最初表现为一种单核结构，随着经济进入起飞阶段，单核结构逐渐被多核结构替代，当经济进入持续增长阶段，随着政府政策干预，中心和外围界限会逐渐消失，经济在全国范围内实现一体化，各区域优势充分发挥，经济获得全面发展。该理论对制定区域发展政策具有指导意义，但其关于二元区域结构随经济进入持续增长阶段而消失的观点是值得商榷的。

无时间变量的区域非均衡学派虽然正确指出了不同区域间经济增长率的差异，但不能因此而断定区域差异必然会不可逆转地不断扩大。因为各种非均衡增长模型片面地强调了累积性优势的作用，忽视了空间距离、社会行为和社会经济结构的意义。缪尔达尔和赫希曼的理论动摇了市场机制能自动缩小区域经济差异的传统观念，并引起一场关于经济发展趋同或趋异的大论战。但是在美国经济学家威廉姆逊的倒"U"形理论提出之前，该理论缺乏实证基础。他的研究使讨论向实证化方向迈出了有力的一步，倒"U"形理论也成为有时间变量的非均衡发展理论的代表。

三、威廉姆逊的倒"U"形理论

威廉姆逊把库兹涅茨的收入分配倒"U"形假说应用到分析区域经济发展方面，提出了区域经济差异的倒"U"形理论。他通过实证分析指出，无论是截面分析还是时间序列分析，结果都表明发展阶段与区域差异之间存在着倒"U"形关系。这一理论将时序问题引入了区域空间结构变动分析。由此可见，倒"U"形理论的特征在于均衡与增长之间的替代关系依时间的推移而呈非线性变化。

综观上述两类非均衡发展理论，其共同的特点是，二元经济条件下的区域经济发展轨迹必然是非均衡的，但随着发展水平的提高，二元经济必然会向更高层次的一元经济，即区域经济一体化过渡。其区别主要在于，它们分别从不同的角度来论述均衡与增长的替代关系，因而各有适用范围。在关于增长是否无论所处发展阶段如何都存在对非均衡的依赖性问题上，这两类理论之间是相互冲突的。增长极理论、不平衡增长论和梯度转移理论倾向于认为无论处在经济发展的哪个阶段，进一步的增长总要求打破原有的均衡，而倒"U"形理论则强调经济发展程度较高时期增长对均衡的依赖。

四、乡村振兴中的非均衡发展理论

(一)产业非均衡

乡村振兴，产业兴旺是重点。产业中农业是根本，种植业、养殖业是基础，在此基础上实现农产品加工业、观光农业等第一、二、三产业融合发展。粮食安全是人口大国的压舱石。乡村振兴提出"质量兴农、绿色兴农"，其内容就是以农业供给侧结构性改革为主线，加快构建现代农业产业体系、生产体系、经营体系，提高农业创新力、竞争力和全要素生产率。农业生产的基础设施既包括耕地质量、农田水利、农村道路交通等硬设施，也包括耕地保护制度、科技成果转化制度、农产品电商交易等公共政策。此外，农业技术也应该包含在新结构经济学的要素禀赋之中。

产业兴旺，除了发挥市场的作用外，政府也要积极引导，包括制定和实施国家质量兴农战略规划，建立健全质量兴农评价体系、政策体系、工作体系和考核体系。深入推进农业绿色化、优质化、特色化、品牌化，调整优化农业生产力布局，推动农业由增产导向转向提质导向。推进特色农产品优势区创建，实施产业兴村强县行动，推行标准化生产，培育农产品品牌，保护地理标志农产品，打造一村一品、一县一业发展新格局。加快发展现代高效林业，加强植物病虫害、动物疫病防控体系建设，优化养殖业空间布局，做大做强民族奶业。统筹海洋渔业资源开发。建立产学研融合的农业科技创新联盟，切实发挥农垦在质量兴农中的带动及引领作用。实施食品安全战略，健全农产品质量和食品安全监管体制。大力开发农业多种功能，延长产业链、提升价值链、完善利益链，通过保底分红、股份合作、利润返还等多种形式，让农民合理分享全产业链增值收益，构建农村第一、二、三产业融合发展体系。实施农产品加工业提升行动，重点解决农产品销售中的突出问题，实施休闲农业和乡村旅游精品工程，对利用闲置农房发展民宿、养老等项目，研究出台消防、特种行业经营等领域便利市场准入、加强事中事后监管的管理办法。发展乡村共享经济、创意农业、特色文化产业。优化资源配置，着力节本增效，提高我国农产品国际竞争力，构建农业对外开放新格局。实施特色优势农产品出口提升行动，扩大高附加值农产品出口。建立健全农业贸易政策体系。深化与"一带一路"沿线国家和地区农产品贸易关系。积极支持农业走出去，培育具有国际竞争力的大粮商和农业企业集团。积极参与全球粮食安全治理和农业贸易规则制定，促进形成更加公平合理的农业国际贸易秩序，进一步加大农产品反走私综合治理力度。

(二)区域非均衡

我国现代农业的总体水平虽有较大幅度提升，但由于东中西部农业生产的自然条件、历史基础、资金投入、人均受教育层次、交通条件等方面的差异，虽同为农村，却表现出较大的地区差距。在农业基础生产条件优越和交通相对便捷区域，各种现代农业模式正以相当快的速度呈扩张性规模增长，不仅基础设施和村容村貌实现了根本改变，而且公共服务能力与社会治理水平也显著提升。在许多条件差的偏远农村，农业结构的转型提升却没有实质性进展。东中西部农村差距还表现在农民收入、贫困发生率、道路网络的基础设施、农村公共服务等方面。

按照传统的非均衡理论，区域非均衡会经历中心地区繁荣、繁荣扩散、区域推进几个阶段，自动实现区域平衡。然而，我们只观察到了通过长期显著的区域差异表现出来的累积循环效应，而这样的差异已经开始损害落后地区的农村经济。例如，部分中西部村庄出现的"空心化"与土地荒芜、粗放经营、产业萎缩、乡村衰退等现象，会不利于城乡融合发展，甚至不利于社会稳定。因此需要根据新结构经济学，透过产业政策，实现扩散效应。乡村振兴战略是决策层正视区域差距，运用有形之手调配资源、扶弱济困、协调区域总体均衡的发展举措。

（三）人群非均衡

关注边远村落和贫困群体，消除绝对贫困和缓解相对贫困是乡村振兴战略的题中之义。我国不仅城乡发展差距大，并且地区之间发展也存在差异。与东部省市相比，中西部乡村的发展则显得更为落后。但我国的现代化发展与全面小康社会不能落下这些边远乡村，实施乡村振兴战略也不能抛弃这些贫困群体。我们可能无法阻止边远乡村在发展的过程中跟不上脚步而逐渐消亡，但我们可以做到在推进城镇化的同时，把村镇体系进行规划、对贫困居民进行扶持帮助并在居住方面进行安置转移。另外，可以把传统民居和古村落保护好，把以后将长期存在下去的、有着历史意义的村庄建设好。在减贫方面，可能无法完全消除贫困，但要把绝对贫困转为相对贫困。

1. 消除绝对贫困

中央提出精准扶贫、精准脱贫战略以来，已取得明显成效。全国农村贫困人口从 2012 年的 9899 万人，减少到 2016 年的 4335 万人；农村贫困人口占比从 2012 年的 10.2%，下降到 2016 年的 4.5%。从现在到 2020 年是全面建成小康社会的决胜期，打赢脱贫攻坚战是 2020 年前的艰巨任务。在进行扶贫时，我们首先要发挥中国的制度优势，无论是扶贫的专业部门还是政府机关单位，都有义务和责任将扶贫工作做好；其次是根据脱贫情况进行分类指导，将不同地区不同乡村的贫困程度进行分类，采取不同的措施与手段进行扶贫，尤其是要重点攻克深度贫困地区的脱贫任务；最后还要注重提高脱贫质量，在较短时间内集中资源，实现收入的增加和生活水平的提高。

2. 缓解相对贫困

尽管我国开展扶贫工作以来取得了一定成果，但是农村相对贫困的问题仍未得到很好的解决。在不同的时期内，我国对于贫困线的划分也有着不同的标准，如何开展精准扶贫仍是促进共享发展的重要途径，在 2020 年实现全面小康社会以后，并不意味着我国就已经完全消除贫困，而是把扶贫工作的着力点放在缓解相对贫困上来。扶贫工作也不能局限于进行经济补助，而是应该围绕相对贫困人口，解决他们的教育、住房、就业、医疗等更高层次方面的问题。受城乡二元体制的影响，过去我国城市和农村的扶贫政策是分割的，城市有就业帮扶、低保等政策，农村有开发式和救济式扶贫政策，两套政策体系在标准、对象、目标、手段、执行等方面存在较大差异。随着农村人口转移进城，部分贫困人口发生了空间转移，但城市的扶贫政策并不能覆盖这部分人口；随着城市社会分化程度的加剧，城市贫困问题需要给予高度关注[①]。2020 年以后，应把城乡扶贫一体化放在突出位置，在城乡居民医保、养老逐步并轨的基础上，推进城乡居民低保、就业、义务教育、住房保障等领域的并轨，进而实现贫困标准、扶贫措施、执行机构的一体化。

---

① 叶兴庆：《我国农业支持政策转型：从增产导向到竞争力导向》，《改革》2017 年第 3 期，第 19-34 页。

第二章　前期实践：从 HRS 到新农村建设

邱　蓉　　董雪珊[①]

第一节　HRS：制度探索与完善

从家庭联产承包责任制(Household Responsibility System，HRS)到社会主义新农村建设近 27 年的时间，可以看作是对中国特色农业现代化道路的探索历程。农业现代化是一个复杂的动态变化过程，在不同的时期，不同的国家和地区农业现代化的发展应遵循不同的规律。2000 多年来，中国的农村经济组织基本上是一种由地主制产权和小农经营权结合而成的封闭的自给自足的小农经济组织。在此背景下，中国的农业现代化是一个非常困难的过程。自 1978 年改革开放以来，我们党在处理"三农"问题和农业现代化建设上进行了艰苦的实践和探索，不仅实现了世代农民"耕者有其田"的理想，并借改革开放给中国农村带来了生机与活力，使农业逐步走向现代化发展道路。可以说这段时期的中国农村改革本质上是农村的一场产业革命，是从传统农业向现代农业转变、从农业社会向现代工业社会转变、从非均衡农业发展向均衡现代化农业发展转变的一场极其深刻的经济和社会变革。

以探索农业现代化的历程为线索，以国家农业制度的推进为方向，中国农村现代化道路的探索大致可分为以下几个阶段。

(一)1978—1988 年

1978 年，党的十一届三中全会通过了《中共中央关于加快农业发展若干问题的决定(草案)》，在邓小平解放思想、实事求是的精神指导下，大会指出对农业的指导要遵循经济发展规律和生产力的发展需要，要尊重群众意愿和利益，但此时中央高层对"三农"问题的认识差异依然极大。随着党内思想的进一步解放，1979 年 9 月通过文件《中共中央关于加快农业发展若干问题的决定》，允许在边远贫困地区进行包产到户。到 1980 年，全国包产到户的比重已经达到 20%，群众的意愿促使中央高层不断审视基层农业经济组织的关系。同年 9 月，在党委第一书记座谈会中，邓小平首次指示了在边远落后、农户稀少的地区，应农户要求实行包产到户，并长期保持。1982 年 1 月 1 日，中共中央批转《全国农村工作会议纪要》，指出目前农村实行的各种责任制，包括小段包工定额计酬、专业

---

① 邱蓉(1970 年一)，经济学博士、教授，贵州财经大学硕士研究生导师。董雪珊，贵州财经大学政治经济学专业硕士研究生。

承包联产计酬、联产到劳、包产到户等，都是社会主义集体经济的生产责任制。同年，中央一号文件首次确定了包产到户和包干到户的社会主义性质，并首次肯定了"包产到户、包干到底"是社会主义农业经济的组成部分。1983 年中央下发文件，肯定家庭联产承包责任制是我国农民在党的领导下的伟大创造，是马克思农业合作化理论在我国实践中的新发展，应在全国范围内推行这种社会主义集体经济的生产责任制。

随着改革的推进，家庭承包经营激发了农民的生产积极性，家庭联产承包责任制通过调整农村生产关系，调整国家、集体和农民三者之间的分配关系，将原来的"工分制"调整为"交够国家的、留足集体的、剩下都是自己的"。这种剩余索取权的分配方式，使农民生产的积极性大增，解放了农业生产力，促进了农村经济的发展，为乡镇企业发展创造了条件。据统计资料显示，1978—1984 年，全国人均粮食占有量由 319 公斤增加到 396 公斤，年均增长率达到 3.7%，粮食总产量超过 8000 亿斤，农业产量连续丰收，农民收入不断提高，社会购买力开始增强，市场也逐步繁荣，虽然随着实践的脚步在不断前进，家庭联产承包责任制的农业生产经营形式还是不可避免地暴露出了其局限性，但当时在解决农民吃饭问题和全国粮食生产上发挥了不可替代的作用，它的开创与实践成为中国农业现代化的新起点。

1985 年发布的《关于进一步活跃农村经济的十项政策》中提出，改粮食统购为合同定购，乡镇企业开始发展。1987 年中央 5 号文件《把农村改革引向深入》中指出，乡村一级的合作社应具有社区性、综合性的特点，除了为社区内的农户家庭提供必要的生产、承包合同管理、资金融通的服务外，还要对集体性资源进行管理、开发，参与建设现代企业，完善和具体化党和政府的政策。这个时期，国家废除了"政社合一"的人民公社体制，实行政社分开，建立乡、区政府，确立了"乡政村治"二元基层治理体制新模式，建立了村民自治制度；逐步取消了农产品统购派购制度，鼓励农民面向市场，发展商品经济，确立农户独立的市场主体地位；调整农村产业结构，一些由农民和城镇集体经济投资兴建的企业开始发展起来，农村第二、三产业迅速发展，且农村中非农产业的产值比重于 1987 年首次超过农业。

这段时期国家重点推进农产品流通体制改革，造成乡镇企业的异军突起，这是对传统模式的又一重大突破，也是对传统体制的又一冲击，它的发展带动了中国农村经济的繁荣和发展，使中国农业现代化上了一个新的台阶。根据《1999 中国统计年鉴》，1978 年农村居民家庭平均个人收入由 133.6 元提高到 1985 年的 397.6 元，年增长率为 17.5%；同年，农村-城市居民的收入比由 1∶2.57 下降为 1∶1.85；农村居民家庭的恩格尔系数也从 67.7% 下降为 1984 年的 59.2%，由此看出家庭联产承包责任制显著地改善了农民的生活。

（二）1989—2002 年

这段时期的改革重点是确立了联产承包的双层经营体制。乡镇企业在整顿中不断发展，"贴牌生产""三来一补"等活动密集型产业大力发展，吸纳了大量农村剩余劳动力。1991 年十三届八中全会通过《中共中央关于进一步加强农业和农村工作的决定》，将这一体制正式表述为"统分结合的双层经营体制"，要求乡村集体经济组织要尊重群众要求，提供生产服务、资源开发，组织基本建设，并协调各种利益关系，管理集体财产，进一步明确了"统分结合"的内容和作用。大会还提出，把以家庭联产承包为主的责任制、统分结合的双层经营体制作为我国乡村集体经济组织的一项基本制度长期稳定下来，并不断充实完善。联产承包的双层经营体制极大地调动了农民的积极性，提高了农业生产效率，农村剩余劳动力开始向城镇转移，农村工业化发展势头强劲。但在这一阶段，家庭联产承包责任制也呈现出相应的缺陷，虽然家庭联产承包责任制促进了我国农业的发展，但是小生产模式抵抗风险的能力不足，无法满足当代市场化、现代化的农业发展需求，如何解决小生产和大生产的对接问题成为党面临的新的挑战。

为了解决农业家庭经营和市场经济条件下的农业发展问题，党中央对农村集体经济组织形式进行了新的探索。1993 年中央 11 号文件对土地承包期限做了规定，在第一轮土地承包期到期后，可再延长 30 年不变，直至 2027 年，并提倡"增人不增地，减人不减地"。1996 年中央一号文件指出要通过推进农业产业化经营解决农户与市场的结合问题，次年党的十五大报告再次提出要积极发展农业产业化经营，形成生产、加工、销售为一体的机制。1992—1997 年是乡镇企业的第二个发展高潮，乡镇企业与民营企业开始了转制和调整重组，发展迅速。在这期间，东部沿海地区乡镇企业推进合纵连横、兼并组合、优化升级，生产由分散加工向园区集群加工、由贴牌向自主品牌转变，苏南、温州模式纷纷登场。到 1996 年，乡镇企业产值已占农村社会总产值的 2/3。

为了完善土地承包关系，1998 年十五届三中全会上中央再次强调要长期稳定统分结合的双层经营体制，并将其于 2002 年写入《中华人民共和国农村土地承包法》。1998—2002 年，外向型经济初见端倪，乡镇企业的发展壮大使小城镇的容纳力与吸引力同时增长，开始进入促进农村城镇化的新阶段。许多乡镇企业迫于国内市场的压力，逐渐丧失起步阶段的有利条件，开始实行产权主体多元化，以外向型经济带动乡镇企业发展。通过对国外生产技术的引进、吸收、消化和创新，国内企业实现了由国际产业链的加工车间向世界工厂转变，成千上万物美价廉的"中国制造"产品走出国门。同时，农村城镇化与农业产业化紧密联系，国家政策开始放松，如 2000 年国家实行"三取消、两调整、一改革"的农村税费改革方案等，促进了农村人口向小城镇的转移，从而促进农村城镇化的发展。在江苏、浙江一带，依靠上海、南京、杭州、苏州、无锡等中心城市，形成了布局合理的大、中、小城市和城镇构成的城市带，使城乡功能互补、互相促进，从而促进城乡的协作发展。随着工业化和城市化的扩张，"圈地"现象的出现导致失地农民大增，劳动力也因此大量流出农村，民工潮开始涌动；农村资金大量流向城镇，每年各种金融机构抽走大量的农村资金，导致农村改革的步伐明显变慢，农业经济出现停滞，城乡差距也随之拉大。

（三）2003—2007 年

在这一阶段，国家农业改革将重点放在了"税费改革"和"新农村建设"上，农村经济管理和村民自治进程加快，工业反哺农业、城市支持农村，国家进入了由二元经济向一元经济转变的新阶段。

2004 年国家全面推行粮食直补和最低收购价政策允许土地经营权流转；2005 年中央

一号文件强调要坚持"多予少取放活"的支农政策,党中央、国务院高度重视农业,在"多予"上调整了国民收入分配结构,加大了对"三农"的支持力度,2007 年中央财政支农资金达到 3917 亿元,国家还制定了粮食直补、农资综合直补、良种补贴、农机具购置补贴等制度。在"少取"上,全面取消农业税、牧业税、农业特产税、屠宰税,结束了 2600 多年"皇粮国税"的历史。在"放活"上,搞活农产品流通,促进生产要素在城乡之间的自由流动,农村综合改革步伐加快,林权制度改革进展顺利,粮食购销市场和价格进一步放开。2006 年十六届五中全会提出建设社会主义新农村,同年,在国家发布的文件《中共中央国务院关于推进社会主义新农村建设的若干意见》中提到,"统筹城乡经济社会发展,扎实推进社会主义新农村建设;推进现代农业建设,强化社会主义新农村建设的产业支撑;促进农民持续增收,夯实社会主义新农村建设的经济基础;加强农村基础设施建设,改善社会主义新农村建设的物质条件;加快发展农村社会事业,培养推进社会主义新农村建设的新型农民;全面深化农村改革,健全社会主义新农村建设的体制保障;加强农村民主政治建设,完善建设社会主义新农村的治理机制;切实加强领导,动员全党全社会关心、支持和参与社会主义新农村建设。"

经过从家庭联产承包责任制到新农村建设,中国的农村以社会主义市场经济取代了计划经济,以家庭联产承包经营为基础的双层经营制度取代了人民公社制度,建立了适应社会主义市场经济要求的农村新经济框架,从根本上发展了农村生产力,显著提高了农民的生活水平,乡镇企业异军突起,带动了农业产业化、乡村城镇化的发展,推动农村经济社会进入建设社会主义新农村的新阶段。

第二节　从 HRS 到新农村建设：制度的拓展

一、家庭联产承包责任制(HRS)

20 世纪 80 年代以来,中国农村普遍实行土地家庭联产承包责任制。这一项创新有利于农民更容易地建立自己的家庭经济,在很大程度上促进了农业生产的发展。随着家庭联产承包责任制在我国农村的实施,国家相继出台了多个关于农村经济建设的文件,意图推动农村经济发展,完善社会主义农村生产关系,创新农业新体制。该制度实现了土地所有权和使用权在一定程度上的分离,在不改变土地所有权的前提下给予农民承包期内的土地使用权,从承包期的 15 年到 30 年,又到"长久不变"的具体制度确立,稳定了民心,这有赖于对制度创新的积淀和对农民生产的持续激励,使农民耕种的未来收入有了稳定的预期。家庭联产承包责任制使农民与集体间建立了极其紧密的利益联系,是对我国农村生产关系的创新和重大调整,是我国农业历史性的进步。

但家庭联产承包责任制具有鲜明的时代特色,随着农业技术进步、城镇化推进,家庭联产承包责任制需要重新审视以下问题。

第一,农业的组织化程度低。一家一户的农业经营模式虽然容易操作,可以轻易获得一定的经济利润，但其生产经营规模小，经济力量薄，难以依靠自身的力量及时准确掌握不断变动的市场信息，对市场价格的不敏锐很容易对农户的经济造成损失，导致土地产出率和劳动生产率提高十分缓慢。另外，小生产模式也很难对农业生产结构进行调整，部分农户制约于自家土壤质量不足、没有合适渠道进行销售等问题，使增收十分困难。

第二，家庭联产承包责任制下，农产品生产在空间上是分散的，在时间上又带有季节性的特征，而市场对农产品的需求在空间上是集中的，在时间上也有连续的需求，这就导致小农户的供给和大市场的需求之间存在很大的矛盾。

第三，小农户的经营很难进行科学的经营管理，因为土地相对较少，零散农户会安于现状，而不愿花费时间、精力甚至金钱去改造已有的生产模式和方法技巧，只关注眼前的利润而不愿投入更多的成本来获得更长期的利润。

第四，由于家庭联产承包责任制下的农户经营不需要过多的劳动力，农村存在大量的剩余劳动力。从世界各国的农业发展经验来看，农业现代化程度的高低与农业部门所承受的人口压力大小之间存在很明显的相关关系。虽然农村剩余劳动力可以为城镇劳动力转移提供可能，可以有更多的农业劳动力转移到非农产业部门，但从事农业生产的劳动力年龄普遍较大，这也对劳动力转移造成了困难。

第五，家庭联产承包责任制下的小农户市场准入障碍。分散的小农户难以形成规模效益，生产具有成本高、利润低的特点，同时还缺乏获取信息和服务的条件，无法通过深加工等方式提高农产品的质量。另外，由于分散的小农户往往仅处于供应链上游，其农产品的价值大部分都被供应链上的其他经营主体所占有，对农户的收益造成影响。

第六，分散经营的小农户收入相对较少，而对于广大农民来说，积累能力很大程度上取决于其收入多少，因此分散经营的小农户难以形成积累的优势。家庭联产承包责任制下的小农户，其固定资产微薄，难以维系积累，再加上农民收入增速缓慢，农用生产资料和物价水平居高不下，导致城乡收入差距和消费差距不断加大。

二、社会主义新农村建设

(一)改革开放之前社会主义新农村建设的变迁

关于社会主义新农村建设的说法，最早出现在 1956 年 6 月 30 日第一届全国人民代表大会第三次会议中通过的《高级农业生产合作社示范章程》中，章程里提到"建设社会主义新农村"的目标，大会成功召开之后，同年人民日报于 1956 年 7 月 2 日刊登《建设社会主义新农村》。这篇文章中提到"我国农民的这种愿望，已经由法律的形式在高级农业生产合作社示范章程中固定下来了，只要实现其规定，就一定能发展和巩固高级农业合作社，推动和提高农业生产，进而把我国的农村完全建设成社会主义的新农村"。随后，在1960 年和 1973 年，中央先后颁布了《为提前实现全国农业发展纲要而奋斗》和《关于全国知识青年上山下乡工作会议的报告》等重要文件，目的就是要充分调动广大人民群众的积极性并号召知识青年上山下乡，为实现农业现代化和建设社会主义新农村的伟大事业做出贡献。

自中华人民共和国成立至改革开放之前这段时期,从生产力的角度看,中华人民共和国成立初期经济基础薄弱,社会主义制度下的农民不再受压迫,劳动热情空前高涨,加之农业机械化在农村的广泛应用,极大地促进了当时农业生产力的发展,国家也大力投资农业基础设施建设;从生产关系的角度看,生产资料实行公有制,完全不同于资本主义生产资料私有制,生产者推翻了封建主义的集权制,人民群众利益与统治阶级利益、人民利益与国家利益实现了高度统一。生产资料公有制以按劳分配为基础,消除了剥削和两极分化。农民真正成为社会主义的建设者,发展集体经济,组织性得到加强;从土地角度看,国家通过实行初级社、高级社、人民公社等制度,试图进行社会化大生产以提高生产效益,但过度平均的分配方式,土地完全集体所有,统一经营,在很大程度上打消了农民生产经营的积极性,反而使我国农业生产停滞不前。

改革开放之后便进入了家庭联产承包责任制的实行时期,农民的负担增加,农民生活的目标也逐渐从温饱向小康发展。随着农业现代化的不断发展,工业逐步反哺农业,进入了新农村建设时期,打破城乡二元社会经济结构,提高农业的综合生产能力,极大地改善了农民的生产和生活条件,从根本上减轻了农民的负担,健全了社会保障体系,并逐步依靠科技进步带动农业的现代化发展。

(二)社会主义新农村建设的背景

社会主义新农村建设是指在社会主义制度下,按照新时代的要求,对农村进行经济、政治、文化和社会等各方面的建设,最终实现把农村建设成为经济繁荣、设施完善、环境优美、文明和谐的社会主义新农村的目标。

关于"建设社会主义新农村"这个提法,自20世纪50年代以来曾多次使用过,但在新的历史背景下,党的十六届五中全会提出的建设社会主义新农村具有更为深远的意义和更加全面的要求。新农村建设是在我国总体上进入以工促农、以城带乡的发展新阶段后面临的崭新课题,是时代发展和构建和谐社会的必然要求。农业丰则基础强,农民富则国家盛,农村稳则社会安;没有农村的小康,就没有全社会的小康;没有农业的现代化,就没有国家的现代化。世界上许多国家在工业化有了一定发展基础之后都采取了工业支持农业、城市支持农村的发展战略。我国国民经济的主导产业已由农业转变为非农产业,经济增长的动力主要来自非农产业。我国现在已经跨入工业反哺农业的阶段,在工业化推动的城镇化进程中,必然会对农业生产造成影响。农村城镇化的进程增大了对农村劳动力和农产品的需求,农村人口减少使耕地更加集中,为农业的现代化发展创造了条件。然而,中国的农业发展有其特殊的制约背景:一是农业政策过多,二是人口基数过大,三是耕地资源有限。

第一,农业政策过多。中华人民共和国成立后近30年,城镇化处于较低水平,为了在短期内实现工业化,国家制定了"以农养工""以乡养城"的发展战略,通过城乡发展政策的倾斜和工农业产品的剪刀差制度,将农村部分劳动力转移到城市的同时迫使大量剩余劳动力固化在农村。1960年前后,国家对城市职工进行精简,进一步压缩城市人口,以降低城镇化的负担。这种"反城镇化"的政策手段最终将工业化的成本和城镇化的危机转移到农村，造成农业生产力的停滞，导致城乡关系、工农关系的失衡。改革开放后，随着家庭联产承包责任制的提出，相关农业政策也逐渐落实，中国的农业生产率开始上升，城镇化也得到高速发展。

第二，人口基数过大。中国作为人口大国，从古至今传承的农业耕作方式通过降低单位劳动生产率实现了农业增产，成功地解决了中国人的吃饭问题。但这种方式在人口不断增长的过程中也逐渐呈现出边际效应递减的趋势。造成这种现象的原因是改革开放之前农业增长的停滞和农村问题的激化。改革开放之后，中央及各级政府不断巩固发展家庭联产承包责任制，并逐步取消统销统购制度，实行粮价保护政策，推动农业的发展。同时，国家还积极制定乡镇工业发展的相关扶持政策，推动了"自上而下"的城镇化进程，促使大量农村劳动力转移到城镇。有统计数据表明，到 1995 年年底，农村的非农劳动力总数已经达到了 12707 万人，劳动生产率在此期间大幅上升。但此后，在市场经济的影响下，内需不足使国有企业和乡镇企业的发展陷入了举步维艰的境地，农村劳动力向城镇转移的速度开始放缓，加之中央政府"软着陆"的紧缩政策，部分转移出的劳动力又返回农村从事农业生产。这种现象也导致了同期农产品总量和农业劳动生产率出现了下降的趋势。

第三，耕地资源有限。我国虽国土辽阔，但受人口密度和自然环境的限制，人均耕地面积十分有限。尽管我国一直通过农业机械化提升农业劳动生产率，通过良种和化肥等的使用提升土地的单位产出，但效果并不显著。2009 年单位面积的化肥施用量提高 11%，粮食单产仅提高了 4.9%，单位面积的机械动力提升至 27.9%，粮食总产量仅提升至 9.23%。投入技术和机械所产生的产出边际效应正在逐年递减，长此以往，技术投入不仅无法促进农业的发展，甚至可能导致一系列负面的影响。目前，我国的化肥施用量超过世界平均用量的 30%，利用率却仅为 35%左右，农药使用量达到 140 万吨，利用率也仅为 30%左右。施加如此多的化肥和农药，利用率又偏低，未被吸收的部分造成了耕地的严重污染。

第三节　从 HRS 到新农村建设：案例拾锦

一、具体实践

1. 广东省东莞市

改革开放以来，农村集体经济伴随着工业化和城市化的步伐迅速发展，形成了庞大的集体资产存量和收入规模，例如，地处珠江三角洲的广东省东莞市，2011 年年底村组集体总资产达到 1234.91 亿元，约占全省同级资产的 1/3(不含深圳市)，约占全国的 7.5%；总收入达 148.45 亿元，村均收入达 2600 万元。自设立统计指标以来，东莞市村组两级集体资产存量在广东省地级市中一直排在第一位。

然而，在社会主义新农村的建设过程中，受经济社会加速转型的影响，农村城市化快速推动，农村集体经济收不抵支的问题日益严重。截至 2011 年年底，东莞市共有股份经济合作社 557 个，2005—2011 年，全市收不抵支的合作社从 220 个增加至 329 个，全市收不抵支村的平均资金缺口从 172.9 万元增加至 255.5 万元以上，由此看来东莞市农村集体经济收不抵支范围不断扩大，且程度也日益加重。

造成东莞市收不抵支现象的原因主要有 3 个：第一，经济功能发展后劲不足，在经济的加速转型背景下，集体经济增收困难。广东省用地政策收紧，东莞市近年来承诺给每个扶贫村的 50 亩①用地指标基本上都没有落实，同时用地成本逐年上升，据统计，在不考虑土地成本的前提下，2005 年的标准厂房建筑成本为 600～700 元/平方米，2010 年升至 1000～1100 元/平方米，成本上升了六成。总体上看，受制于多方面因素，东莞市农村集体纯收入平均增速从"十五"期间的 8.06% 降至"十一五"期间的 0.14%，2008 年和 2009 年则出现了负增长。第二，经济型挤占，对村民的直接过度分配挤占了发展集体经济的经济资源。2007 年，在东莞市农民人均纯收入中，集体直接分配、租金收入、工资收入各约占纯收入的 1/3，其中与集体经济直接或间接相关的收入超过 2/3，刚性的分配不仅挤占了用于发展集体经济的经济资源，而且会促使村民更加依赖于集体分配而丧失自主就业的积极性。第三，社会性挤占，公共服务性支出的刚性增长挤占了农村集体经济资源。农村自治组织没有足够的经济能力去承担过于繁重的公共服务职能，再加上政经合一的管理体制，必然会使之将承担公共服务的压力转嫁给农村集体经济组织。这种转嫁挤占了农村集体经济资源，成为农村集体经济收不抵支的根源。

2. 山东省东平县

在经济体制转型的背景下，在社会主义新农村的建设过程中，山东省东平县以若干个土地股份合作社的方式，为农村集体经济的发展做出了有益的探索。该土地股份合作社主要通过产权发展、分配公平、资源互利、开放市场、治理有效等方面来推进农村集体经济的发展。第一，产权配置由粗放向集约转型，东平县土地股份合作社在推进产权发展方面采取的是重新完善权力配置的方法，即由农户将原本分散在个人手中的经营权委托给集体，从而进行规模化的产业发展，但承包权仍归属农户，获得固定的保底金和浮动的分红金。第二，分配方式由平均向公平转型，东平县土地股份合作社在收益分配方面正逐步尝试按劳分配与按生产要素分配相结合的分配方式，即利润分别按原始股中的土地股和资金股进行分配。第三，准入机制由"半强制"向自愿互利转型，东平县土地股份合作社在自愿互利机制上不仅做到了入社自愿、退社自由，而且在入社社员对自己劳动的支配方面，合作社不对其进行任何强制性规定，与社员共同双向选择。第四，发展方向由"统购统销"向开放市场转型，东平县土地股份合作社在结合自身优势的同时积极寻求市场需求，不断延伸产业链条，积极提升市场竞争力，吸纳各种有利发展的生产要素参与，提高生产技术。第五，治理模式由传统低效向科学可持续转型，东平县土地股份合作社在治理结构设计上，确立了"社员代表大会制度"，即以一定的股份数选举产生相应数量的社员代表作为合作

---

① 1 亩 $= \dfrac{1}{15}$ 公顷 $= \dfrac{1000}{15}$ 平方米 ≈ 666.7 平方米。

社的决策机构和"最高权力机构"。

3. 贵州省六盘水市

贵州省六盘水市地处贵州西部乌蒙山区，大部分村的集体积累很少，相当一部分属于"空壳村"，村干部也没有为村民服务的基本手段。农村产权制度改革后，村集体把以前利用不充分和闲置的耕地、林地、池塘、荒山等资源入股到新型经营主体，使这些资源充分发挥作用，产生经济效益，进而利用这些财力为农民提供公共服务。2014—2015 年上半年，全市共有 16.52 万亩集体土地、8.21 万亩"四荒地"、32.18 万平方米水源、3450平方米房屋入股到各类新型经营主体。通过股权收益，新增村集体经济收入 2477 万元，消除"空壳村"157 个，"空壳村"占比从 2013 年的 52.8%下降到 18.6%。可见贵州省六盘水市在农村集体产权制度改革中推动了贫困村集体经济的发展。

4. 小岗村和南街村

小岗村和南街村同处于我国内陆地区，具有相似的自然条件和发展基础，但由于分别采取了不同的经济发展路径，导致如今二者有不同的经济发展水平。包干到户后，小岗村在 1984 年起出现了增产不增收的现象，1985—1987 年粮食总产量上升，但人均纯收入反而减少了 71 元。到 1992 年，小岗村的人均纯收入只有 640 元，低于全县农民的平均水平，直到 2006 年才基本达到 5000 元的水平。而南街村在 1984 年的总资产只有 70 万元，经过10 多年的努力，到 1995 年就已经达到 12 亿元。

产生这种差距的原因大致有四点：第一，土地制度的差异。小岗村实行"分田到户"的土地制度，在当时极大地调动了农民的生产积极性，但这种一家一户的模式反而不利于充分利用资源，生产粗放、效率低下，造成了资源的不必要闲置和浪费；而南街村则对土地实行分工分业经营，培养职业农民，引进先进器械和管理经验，形成了规模经营，取得了良好的规模效益。第二，产业结构的差异。小岗村不但没有利用自身的影响力优势去发展第三产业，而是单一地专注于种植业，错失了很多良好的发展机会，各产业发展极不均衡，最后甚至连农业生产都走了下坡路；而南街村在不断提高工业发展水平的同时，积极推动第三产业的发展，大力开发乡村旅游业，形成各产业之间相互联系、协同发展的良好局面。第三，民主法治及村务建设不同。小岗村缺乏对村干部的监督管理，没有有效地制约权力，导致部分村干部为民服务意识淡薄、办事效率低下，基层党组织瘫痪，民主法治建设极不健全，经济运行不透明，又由于缺乏畅通的信息传播渠道，村内还出现许多虚假宣传；而南街村在集体经济发展模式下，村民自行选举、共同监督，秉承"公开、透明、阳光下运行"的理念，村内广播定时向村民汇报各种信息，通知新情况等，重大事项也由村干部和村民共同协商制定发展方案和目标。第四，思想观念不同。小岗村作为国家重点扶持的农村改革试验田和示范村，享有很多的优惠政策，但小岗村似乎习惯了国家的扶持，滋生出不劳而获的思想，坐享其成，这必定无法形成良好的"契约精神"，无法凝聚力量进行建设；而南街村一向注重政治文明和精神文明的建设，坚持用马列主义、毛泽东思想和中国特色社会主义理论等先进文化激励、鼓舞村民，努力营造昂扬向上的集体主义氛围。

5. 江苏省江阴市华西村

改革开放之后，有许多农村采用工业化模式来积累集体经济，如江苏省江阴市华西村，始建于 1961 年，经过多年发展集体经济，从最初的 0.96 平方千米发展到成为拥有 5 个子村的大华西，拥有固定资产 60 多亿元，形成钢铁、纺织、旅游三大产业，成立 8 家上市公司，下属 60 多家企业。2010 年，华西村创造了 35.4 亿元的工农业生产总值，实现 4.6 亿元的利税，人均年收入达 14.3 万元，走出一条以产业化提升农业、以城镇化发展农村、以工业化致富农民的华西特色发展之路，为社会主义新农村建设做出了示范和表率。

6. 河南省漯河市干河陈村

位于河南省漯河市的干河陈村在社会主义新农村的建设过程中，利用临近城市的地缘优势，在市场经济的引导下，后发赶超，迅速将村庄与城镇融为一体，主动对接城市，走出一条快速城镇化的道路。20 世纪 90 年代，干河陈村虽与漯河市区仅一路之隔，且处于市整体规划区内，但其集体经济薄弱，在发展初期村里的几个小企业基本只有投入，没有产出。为了改变这种局面，干河陈村党支部决定将个人承包的企业收归集体所有，理顺集体产权关系，缴清承包费用，在短短一年的时间使企业扭亏为盈。该村又鼓励村干部、党员等带头以现金入股形式筹集资金 300 万元，将村民分散经营的土地收归集体统一管理，组建了村集体控股的企业开源集团。1998 年，公司收入达 180 多万元，而到 2015 年，公司净资产达 20 亿元，实现年营业收入 10.7 亿元，已经成为融房地产、旅游业、商业三大产业及十二家公司为一体的集团公司。在对接城市方面，干河陈村于 2000 年拆迁 100 多户，自主修路，带动市区向南扩张 6 平方千米，使村庄和城市融为一体，走出了一条城市近郊村后发赶超、快速城镇化发展的新路子。

二、建设社会主义新农村实践中亟须解决的问题

1. 调整优化产业结构

新农村建设，要在坚持集体经济的基础上，打破原来单一的农业生产格局，积极引进生产要素，吸收多种经济成分共同发展，调整优化产业结构并提高产品质量。工业生产通过技术、管理和制度创新带动农业生产，大力发展村镇企业。除了通过工业带动农业之外，还应引进文化要素，深度挖掘当地独特的人文历史景观，合理地将其开发利用并与自然风貌相结合，创建地方文化特色产品。严格把关农业产品、工业产品和文化产品的质量，充分合理利用劳动力资源，对于不同性别、年龄、知识层次的劳动力充分发挥所长，重视技术和管理人才的引进。鉴于企业家才能是一种创新能力，是一种获取超额利润的首要动因，应注重引进具有企业家才能的组织者，充分利用资金，通过招商引资、签订项目等方式积

极借助外力建设农村。

2. 提高收入优化分配

发展农村集体经济的根本目的在于提高农民的收入和生活水平，但在农业现代化和社会主义新农村的建设过程中，很容易出现收入分配不均衡、收不抵支的现象，即农村集体经济组织每会计年度的经营纯收入和可弥补的补助收入(可分配收益)不足以负担当年的公共福利支出、村干部报酬和股东分红等分配性支出。农村集体经济的收入和分配情况直接决定着农村集体经济能否可持续发展，因此收入分配的失衡逐渐成为亟须解决的问题之一。

某些农村地处偏远，交通基础设施落后，村级招商引资吸引力小，集体经济发展的路径十分狭窄。由于道路年久失修，道路狭窄问题不仅阻碍交通，粉尘等问题还带来严重的环境污染，因此如何打破地域条件和地理位置等缺乏先天优势的村级集体经济的限制显得尤为重要。首先可以通过国家政策加强对村落的资产补贴，优化其土地政策；其次提高财政扶持政策，促进农村产业招商引资，鼓励发展旅游业等集体经济，形成正向的激励政策；最后提高财政扶持资金的使用效率，最终实现集体经济的自我可持续发展。

发展农村集体经济不仅是经济问题，更是加强农村政治文明建设、构建和谐农村的必由之路。农村集体经济不仅承载着集体资产保值增值的重任，是农民增收的主要渠道和地方财力的重要组成部分，而且农村集体经济对于维护农村社会稳定也具有重要作用，是提供农村公共产品的基础力量。为促进集体经济收入与分配均衡，首先，要巩固集体经济的经济功能，通过推进集体经济升级转型，提升农村集体经济的财务支付能力；其次，要明确农村集体经济的功能定位，减少不必要的公共服务性支出，减轻"社区财政"负担，加大国家对地方的转移支付力度，规范农村集体达标考评活动，切实减轻农村集体经济的公共服务支出负担。

3. 加强基层民主管理

加强农村基层民主管理，最重要的是要协调好农村各利益群体。为此，应从培养一批优秀的干部人才队伍入手。首先，要培养一支守信、守纪、守法、甘愿奉献的干部人才队伍，增强其服务村民的意识和责任感；其次，要重视对干部的定期选拔和考核，建立健全选拔机制和考核制度，定期对干部进行培训和职位调整；再次，要体察民心，倾听村民的意愿，重要事情与村民共同商议讨论，与村民一起加大对村干部的民主监督力度；最后，建立健全的民主管理制度，赏罚分明的奖惩机制，有效的责任追究制度，民主地管理村内事务。

4. 加强基层党组织建设

在改革开放和社会主义市场经济的背景下，国家致力于建设社会主义新农村，在这一过程中，农村基层党组织在实际工作中获取了丰富的成功经验，为社会主义新农村建设做出了很大的贡献，但在取得经验的同时还面临着部分矛盾和冲突。随着新农村建设的步伐加快，传统单一的农村经济逐渐被打破，多元化的市场取而代之，集体经济、农民个体经营，经济合作、合资经济实体并存，社会结构也不再是稳定的同质性，人民群众利益的多元化也造成了不同利益群体的产生，人民群众的经济自主权和政治自主权逐步加强，竞争意识、创新意识也得以提高，面对这些新生变化，农村基层党组织的建设面临着更多的新挑战，出现了党员教育不到位、发展不到位、能力素质不高、制度不完善等问题。产生这些问题的原因大致有三点：第一，人们没有完全适应新旧体制转轨产生的矛盾。自改革开放以来，市场经济的观念逐渐深入人心，经济体制的变革带动了社会结构、利益格局的调整及思想观念的变化，自由主义、理性思想等思想观念的出现，带来历史进步的同时也引起人民群众在思想观念和价值判断方面的分化与冲突，如市场经济发展下随之而来的资产阶级腐朽思想、生活方式的渗透，都对人民群众的原有观念产生一定程度的冲击和侵蚀作用；第二，社会主义新农村建设过程中，仍很薄弱的村集体经济削弱了基层党组织的影响力，我国农村基层党组织通常以间接的方式来为生产经营提供服务，促进我国新农村建设健康、有序发展；第三，随着经济的发展和社会的进步，我国农村基层党组织建设的各项制度在长期的实践探索中不断趋于完善，但新时代带来新情况、新挑战和新问题，部分制度不再能够适应新形势的变化，必须做出适当的调整和改变。

党的十八届五中全会指出，"加强基础服务型党组织建设，强化基层党组织整体功能。这是对基层党组织功能的深化，是基层党组织建设工作思路创新和方式方法转型的必由之路，具有十分重要的意义"。在新形势和新任务的背景下，在实际工作中要不断加强农村基层党组织建设，逐步完善国家治理体系，实现治理能力现代化，针对新形势调整体制制度，使人们更好地适应体制转轨的进程，增强基层经济实力。

5. 培育新型农民主体

建设社会主义新农村，是我国农业现代化和农村城镇化进程中的重大历史任务，也是贯彻落实科学发展观、促进农村经济社会全面发展、城乡关系协调发展的重大举措。为了更好地建设社会主义新农村，不仅需要政府的规划和引导，还需要社会力量的支持和参与，最重要的是要调动人民群众的积极性和创造性，在采用国内外先进的科学技术、经营管理制度和方法的同时，必须实现"传统意义"的农民向"现代意义"的农民的转变，培育适应社会发展和农村需要的现代新型农民。

2005 年中央一号文件中提到"必须清醒地看到，农业依然是国民经济发展的薄弱环节，投入不足、基础脆弱的状况并没有改变，粮食增产、农民增收的长效机制并没有建立，制约农业和农村发展的深层次矛盾并没有消除，农村经济社会发展明显滞后的局面并没有根本改观，农村改革和发展仍然处于艰难的爬坡和攻坚阶段，保持农村发展好势头的任务非常艰巨"。可见，新农村建设任重道远，只有亿万农民的广泛参与，培育新型的农民主体，才能更好地建设社会主义新农村。因此，必须贯彻和落实以人为本的科学发展观，将农民作为新农村建设的主体，发挥人民首创精神，保障人民各项权利，只有充分调动农民建设新农村的积极性、主动性和创造性，培育有文化、懂技术、会经营的新型农民，才能推动农村经济社会的全面发展。

第三章　新时代的非均衡发展：乡村振兴

邱　蓉　张啸天[①]

为了满足人民日益增长的美好生活需要，解决我国在新时代面临的非均衡发展的问题，党的十九大提出了以乡村振兴战略统领未来国家现代化进程的农业农村发展的思想政策。与过去新农村建设的要求相比，对乡村振兴的战略要求进行调整，也是对过去乡村建设要求内涵的深化。当今我国城乡发展差距仍然较大，为了促进农业农村现代化发展跟上国家现代化发展的步伐，不仅需要牢牢把握农业农村优先发展和城乡融合发展的两大原则，还要关注边远村落和贫困群体，在决胜全面建成小康社会的道路上，促进全国乡村的全面发展。

一、乡村振兴战略提出的背景

进入 21 世纪以来，我国社会发展的重中之重便是全面建成小康社会。党的十六大、十七大和十八大，均立足于 2020 年全面建成小康社会的战略目标，对"三农"工作提出要求、做出部署[②]。党的十六大报告中关于"三农"问题曾提出"全面繁荣农村经济，加快城镇化进程"的要求，不仅要统筹城乡经济社会共同发展，还要建设农业现代化，从而发展农村经济，提高农民收入；党的十七大报告中关于农村建设的部署变为"统筹城乡发展，推进社会主义新农村建设"，不仅强调了要加强农业的基础地位，还要建立以工促农、以城带乡的机制，实现城乡统筹发展，城市带动乡村经济发展的新局面。党的十八大报告则以"推动城乡发展一体化"统领了"三农"工作的部署，继续强调城乡一体化发展，农村经济活力的焕发离不开城市的带动，在加强农村现代化建设的基础上，城市在发展的同时要给予农村相应的帮助，使得资源、人才等要素向乡村流动，带动乡村经济的发展，逐步缩小城乡发展差距，从而促进城乡发展的共同繁荣。

在此基础上，为了解决新时代发展不均衡的问题，进一步缩小城乡发展差距，党的十九大报告提出了"实施乡村振兴战略"，对统筹城乡发展，建设城乡一体化机制提出了新的要求。在新的战略中逐渐意识到了在发展乡村经济中城市地位的重要性，虽然要突出农业农村优先发展，但同时要兼顾城乡融合发展，只有依靠城市的力量，才能更好地解决"三农"问题，城市与乡村的发展应相互依存、相互带动。

实施乡村振兴战略在当今的中国首先已经有了良好的启动条件。党的十六大以来，乡

---

① 邱蓉（1970 年—），经济学博士、教授，贵州财经大学硕士研究生导师。张啸天，贵州财经大学政治经济学专业硕士研究生。
② 叶兴庆：《实现国家现代化不能落下乡村》，《中国发展观察》2017 年第 21 期，第 10-12 页。

村经济取得长足进步，基础设施条件明显改善，农民生活水平日益提高。义务教育、新农合、新农保等公共服务逐渐普及，互联网与电商业的发展也逐渐渗透至农村，极大地改变了原先的农村生活。一些地方的农村在发展经济的同时，也在因地制宜地发挥自身的优势，在农业以外的方面进行了新产业的开发与摸索，农民不再仅仅依靠农产品带来收入，农村经济的发展也逐渐呈现多样化。此外，随着我国工业化水平的不断提高，以工带农的发展条件越加成熟，2016 年我国乡村人口占比下降到了 42.65%，农业产业就业占比下降到了27.7%。无论是从农村内部的发展，还是从国家整体经济水平的发展来看，这些都为实施乡村振兴战略提供了良好的基础。

实施乡村振兴战略在当今的中国是为了解决发展不平衡不充分的问题。改革开放以来，我国的城乡面貌都发生了巨大的改变，但是城乡发展不平衡、缩小城乡贫富差距仍是我国亟须解决的重要问题之一。尽管从收入和消费上来看，农村居民的水平都在不断提高，但是与城镇居民相比仍有较大差距，2016 年我国城镇居民人均收入和消费支出分别是农村居民的 2.74 倍和 2.32 倍，城乡家庭家用汽车、空调、计算机等耐用消费品的普及率差距依然很大。从全员劳动生产率来看，2016 年非农产业达到人均 12.13 万元，而农业只有2.96 万元，前者是后者的四倍多。此外，在社会保障方面，农村的低保、新农合保障标准是低于城镇居民与职工的，这种局面如果不进行改变，将会严重阻碍我国实现全面小康社会与全面建设现代化的目标。①

实施乡村振兴战略是为了满足人民日益增长的美好生活需要的现实要求。党的十九大报告中指出，我国现在的社会主要矛盾已变为人民日益增长的美好生活需要和不平衡不充分发展之间的矛盾。社会矛盾的变化，虽然在一定程度上体现了我国居民整体生活水平的提升，但也折射出了我国地区间、城乡间发展的不平衡，这也对我国的农村发展提出了新的要求。从农村居民来看，虽然我国出台了一系列政策措施，旨在解决"三农"问题，但是新的要求中不仅仅要求农业得到发展，而且要求农村产业发展多样化，实现农村经济的全面繁荣。农村居民不仅在农村要有稳定的就业与收入，而且要有完善的基础设施、便捷的公共服务、可靠的社会保障及丰富的文化活动，在物质生活不断丰富的基础上，继续提高农村居民精神生活的水平。

实施乡村振兴战略是对其他国家发展经验教训的学习与借鉴。我国作为世界上最大的发展中国家，如今也在面临着发展转型期，如何平稳地度过这个阶段，彻底迈向高收入国家建成现代化强国，尤其需要处理好目前国内的低收入贫困群体，脱贫致富与发展农村便成为当前的重点问题。欧美发达国家也曾实行相应农业政策，旨在促进农业发展，保证农民增收；在面对农村年轻人口流失、乡村发展衰落的情况时，采取一系列综合性发展政策去解决农村发展、乡村环境、农民福利等问题。而拉美与南亚一些国家在发展时却忽略国内的农村问题，致使大量农村人口涌入城市，农业发展的问题没有解决的同时也造成了诸多社会问题，这便是这些国家陷入"中等收入陷阱"的原因之一。为了在 2020 年达到全面建成小康社会的目标，未来两年内乡村的发展还会有新的变化并取得新的进步。实施乡村振兴战略的根本目的也就是使农村发展能够跟上国家现代化发展的步伐。

---

① 叶兴庆：《新时代中国乡村振兴战略论纲》，《改革》2018 年 1 月第 287 期。

党的十六届五中全会关于乡村发展曾提出过"五句话，二十个字"的要求，具体为"生产发展、生活宽裕、乡风文明、村容整洁、管理民主"。那时，我国刚刚实现总体小康，城市发展不完全，农村的基础更加薄弱，在提出建设新农村的目标时，虽不能高不可攀，但也必须有实际意义。如今，我国进入了中国特色社会主义新时代，社会主要矛盾也发生了改变，实现农业农村现代化是中国乡村振兴战略的总目标。这一目标的实现将分为3个阶段，也就是：到2020年，乡村振兴取得重要进展，制度框架和政策体系基本形成；到2035年，乡村振兴取得决定性进展，农业农村现代化基本实现；到2050年，乡村全面振兴，农业强、农村美、农民富的目标全面实现。具体的建设目标和任务集中体现为党的十九大报告中关于实施乡村振兴战略的"二十字"方针，与之前相比现在调整为"产业兴旺、生态宜居、乡风文明、治理有效、生活富裕"。

二、乡村振兴内涵的解读

1. 产业兴旺：乡村振兴战略的重点

振兴乡村，首先要让乡村焕发生机与活力，活力的来源便是乡村需要发展兴旺的产业。对比之前的"生产发展"，这次的战略调整为"产业兴旺"，意味着乡村产业的发展不仅需要加大力度，而且要求更加全面。

乡村的产业兴旺发展，不仅要从乡村内部着手发力，城镇也应给予相应帮助，辅助乡村产业的发展。现代生产要素向农村流动并发展不仅需要资本、技术、人才等要素的扶持，同样也要调动乡村内部农民自身的积极性、创造性，能够将这些要素转化为经济效益。全面振兴乡村发展，不仅需要夯实第一产业发展基础，同时要在此条件下发展第二、三产业，使得它们能够与农业发展形成呼应，构建现代农业产业体系，发展农业现代化。此外，农村产业发展也不仅仅限于农业发展，各地乡村要学会因地制宜，充分发挥自身比较优势，瞄准城乡居民消费需求的变化，以休闲农业、乡村旅游、农村电商等新产业为基础，带动农村整体经济的发展，着力构建现代农业产业体系，推动农业向第二、三产业延伸并进行融合发展。以贵州省乡村为例，因地理位置的约束，贵州省本地的农村无法与平原地区的农村相比，并不适合进行大面积农业种植，但其得天独厚的气候十分有利于发展以田园社区为特色的小镇休闲旅游模式，这类模式的发展无疑为贵州乡村产业兴旺的发展提供了新的机遇。

2. 生活富裕：乡村振兴战略的根本

生活富裕是乡村振兴的根本，实现产业兴旺、生态宜居、乡风文明、治理有效，就是要实现生活富裕。从"生活宽裕"升级到"生活富裕"，是对进一步提升农民生活水平、生活质量提出的要求，其目的是更好地满足农村居民日益增长的美好生活需要。

提高农民收入和消费水平，是农业农村发展的根本基础。2005年前后，我国农民生活水平刚刚能满足基本温饱，恩格尔系数高达46%，全国农村的贫困人口有28662万人，就业不充分、义务教育不普及、生活基础设施简陋、福利保障制度不完整，农村居民的生活改善之路还有很长一段要走。而近些年来，随着政策的出台与福利制度的建立，农民就业与收入的来源不断增加，农村医疗、教育、养老水平不断改进，农民生活质量得到显著提高。2016 年农村居民恩格尔系数降至 32.2%，全国农村贫困人口也仅剩 4335 万人，这表明我国对于乡村发展的重视，"生活富裕"这一要求变得可望且可即。生活富裕就是要坚持富民为本、富民为先，千方百计拓展农民的增收渠道，提高农村民生保障水平，让农民有持续稳定的收入来源，衣食无忧、生活便利，达到共同富裕。2018 年中央一号文件针对"生活富裕"提出六项具体任务：优先发展农村教育事业、促进农村劳动力转移就业和农民增收、推动农村基础设施提挡升级、加强农村社会保障体系建设、推进健康乡村建设和持续改善农村人居环境。

将"优先发展农村教育事业"放在"生活富裕"具体任务的首位，体现了农村教育在乡村振兴战略中举足轻重的作用，乡村振兴最终要靠人才，而人才的培养要靠教育。2018 年中央一号文件特别提出高度重视发展农村义务教育，推动建立以城带乡、整体推进、城乡一体、均衡发展的义务教育发展机制。此外，首次提出"乡村经济要多元化发展"，成为 2018 年中央一号文件的一大亮点，即"要培育一批家庭工场、手工作坊、乡村车间，鼓励在乡村地区兴办环境友好型企业，实现乡村经济多元化，提供更多就业岗位"①。

实现"生活富裕"，必须注重提高农民的就业质量和收入水平，为农民创造就业机会，甚至可以组织农民进行技能培训，多方位促进农民的就业与创业；此外，要普及农村义务教育，提高农村教育水平，推动城乡义务教育一体化，努力让农村的每个孩子都能平等地享有教育资源，使大多数农村劳动力有更高的文化水平，甚至可以接受更多高等教育；农村养老保险制度还要继续完善，统筹城乡社会救助体系，解决"看病贵、看病难"的问题。

3. 乡风文明：乡村振兴战略的保障

乡风是维系中华民族文化基因的重要纽带，乡风文明关系到整个农村发展的精神风貌，是乡村振兴之"魂"。与"生产发展、生活宽裕、乡风文明、村容整洁、管理民主"二十字指导方针相对照，"产业兴旺、生态宜居、乡风文明、治理有效、生活富裕"5 个方面中唯一不变、仍要继续坚持的就是"乡风文明"，体现了乡风文明无论是对社会主义新农村建设，还是对乡村振兴战略，乃至对全面实现小康社会以及最终实现中华民族的伟大复兴，都具有重大意义。

尽管"乡风文明"保留了字面上的一致，但内涵也在发生变化。在未来现代化进程中，要深入挖掘乡村优秀传统文化蕴含的思想观念、人文精神、道德规范，结合时代要求继承创新，让乡村文化展现出永久魅力和时代风采；要注重人的现代化，提高农民的思想觉悟、道德水准、文化素养，普及科学知识，抵制腐朽落后文化的侵蚀；还要积极应对农村人口老龄化，构建养老、孝老、敬老政策体系和社会环境。需要注意的是，促进乡风文明不仅是提高乡村生活质量的需要，也有利于改善乡村营商环境、促进乡村生产力的发展。

---

① 中共中央国务院关于实施乡村振兴战略的意见，http://www.moa.gov.cn/ztzl/yhwj2018/zxgz/201802/t20180205_6136444.htm。

振兴乡村，既要富口袋，也要富脑袋①。乡风文明必须坚持物质文明和精神文明一起抓，提升农民精神风貌，培育文明乡风、良好家风、淳朴民风，不断提高乡村社会文明程度。2018 年中央 1 号文件提出四项具体任务：加强农村思想道德建设；传承发展提升农村优秀传统文化；加强农村公共文化建设和开展移风易俗行动②。

4. 生态宜居：乡村振兴战略的关键

绿水青山就是金山银山，建设生态文明是中华民族永续发展的千年大计。生态宜居关系到生态环境、绿色农业，核心是绿色发展。"村容整洁"调整为"生态宜居"，体现了人们对人与自然和谐共处目标的追求。

2005 年前后，我国农业仍处于增产导向的发展阶段，没有精力关注农业资源环境问题。农村还不富裕，没有定力和底气抵制城市污染下乡。农村建设缺乏规划，人居环境脏乱差。基于这种现实，同时为了避免大拆大建、加重农民负担，当时仅仅提出了"村容整洁"的要求，一些地方也仅限于"有钱盖房、没钱刷墙"。目前，我国农业生产中存在的资源透支和环境超载问题已充分暴露，有必要也有能力促进农业绿色发展。农民衣食住行等物质生活条件得到改善，对优美生态环境的需求日益增长。发展休闲、旅游、养老等新产业，吸引城市消费者，也要求有整洁的村容村貌、优美的生态环境、舒适的居住条件。适应这些新的变化，未来有必要把"生态宜居"作为乡村振兴的重要追求。生态宜居就是要尊重自然、顺应自然、保护自然，推动乡村自然资本加快增值，实现百姓富、生态美的统一。2018 年中央一号文件提出四项具体任务：统筹山水林田湖草系统治理；加强农村突出环境问题综合治理；建立市场化多元化生态补偿机制；增加农业生态产品和服务供给。其中推出的新举措"湖长制"是对"河长制"及时和必要的补充，是中国水环境管理制度和运行机制的重大创新，是坚持人与自然和谐共生、在生态文明建设方面的新探索。

5. 治理有效：乡村振兴战略的基础

"治理有效"与第二个百年奋斗目标的社会主义现代化强国建设中的国家治理体系与治理能力现代化紧密对接，关乎整个发展大局。从"管理民主"升级到"治理有效"，体现了由"管"到"治"的乡村治理新思维。

随着农村人口结构、社区公共事务的深刻调整，以及利益主体、组织资源的日趋多元，仅仅依靠村民自治原则规范村干部与群众的关系是不够的。城乡人口双向流动的增多、外来资本的进入、产权关系的复杂化，需要靠法治来规范和调节农村社区各类关系。但自治和法治都是有成本的，如果能够以德化人、形成共识，促进全社会遵守共同行为准则，就可以大幅度降低农村社会运行的摩擦成本。为此，需要在完善村党组织领导的村民自治制度的基础上，进一步加强农村基层基础工作。根据农村社会结构的新变化，实现治理体系和治理能力现代化的新要求，健全自治、法治、德治"三治结合"的乡村治理机制。治理有效，就是要加强和创新农村社会治理，加强基层民主和法治建设，让社会正气得到弘扬、

---

① 祝卫东等. 全面振兴乡村怎么干. 人民日报，2018-02-07。
② 中共中央国务院关于实施乡村振兴战略的意见，http://www.moa.gov.cn/ztztl/yhwj2018/zxgz/201802/t20180205_6136444.htm。

违法行为得到惩治，实现自治、法治和德治的有机结合。"三治结合"是我国新时代对乡村治理模式的创新，是实现从民主管理乡村到有效治理乡村的新举措。

乡村治理是国家治理的基石，自治是乡村治理的基础。民主选举、民主决策、民主管理、民主监督的乡村自治制度为乡村治理提供了基本框架，规定了乡村治理的具体形式和载体。法治为调节社会利益关系提供了基本准则，是乡村有效治理的重要保障。德治是乡村治理的有效途径，也是乡村治理的灵魂所在。构建"三治结合"的乡村治理新体系，既符合国家基本制度和基本国策，也适应乡土中国的传统道德。这对确保乡村社会充满活力、和谐有序非常重要。

2018 年中央一号文件针对"治理有效"提出五项具体任务：加强农村基层基础工作、深化村民自治实践、建设法治乡村、提升乡村德治水平和建设平安乡村[①]。其中的亮点是，推行村级小微权力清单制度，加大基层小微权力腐败惩处力度，严厉整治惠农补贴、集体资产管理、土地征收等领域侵害农民利益的不正之风和腐败问题。

三、非均衡发展理论视野中的乡村振兴

在我国，由于历史和现实的原因，资源分布不均且资源整合程度不高，并且在发展的过程中，各地区落实的政策有先后之分，因此我国的经济发展呈非均衡态势。然而，非均衡发展也可以成为发展的动力，只要能够形成合理的区域分工体系，区域间的分工和合作关系紧密，其经济和产业就能得到蓬勃的发展，在此基础上还可以带动周边地区的经济发展。例如，在我国东部沿海地区，一些跨行政区的"增长极"已经形成，而在历史和现实因素的作用下，内地各省也出现了一些具有"增长极"性质的区域。但是，也有一些原材料大省却并未因资源优势带来经济发展优势，各区域间的发展差距较大。

我国不仅地区间发展存在差异，差距较大，城乡发展的二元结构也是亟须解决的一个重要问题。近些年来，虽然我国整体的经济水平上涨，乡村发展取得显著成果，但是对比城市之间的发展，两者差距并没有缩小。城乡间不同的主导产业所带来的经济效益不同，大量资源、人才等都集聚在城市，使得乡村发展缺乏活力。故党的十九大报告中提出乡村振兴的发展战略，旨在全面提高乡村经济发展水平，缩小城乡发展差距，使得乡村发展能够跟上我国现代化建设的步伐。

1. 产业的非均衡分布

佩鲁的增长极理论认为，经济增长并不是同时均匀分布在一个领域的每一个点上，经济增长在不同地区、部门或产业，按不同速度不均衡增长。因为区域经济发展的不平衡性，使得有限的资源都投入到了发展潜力大、经济规模高和投资效益明显的地区和部门，城市凭借其优势，在发展的过程中逐渐与乡村拉开差距，大量资本的投入使得城市建立起许多产业集群，所带来的经济效益进一步促进了城市的发展，而乡村在此过程中却充当了为城

---

① 中共中央国务院关于实施乡村振兴战略的意见，http://www.moa.gov.cn/ztzl/yhwj2018/zxgz/201802/t20180205_6136444.htm。

市的发展输送资源和人才的角色，大量农村劳动力向城市进行转移，使得城市化水平得以提高，并且促进了城市工业化的发展。产业的非均衡分布使得本来属于城市范围的经济水平进一步提高，并且逐渐改造具有发展潜力的城市周围地区，使得城乡接合部范围向外扩展，提高了城市化水平。但在发展潜力不足、不具备天然发展优势的乡村地区，产业的非均衡发展并不能给其带来太多效益。

实施乡村振兴战略，是对过去发展落后的乡村地区的回馈与补偿，在进行非均衡发展的过程中，要借助发展先进的地方成果，对落后地区进行帮助。此外，乡村本身应该因地制宜，寻找适合自身的产业进行发展，在进行乡村建设的同时要强调城乡融合发展及城乡统筹发展，只有在实施乡村振兴战略、扶植乡村产业发展的同时实现城乡融合发展，才能够促进城镇化并提高乡村的经济效益，使得原本城乡产业发展不均衡的情况得到改善。

2. 地区的非均衡发展

改革开放以后，我国实行非均衡发展战略，东部沿海地区得到迅速发展，中西部地区则成为后发展地区，虽然有观点认为后发展地区的经济发展水平会在良好的大环境下"水涨船高"，缩小与东部地区的发展差距，事实上中西部地区虽然在不断提升自己的经济发展水平，但是与东部地区的差距却越来越大。市场条件下，区域经济非均衡发展有着明显的"极化效应"与"回流效应"，具体表现为促进生产要素由后发展地区进一步向先发展地区流动、聚集，不断扩大着地区间的差距。我国目前城乡二元结构还难以打破，城乡发展差距大且地区间的发展不均衡，使得不同地区间的乡村发展也存在着难以逾越的鸿沟。

非均衡发展战略可以促进经济发展，但也有不协调因素存在，如两极分化严重，经济发展不平衡情况的存在是必然的。在非均衡发展战略下，需要先发展地区对后发展地区进行回馈与帮助，但是缺少政府的调控，单纯依靠市场的力量，只会在循环积累的自我实现机制下进一步加剧区域经济发展的失衡状态。实施乡村振兴战略，不仅要缩小城乡间的发展差距，还要缩小地区间乡村发展的差距，不让低水平发展的乡村地区成为制约全国发展的因素。

3. 人口的非均衡分布

由于政策落实的不同，城市的发展是快于且优于农村的，而快速发展所带来的高工资、高利润开始吸引农村的资本和人才。城市完善的基础设施和优越的生活水平使得大量农村人口涌入城市。劳动力尤其是年轻劳动力的转移加大了城乡间的发展差距，即使无法获得城市户口，也有许多年轻人愿意进入城市谋求一份工作，而其子女和父母则留在了乡村，人群的非均衡分布使得乡村发展缺乏活力。发展中国家的现代化进程中，由于城市的发展让政府忽视了乡村经济的建设，然而在乡村衰落的同时，大量人口聚集在城市也易造成许多社会问题。

实现我国乡村振兴，必须在促进乡村人口和农业从业人员占比继续下降的同时，注重优化乡村人口结构和农业劳动力结构，提高乡村人力资本质量。一要优化农业从业者结构，二要加快培养现代青年农场主、新型农业经营主体带头人、农业职业经理人。既要重视从目前仍在农村的人中发现和培养新型职业农民，又要重视引导部分有意愿的农民工返乡、从农村走出来的大学生回乡、在城市成长的各类人才下乡，将现代科技、生产方式和经营模式引入农业农村。

四、实施乡村振兴非均衡战略的意义

乡村振兴是统领未来国家现代化进程中农村农业发展的重要战略，对于我国实现全面小康社会和建设社会主义现代化强国有着十分重要的意义。

1. 建设社会主义现代化强国的必然要求

乡村振兴战略是建设社会主义现代化强国的必然要求。"中国要强，农业必须强；中国要美，农村必须美；中国要富，农民必须富。"要建成社会主义现代化强国不能是片面的、不平衡的、不充分的，在保证城市继续快速发展的同时，要把重点放在乡村建设与振兴上，只有整体实现现代化，才是真正的社会主义现代化。如今我国城乡发展差距较大，乡村现代化的实现任重而道远，故乡村振兴战略明确提出了既要坚持农村农业的优先发展，也要坚持城市乡村融合发展，这就意味着未来的发展过程中，城镇化、信息化、工业化要更多地为农业提供帮助，逐渐补齐农村发展的短板，完成社会主义新农村的建设，从而全面建设社会主义现代化强国。

2. 化解新时代主要矛盾的必然选择

党的十九大报告指出，我国的社会主要矛盾已发生变化，变为人民日益增长的美好生活需要同不平衡不充分发展之间的矛盾。我国是世界上农村人口最多的国家，而城乡发展不平衡会严重阻碍我国建设社会主义现代化强国，乡村发展的落后也会影响农村居民的生活质量。此外，我国城乡发展差距大还体现在不同地区之间，如东部沿海地区与中西部地区城乡发展之间的差距是一条难以逾越的鸿沟。因此，实行乡村振兴战略旨在提高农村居民的生活质量，加大对农村基础设施建设的投入是化解新时代主要矛盾的必然选择。

3. 打破乡村衰落规律的重大举措

在各国的现代化进程中，乡村衰落似乎是不可避免的一种规律。西方国家在现代化进程中，由于乡村人口稀少，年轻劳动力的流失及老龄化趋势严重，使得乡村发展缺乏活力，从而走向衰落。发展中国家的现代化进程中，由于城市的发展让政府忽视了乡村经济的建设，大量农村人口涌入城市，在乡村衰落的同时，大量人口聚集在城市也造成了许多社会问题。青壮年外出务工，导致许多留守儿童留给父母看管，而乡村本身教育资源的匮乏，使得子女难以获得平等的受教育机会；此外，之前乡村作为城市发展的牺牲者，大量城市污染物流向乡村，乡村环境遭到了严重的破坏，人口稀少、环境恶化、乡村缺乏活力、无力引进投资、乡村的公共活动匮乏等，都是未来乡村发展中亟须解决的问题。因此，实施乡村振兴战略就是要治理乡村发展留下的问题，打破国家在现代化进程中乡村衰落的这一规律，使得乡村的发展能够跟上国家现代化发展进程的步伐。

4. 破解城乡二元格局的主要手段

改革开放初期，我国更加注重城市的发展，为了促进城镇工业化的进程，农村为城市输送了大量劳动力，让出了大量土地供城市发展。与城市发展的加速相比，乡村发展则相对落后。进入 21 世纪以后，我国开始重视对农村发展进行补偿和回馈，突出农村农业优先发展的地位。乡村振兴战略是对新农村建设、美丽乡村建设的第三次飞跃，乡村建设发展要求的城乡融合发展又是对城乡统筹发展、城乡一体化发展的第三次飞跃。只有实施乡村振兴战略，实现城乡融合发展，才能够既促进城镇化的健康发展，又推动乡村的发展。城市与乡村是一个有机体，只有两者都可持续发展，才能相互支撑。

五、贵州落实乡村振兴战略的路径

十九大期间，习近平同志在贵州代表团讨论时寄予殷切希望：弘扬团结奋进、拼搏创新、苦干实干、后发赶超的精神，续写新时代贵州发展新篇章，开创百姓富、生态美的多彩贵州新未来。为此，迫切需要探索贵州特色乡村振兴新道路。振兴贵州乡村经济，既要深化农业供给侧结构性改革，发展农村开放型经济，将信息化融入农业发展，也要发展和普及电商在农村中的应用，将城市化进程与农村现代化进程融合发展，还要对失地农民进行相关技能培训，为其创造再就业机会。此外，要把田园综合体建设与全面深化农村综合改革结合起来。

1. 深化贵州农业供给侧改革

中央关于深入推进农业供给侧改革、加快促进农村农业发展提出了如下意见，要"以体制改革和机制创新为根本途径，优化农业产业体系、生产体系、经营体系"。实践表明，深化农业供给侧结构性改革，是构建贵州山地生态特色立体农业体系、发展山地特色现代农业的重要战略举措。但目前，贵州开放型农业经济发展还不充分，也不能适应乡村振兴和深化农业供给侧结构性改革的需要。为此，深化农业供给侧改革，推进贵州乡村振兴，就要瞄准国际国内两个大市场的需求变化，以提供质量效益好的供给和增长农民收入为前提，增加农村经济发展活力，使农村经济结构多元化，创立多种"绿色"农产品品牌，形成贵州特色农业农村经济系列品牌。

利用国家实施"一带一路"倡议、"自由贸易试验区"战略和"内陆开放型经济试验区"战略的大机遇，推进贵州农业国际合作发展方式转变，以大健康、大数据、大旅游、大扶贫为突破点，培育壮大贵州农业国际合作主体与产业，充分利用贵州区位优势、交通优势和大数据优势，搭建特色鲜明的开放型农业发展载体和平台，培育发展生态特色农产品出口支柱产业。支持农产品出口企业赴境外参加国际展会，支持有条件的企业设立境外营销窗口，开展产品推介、品牌宣传和企业对接等活动，加快完善贵州农产品出口多元化国际市场体系，把贵州省打造成山地绿色农产品出口大省、开放型农业经济发展强省、开放式产业扶贫攻坚示范省。

2. 加强贵州田园综合体建设

田园综合体是乡村振兴的重要载体，是融现代农业、休闲旅游、田园社区为一体的特色小镇和乡村综合发展模式，是顺应乡村现代化与农村产权制度和农业供给侧改革的发展模式。田园综合体建设与农村"三变"改革一道作为农村创新发展举措，写进了 2017 年中央一号文件：支持有条件的乡村建设以农民合作社为主要载体、让农民充分参与和受益，融循环农业、创意农业、农事体验为一体的田园综合体。贵州作为"三变"改革的发源地和示范区，理应把深化"三变"改革、农村产权制度改革、农业供给侧结构性改革、乡村人才使用机制改革与田园综合体建设紧密结合起来，推进贵州乡村振兴。

3. 推动贵州乡村振兴与"三变"改革相结合

改革是振兴乡村发展的重要手段。贵州农村"三变"改革，是农村产权制度、农业生产方式和组织形式的改革创新，是"强农业、美农村、富农民"而"补齐短板"的改革发展，是赋予农民更多财产权利，解放发展农村生产力，建设美丽乡村，实现共同富裕，夯实基层政权，提升乡村经济社会治理现代化能力的新探索，不仅符合党和国家发展新理念，而且符合党和国家全面深化改革战略、创新驱动战略、乡村振兴战略、扶贫攻坚战略。

党的十九大提出实施乡村振兴战略，不仅是继中国新农村建设战略后着眼于农业农村优先发展和着力解决中国"三农"问题的又一重大战略，而且也是着眼于解决新时代中国发展不平衡和不充分，尤其是解决城乡发展不平衡和农村发展不充分矛盾的重大举措。实施乡村振兴战略，不仅需要充分认识这一战略的重大意义，而且需要准确把握乡村振兴战略的科学内涵、目标任务及其实施路径。

第四章 贵州乡村振兴之产业兴旺探索

第一节 新常态下中国农业供给侧改革路径研究[①]

一、中国农业供给侧结构性改革的内涵及现实意义

自 1978 年我国推行改革开放以来，我国经济在较长时间始终保持了高增长的态势，GDP 增速一度保持在 10%以上，无论是从经济规模还是从经济持续增长态势来说，我国都已进入经济大国行列。与此同时，我国经济又面临着诸多挑战，党的十九大对我国社会主要矛盾做出了与时俱进的新表述："中国特色社会主义进入新时代，我国社会主要矛盾已经转化为人民日益增长的美好生活需要和不平衡不充分的发展之间的矛盾。"当前，在经济新常态下我国经济所面临的挑战主要有经济增长速度下行、经济结构不平衡、部分产能过剩等。为此，供给侧结构性改革的推行就显得十分重要。

农业作为社会经济发展的重要组成部分，在经济新常态的大环境下，我国农业的发展也暴露出很多问题。当前我国粮食生产量、进口量及库存量"三量齐增"的困局较为明显，国内消费者对于粮食品质的要求随着社会经济的发展不断提高，国内食品的品质已无法满足国内消费者的需求，这在一定程度上造成了农业市场的供需失衡。同时，国内主要农产品均出现了不同程度的库存积压情况，由于国内农业生产规模化程度不高，进而造成农产品生产成本过高，使得国内农产品失去了市场优势。因此，解决农业长远发展中出现的问题必须通过推行农业供给侧结构性改革来解决。

推行农业供给侧结构性改革就是要将农业发展的质量与综合效益置于改革的"重点"位置，有针对性地改变过去农业发展仅关注产量增长的现状，同时还需致力于提高农产品质量安全、解决农产品品质不达标的现状，进而改变传统的粗放式农业发展模式，从根本上使国内农产品达到供需平衡的状态。

在供给方面，粮食作物的供给是我国推行农业供给侧结构性改革的首要任务，确保供给端的改革发展，不仅关系到我国社会经济的发展，同时在一定程度上也关乎整个社会的稳定和国家的发展。虽然在 2015 年之前，我国的粮食产量均保持着连续增长的趋势，但在供给结构方面还存在着失衡的情况，这在一定程度上会影响国内农作物的供给。因此，推行农业供给侧结构性改革是确保国内农产品供给的必然之路。

---

① 何律琴(1975 年—)，贵州大学经济学院副教授、硕士研究生导师，武汉大学教育经济与管理专业在读博士。研究方向：国际贸易、产业经济学。

在结构方面,目前国内各农作物之间的品种、质量等矛盾日益突出,当前的供给结构已无法满足众多消费者的需求。通过推行农业供给侧结构性改革,可在确保供给的条件下,进一步对农产品的品种结构、生产结构及各地区之间的结构进行调节,进一步促进农业可持续发展,从而达到农民增收的目的。

在产品品质方面,提高目前农产品供给的品质是推动我国农产品的低水平供给向高水平供给发展的有效途径。推行农业供给侧结构性改革能够在一定程度上加快农产品生产的标准化进程,同时能够推动农产品的品牌化经营,促进农产品质量的提高,进一步满足国内消费者的需求。

加快推行农业供给侧结构性改革,能够促进农业以最优的规模发展,从而降低生产成本,同时还能促进农民加入农产品加工及销售中,从而增加农业发展的附加值,最终达到农民增收的效果。

农业供给侧结构性改革还致力于提高我国农业在国际市场中的市场竞争力。近年来,我国的农产品进口量一直保持持续增长的趋势,但我国的农产品在国际市场中不具备竞争优势,其受国际市场冲击的风险较大。因此,在推行农业供给侧结构性改革时,应当进一步调整农业产业结构,提高农产品的科技含量,进而全面而有效地提高我国农业的市场竞争力。简言之,中国农业供给侧结构性改革是指从农业供给端入手,对于农业生产中的各要素进行重整优化,提高农业供给效率,进而达到结构合理,供给侧品种、数量、质量均与农业需求侧相适应的效果。

综上所述,在中国农产品供给结构矛盾日益暴露、农业供给结构调整滞后、生产成本不断升高等问题凸显的大背景下,农业发展急需升级产业结构、转变发展方式、转换发展动力。因此,推进农业供给侧结构性改革势在必行。

二、供给侧结构性改革的理论基础及文献综述

(一)相关理论依据

1. 供给侧结构性改革

一方面,供给与需求是市场经济运行过程中的运动双方,市场经济运行的最终目标就是使供求双方达到均衡状态。由于市场机制的局限性,政府在经济运行过程中需要从供给端或需求端进行宏观调控。在改革开放后的较长一段时间,我国的宏观调控政策主要是通过消费、出口、投资"三驾马车"拉动经济增长的,从需求端进行管理的宏观调控方式已不再适应当前的经济实际。2015 年中央经济工作会议首次提出供给侧结构性改革的概念,提出"三去一补一降"五大任务以解决当前我国经济所面临的结构性问题。我国所提出的供给侧结构性改革在根本上与西方供给学派有着本质区别。我国的供给侧改革主要立足于市场有效需求,进而从供给端对我国经济结构进行调整,最终达到解放和发展社会生产力、使社会供给与社会需求相适应的目的。

另一方面,我国推行供给侧结构性改革并不是要放弃对于需求端的管理。供给与需求

从表面上看是相互分离的，但两者又相互依存于生产和消费之中。需求端的管理侧重于经济总量问题，以财政政策和货币政策作为主要调节手段，更适用于短期内促进经济增长。而供给侧管理则更侧重于经济结构问题，主要以生产要素的优化配置和生产结构的调整来促进经济增长，供给侧管理更具长期性。在经济新常态背景下，只有供给端和需求端相互作用，才能促进经济有效增长。

因此，供给侧结构性改革以社会需求作为改革导向，进而有针对性地对生产的结构进行调整，最终实现经济长期且有效增长。

2. 农业供给侧结构性改革

因为农业本身具有易使市场失灵的特性，且农业在一定程度上属于公共产品，外部性强。基于以上特征，农业的发展离不开政府对其的宏观调控手段。因此，在 2015 年 12 月的中央农村经济工作会议上，首次提出了农业供给侧结构性改革的概念。2017 年中央一号文件进一步对于农业供给侧结构性改革做出了阐释。农业供给侧结构性改革，本质上就是以市场需求为导向，通过对供给端的调整，进而优化农业供给，提高农业生产质量与效率，促进农业现代化的发展，达到城乡协调发展、乡村振兴的效果。农业供给侧结构性改革的实质是通过改变和提升农产品结构(包括提高农产品质量、建立产品品牌等)以达到满足目前消费者对于农产品的品种及品质的要求，毋庸置疑的是推行农业供给侧结构性改革的根本立足点是以农民利益为基础。

新常态下，我国推行农业供给侧结构性改革的核心是提高农业产业的全要素生产率，同时还要充分发挥农业全要素生产率对于农业发展的推动作用。新增长理论指出，一个国家或部门的经济增长主要取决于要素的投入与全要素生产率。其中，全要素生产率主要反映生产技术、相关制度的创新等因素在推动经济增长方面所起的作用。从目前我国农业发展的现状来看，仅靠农业禀赋推动农业的发展在现阶段是行不通的，因此要想进一步推动农业发展，就必须充分发挥全要素生产率对于推动农业的可持续作用。而农业全要素生产率的提高需要通过将农产品的供给与市场需求充分契合才能得以实现，即全要素生产率的提高在一定程度上能够反映农产品的供给与需求是否充分达到均衡。因此，提高农业全要素生产率既是新常态下农业供给侧结构性改革的核心，也是推行农业供给侧结构性改革的主要方向。

3. 经济新常态

经济新常态，顾名思义就是与以往不同的、新的发展状态，这种经济发展的状态是必然的、不可回溯的。简言之，新常态就是指过去看起来较为反常的经济发展状态正在逐渐转变为常态化。新常态是习近平同志在结合我国近来的宏观经济发展形势以及相关原因的基础上而提出的，这一概念的提出也意味着我国社会经济的发展较之前得到显著改变，这对于中国的经济发展是具有重要影响的。经济新常态主要呈现 4 个特点：第一，经济增速由高速增长转变为中高速增长；第二，经济结构持续优化升级；第三，转变发展动力，以创新驱动为经济增长主要动力；第四，现阶段经济发展的挑战日益严峻、不确定风险增多。

经济新常态的重要内容主要体现在发展动力的转变与经济结构的调整上，具体表现为：消费逐渐发展为个性化、多元化的消费模式，新兴产业和更加专业化的产业组织成为主导产业，经济增长动力发生变化更多依赖于人力资本和技术进步，市场竞争由过去的传统竞争方式转变为以质量为主的差异化竞争。

4. 新供给经济学

新供给经济学的中心思想在于供给与需求两者均有兼顾，在满足需求侧目标的同时，主张从供给侧加以改革，对供给侧加强发展，从供给侧推动创新和发展。新供给经济学在一定程度上充分考虑了中国目前的实际国情，这也是符合中国经济发展需要的。新供给经济学的政策主张包括：推动新型城镇化和产业优化；减少政府干预同时实施结构性减税；对外开放扩大的同时要通过优化产业结构及增加经济效益等方式进一步扩大内需；转变现有国有经济的定位，进一步优化国有经济布局，促进国有经济与非国有经济共同发展；应当做好财政制度和金融制度的配套结合，为供给侧结构性改革做好保障作用。

5. 新经济增长理论

新经济增长理论主要以经济学家罗默和卢卡斯为主要代表人物，新经济增长理论主要是将新古典增长模型的劳动力这一指标进一步扩展，在新经济增长理论中的劳动力因素，不再是单纯的劳动力因素，而是进一步扩展为人力资本的投资，包括生产技能及受教育水平等。同时在新经济增长模型中还进一步加入了技术进步这一指标，形成了技术进步的内生增长模型。新经济增长模型在一定程度上促进了高新技术的发展及知识经济时代的诞生，改变了过去仅以资本投入促进经济增长的局限，同时新经济增长理论所倡导的创新意识更有利于社会经济的可持续发展。

(二)国内外文献述评

19世纪提出的"萨伊定律"认为"供给能够自动创造自己的需求"。这一定律的提出最初是为了对资本主义社会不会出现生产过剩的危机进行主张。在经济大萧条后，古典经济学在理论与实践上均出现了危机。在此背景下，凯恩斯批判了"供给能够自动创造需求"的萨伊定律，认为萨伊定律只会在以物易物的经济中发挥作用，提出"需求创造供给"的主张，进而形成了侧重于需求侧管理的宏观调控政策体系[1]。凯恩斯的主张在之后一段时间内取得了显著成效。1970年后，欧美发达国家经济发展陷入"滞胀"阶段，这时供给学派提出重回萨伊、重视供给侧管理的主张。同时美国和英国分别在里根总统和撒切尔夫人的影响下，采取了结构性减税以及国企改革等措施，加大了对供给侧的管理力度。罗伯茨作为供给学派的代表人物，其在1987年通过相对价格理论，研究税率对于不同部门的激励作用。

供给学派代表人物保罗·克雷·罗伯茨在其著作《供应学派革命：华盛顿决策内幕》(1987年)一书中提出，由于政府所提出的需求侧管理的政策会导致在劳动力数量增加的同时资本形成率出现下降，而两者的共同作用最终会导致劳动生产率的下降。同时由于政府通过财政政策的手段刺激经济，往往会导致一定通货膨胀的出现，在通货膨胀和累进税制的共同作用下，会促使消费者缴纳更多的税，进而降低了发展新技术的积极性，使得技术创新遭受阻碍。因此，罗伯茨针对美国的供给侧改革提出应当进一步重视供给，从而提高生产率。

G·多西等[2]采用了政策模拟的方法对供给侧与需求侧双侧管理的组合效果进行了测度，得出以下结论：在供给侧若技术创新能力较强且市场壁垒较低，则这些因素会成为长期经济增长的动力，而在整个经济社会收入较低且投资较少时，应当进行需求侧的管理。

从总体看，供给学派对其基础理论研究并不深入，因此供给学派在大多数问题中仅注重问题表面，从而难以成为主流经济学。

在国内研究中，苏剑[3]通过研究批判供给管理仅适合于长期调控的观点，认为其在短期调控中能起到激励生产者的作用。贾康[4]提出在农业发展、区域协调及环境保护等领域使用结构性政策是最佳选择。

在近几年国内对于农业供给侧结构性改革的研究主要集中在农业供给侧结构性改革的背景、内涵、实现路径及战略意义方面。

在中国农业供给侧结构性改革的背景及内涵研究方面，自农业供给侧结构性改革这一概念提出以来，国内学者已较为全面地将其提出的背景进行了阐释，同时对于中国农业发展过程中所存在的问题也进行了深入分析。张宏斌[5]指出，中国的农业发展自改革开放至今，一直处于过度追求总产量增长的状态，进而形成了当前部分农产品供过于求、库存相对过剩，而部分优质农产品则大量依赖于进口。刘迁迁[6]指出，中国农业发展目前取得的成绩是值得肯定的，但就目前的情况来看，农产品生产成本的上升、价格的下降及食品安全问题突出等都在阻碍中国农业的进一步发展，进而使得当前农业的发展无法满足消费者日趋多样化的需求。刘妍杉[7]指出，目前中国的粮食产业发展存在着产量、进口量、库存量"三量齐增"的问题：需求结构与供给结构之间失衡、粮食价格倒挂问题突出及托市政策存在着问题等，进而指出必须进一步加快推进在粮食产业中的供给侧结构性改革，以解决当前存在的问题。同时也有部分学者[8]认为中国推行农业供给侧结构性改革能够顺应当前消费结构的变化，能够有效解决中国农业发展中存在的结构性矛盾，进而破解中国在农业发展过程中存在的问题。

对于农业供给侧结构性改革实现路径的研究方面，许瑞泉[9]在分析了经济新常态下我国农业的现状、问题的基础上，进一步提出了通过提高农村人口素质等实现农业供给侧结构性改革的路径。和龙等[10]提出要调整农业结构、融合农业产业等措施以实现农业供给侧改革。于法稳[11]从资源环境角度分析，认为农业供给侧结构性改革的有效途径应是发展生态农业。国内多数学者[12]认为农业供给侧结构性改革应以市场需求为核心来开展农业生产活动，并且应当通过优化农业目前的生产布局，通过改善当前的资源配置情况进一步提高农业生产效率、降低成本，最终增强中国农业的整体竞争力。

综合现有研究发现，在国外对于供给侧改革方面的研究较少，由于中国特有的国情与不同的政策目标，因而中国所推行的农业供给侧结构性改革与西方供给学派有着明显差别。因此，我国在推行农业供给侧结构性改革时不应照搬国外过去的发展经验，应当将理论与实践相结合，进而走出一条具有中国特色的农业供给侧结构性改革之路。

从以上文献综述可以看出，自农业供给侧结构性改革这一概念提出以来，就成为国内学术界关注的一个热点，而且已取得较大的学术成果。这也为本书进行新常态背景下中国农业供给侧结构性改革的路径研究提出了方向，针对农业供给侧结构性改革的路径探索，学者分别从农业人力资本、产业融合等方面进行各有侧重的分析，这些值得借鉴的改革思路对于我国推行农业供给侧改革具有较强的指导意义。但国内学者对于农业供给侧结构性改革的路径研究主要集中于定性分析，对于农业供给侧结构性改革的路径及其影响因素进行定量分析却少有研究。同时，笔者认为对于农业供给侧结构性改革的路径分析应当充分结合当下的经济大背景，因此，在已有文献的基础上本书将进一步结合经济新常态的大背景对农业供给侧结构性改革的路径探索展开一系列分析，同时本书将利用省际面板数据，探讨劳动、资本、土地及技术等因素对于实施供给侧结构性改革的影响，希望能够据此为经济新常态下中国农业供给侧结构性改革的路径提出相应的建议和对策。

三、新常态下中国供给侧的现状及问题分析

（一）农业供给侧的基本内容

供给这一概念主要是指产品生产者在特定时期内以自身能够接受的价格向市场提供商品或劳务。而供给侧则包括了供给的各个方面，具体来看供给侧主要包含两方面内容：一是资本、劳动力、土地等生产要素；二是代表技术提高、制度和生产结构优化的全要素生产率。因此，农业供给侧的概念主要是指农业产品供给的各个方面，既包括农业生产所需的资本、农业劳动力、生产所需的土地投入等，同时也包括农业全要素生产率的提高。

（二）农业供给侧的主要特征

农业作为我国产业中的基础性行业，当前发展所面临的主要是供给侧的问题，所呈现的特征主要有三个方面："三量齐增"现象严重；农产品生产成本较高；部分农产品出现结构性过剩的情况。

1. "三量齐增"现象严重

近年来，我国粮食均实现丰收，粮食产量实现了 12 年连续增长。但在粮食产量连年增加的同时，粮食库存高、粮食进口规模进一步扩大，进而导致国内农业出现了"三量齐增"的怪象，这一怪象也充分反映了目前农业供给侧改革的结构存在较大矛盾。

在粮食总产量方面，本书主要选取国内主要粮食作物（如稻谷、小麦和玉米）作为研究中国粮食总产量的主体。

粮食产量作为衡量国家或地区农业生产能力的重要指标，其能够较为客观地反映国家

或地区的农业发展状况。自中华人民共和国成立以来，到 20 世纪 90 年代中期出现了国内粮食的一个高峰，粮食产量达 5 亿吨。但在之后因环境因素的较大变化，2003 年粮食产量出现大幅下降再次回到 10 年前的产量水平，下降幅度约为 0.65 亿吨。在 2003 年的粮食产量大幅下降后，政府相关部门采取了许多积极措施，经过 5 年努力，2008 年国内粮食产量再次达到 5 亿吨，并且全国人均粮食产量首次超过世界平均水平。2008—2016 年，通过几年的发展，我国粮食总产量均超过了万亿斤水平，粮食产量总规模位列全球首位。中国粮食产量的不断增加不仅保证了国内粮食的供给，同时还为世界粮食供给问题提供了相应的保障。

　　自 21 世纪以来，我国粮食产量曾在 2000—2004 年出现大幅下降，连续 4 年的减产使中国的粮食产量一度回到 1990 年前后的最低水平。在当时，政府为促进粮食增产，保证国内粮食供给，采取了多种刺激措施以提高农户的积极性，进而释放粮食生产潜力。我国粮食总产量连年持续增加，在很大程度上得益于政府相关刺激政策的实施。

　　从粮食总产量的变化折线图(图 4.1)可以看出，我国粮食总产量在近 10 年来整体保持上升趋势，粮食总产量从 2006 年的 49804 万吨增加至 2016 年的 61625 万吨，2006—2016 年产量大约增加了 23.7%。同时从各年粮食产量的增长幅度看，各年之间的变化幅度较小，在 2016 年农业供给侧改革也取得了部分成效，出现了 10 年来首次产量减少的情况。全国粮食的播种面积从 2006 年的 10495.77 万公顷增长至 2016 年的 11303.48 万公顷，其间增长约 7.7%。从以上分析可以看出，粮食产量的增长幅度大于播种面积的增长幅度，其原因在于农业生产技术的发展进步对于单位粮食产量起到了促进作用。从具体粮食品种分析，小麦、稻谷、玉米作为世界粮食生产的重要品种，不论是对于我国农业还是对于世界农业都具有重大的意义。

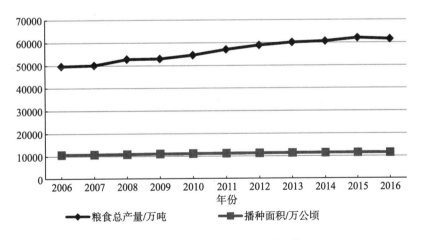

图 4.1　我国粮食生产情况变化图①

---

① 数据来源：根据农业信息网整理而得。

在三大主要粮食作物中玉米的增长幅度最大（图 4.2），在 2016 年玉米的产量达到 21955.15 万吨，比 2010 年增产 4230.6 万吨，2012 年稻谷的产量为 20423.59 万吨，同期中玉米产量高出稻谷产量 137.82 万吨，玉米产量在 2012 年首次超越稻谷。从整体来看，玉米产量从 2006 年的 15160.30 万吨增长至 2016 年的 21955.15 万吨，产量增长率约为 44.82%，同时小麦的产量增长率为 18.79%，稻谷的产量增长率约为 13.95%。从 2006—2016 年我国三大粮食作物的产量波动情况看，主要粮食作物的产量较为平稳，其中在 2015—2016 年，玉米、小麦、稻谷的产量波动率分别为 1.66%、-0.29%、0.18%、0.31%、0.18% 和 0.47%。粮食产量波动率的降低说明我国在粮食安全供应方面得到了良好的保障。

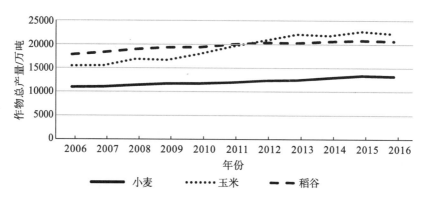

图 4.2　我国小麦、玉米、稻谷作物生产情况变化图①

在粮食库存量方面存在着库存量较高的情况，由于国内多年对于三大主要粮食作物的供求结构属于失衡状态，再加上国内的最低收购价格及临时仓储政策的不合理，从而形成了大量粮食库存居高不下的情况，其中玉米及稻谷的高库存情况较为严重。在 2015 年粮食上市后，更是进一步恶化了这一情况，粮食的高库存不仅加重了国家财政负担，同时进一步恶化国内的粮食供需状况。这一问题在目前国内农业发展中较为严峻。

据相关数据显示，在 2016 年上半年国内玉米的库存量约 2.6 亿吨，玉米库存规模自 2011 年来连续 5 年持续增加，库存增加最多的年份库存量增幅已超过 10%。稻谷在 2015—2016 年库存大约为 5000 万吨，同比增长 5% 左右，增长速度较快。小麦在 2015—2016 年库存也增加至 9500 万吨。

本书选取联合国粮农组织所提出的粮食安全系数作为判断我国粮食库存的重要指标，一般情况下，这一指标通过粮食库存占当年粮食消费的比例来判断，通常保持在 19% 左右为宜。在我国目前的情况下，三大主要粮食作物超出合理水平较多，尽管我国存在人口数量庞大的情况，但目前的库存还是极其不合理的。储存粮食的高成本会进一步增加国家财政负担，同时粮食的高库存也是我国粮食安全问题的重大潜在威胁。

在粮食进口量方面，进口量一直持续增加，如表 4.1 所示。虽然国内粮食产量与粮食库存连年增加，但粮食进口量却丝毫不减。尽管在目前世界各国对于粮食贸易纷纷采取贸

---

① 数据来源：根据农业信息网整理而得。

易保护主义及国际粮价居高不下的背景下，我国的粮食进口量却丝毫不受影响。

表 4.1　我国粮食进口情况[①]

年份	出口/万吨	进口/万吨	贸易差额/万吨	比上年增减/%	
				出口	进口
2007	577.03	736.69	-159.66	8.65	23.89
2008	823.66	1019.28	-195.62	42.74	38.36
2009	752.24	893.85	-141.61	-8.67	-12.31
2010	981.02	1177.06	-196.04	30.41	31.68
2011	1233.72	1528.61	-294.89	25.76	29.87
2012	1278.58	1766.12	-487.53	3.64	15.54
2013	1368.97	1859.71	-490.74	7.07	5.3
2014	1448.17	1896.33	-448.15	5.79	1.97
2015	1419.67	1795.02	-375.35	-1.97	-5.34
2016	1385.78	1696.26	-310.48	-2.39	-5.5

　　我国粮食进口规模也从 2007 年的 736.69 万吨上升至 2016 年的 1696.26 万吨。截至 2016 年，我国粮食进口量始终保持着持续增长的态势。从总体情况看，我国的粮食贸易仍处于净进口状态并且农产品整体进口规模始终很大，但逆差有小幅度的缩减。现在三大主要粮食作物已处于全部净进口的状态，此外，大豆类产品的进口量也很大，大豆的进口量从 2007 年的 3082.14 万吨增加至 2016 年的 8391.31 万吨，增幅达 172%。我国大豆对于国际市场的依存度已达 84%。同时从我国粮食贸易差额这一指标上看，2007 年以来一直保持着上升的趋势，并且在 2013 年达到最高点，虽然随后有小幅度下降但从数值上看仍保持在较高水平。

　　综上分析，我国的粮食产量、库存量、进口量均保持着"不健康"的增长，这也进一步凸显了我国推行农业供给侧结构性改革的必要性。农业关系着国家的民生大计，若想从根本上解决当前我国农业发展所面临的问题，就必须坚决推行农业供给侧结构性改革。

　　2. 农业生产成本较高

　　从成本角度分析，国内主要农产品与国际农产品市场价格相比高出 40% 左右，如小麦、大米与玉米等主要农产品。如果农产品失去了原有的价格优势，就会抑制国际市场对于国内农产品的需求，相比较而言，国外农产品的价格优势就会充分显现出来，进而促进国外农产品进口国内。为了更好地说明农产品成本情况，本书选取玉米、稻谷、小麦三种主要粮食作物的平均收益情况来反映，具体如表 4.2 所示。

---

① 数据来源：根据农业信息网整理而得。

表 4.2　我国三大主要粮食作物平均成本收益情况① 　　　　　（单位：元）

年份	亩产值	亩总成本	物质费用	人工作价	亩利润
2006	599.86	444.9	224.75	151.9	154.6
2007	666.24	481.06	239.87	159.55	185.2
2008	748.81	562.42	287.78	175.02	186.4
2009	792.76	600.41	297.4	188.39	192.4
2010	899.84	672.67	312.49	226.9	227.1
2011	1041.9	791.16	358.36	283.05	250.8
2012	1104.82	936.42	398.28	371.95	168.4
2013	1099.13	1026.20	415.12	429.71	72.9
2014	1193.35	1068.57	417.88	446.75	124.8
2015	1109.59	1090.04	425.07	447.21	19.6

依据表 4.2 分析三大粮食作物的成本收益情况，虽然它们的亩产值从 2006 年的 599.86 元增加至 2015 年的 1109.59 元，但由于人工及生产工具等种植成本的增加，亩总成本从 2006 年的 444.9 元增加至 2015 年的 1090.04 元，进而导致亩利润从 2006 年的 154.6 元降至 2015 年的 19.6 元，虽然亩利润在 2010—2011 年出现过增长，但这样的短暂增长并未从根本上解决利润增长的动力问题，因此是不具备可持续性的。从农产品成本收益情况的分析可以看出，虽然粮食产量连年增长，利润却逐年下降，"谷贱伤农"现象严重。针对目前农户生产成本与收益失衡较为严重的现状，必须推行农业供给侧结构性改革从根本上解决农产品成本与收益严重失衡的问题。

3. 部分农产品结构性过剩严重

虽然目前我国农业出现了产能过剩的情况，但这种过剩并不是全行业的全面过剩，而是结构性的过剩。具体表现为部分农产品库存过高，如稻谷、小麦、玉米等，而对于农业技术要求较高的糖、肉、奶类农产品则大部分依靠进口满足国内市场，如表 4.3 所示。

表 4.3　奶类产品进出口总值情况②

年份	出口数量/万吨	进口数量/万吨	出口值/亿美元	进口值/亿美元
2007	13.46	29.86	2.42	7.44
2008	12.06	35.07	3.02	8.62
2009	3.68	59.70	0.57	10.28
2010	3.38	74.53	0.44	19.70
2011	4.33	90.61	0.8	26.20
2012	4.49	114.56	0.82	32.13
2013	3.61	159.22	0.57	51.88
2014	4.05	193.56	0.82	79.79
2015	3.41	179.11	0.53	57.00
2016	3.31	218.09	0.8	64.42

①② 数据来源：根据农业信息网整理而得。

从表 4.3 中可以看出,奶类产品一直以来都依赖于进口。其进口总量由 2007 年的 29.86 万吨不断增加至 2016 年的 218.09 万吨,增加了近 10 倍。一方面,由于国内奶制品丑闻以及不安全事件的发生导致国内民众对于国内奶类产品产生了不信赖的心理。另一方面,随着社会经济的发展,国内消费者对于奶制品这类产品的需求发生了较大的变化,由原来的传统消费需求转变为更加追求质量和品质,但与此同时,国内的奶制品供应商并未进一步优化国内的供给结构,进而出现需求与供给不相匹配,导致国内消费者更多地寻求进口产品来满足自身的需求。综上分析,国内对奶类产品的进口依赖,在一段时间内会保持较高的进口量。

糖类在 2004—2013 年进口量均保持 100 万吨以上,虽然在 2008 年出现了减少,但从 2011 年开始,国内对于糖类的进口量出现大幅增长,在 2013 年更是达到了历史最高值,为 468.35 万吨,如表 4.4 所示。出现这一情况,一方面是因为国内的糖类产业产量无法满足国内需求;另一方面是由于目前国内的糖类产品还处于初级产品销售阶段,对于糖制品的深加工程度还较低,供给结构无法满足国内消费者对于糖类产品的需求。因此,这类附加值高的农产品在很大程度上是由于国内的产业结构不合理且生产技术较低无法满足国内需求而形成的进口量逐年增长。

表 4.4 糖类产品进出口总值情况[①]

年份	出口数量/万吨	进口数量/万吨	出口值/亿美元	进口值/亿美元
2004	34.88	143.69	2.52	3.36
2005	68.86	147.94	4.18	4.51
2006	60.38	141.68	4.62	6.18
2007	69.99	124.92	5.66	4.85
2008	75.4	86.44	6.78	4.24
2009	87.03	115.41	7.71	4.77
2010	114.76	186.34	10.6	10.33
2011	121.84	308.1	12.9	21.32
2012	118.79	393.16	12.65	25.43
2013	146.98	468.35	14.52	23.64

随着社会经济的发展及人民生活水平的提高,民众对于肉类的需求不再体现在量上,而是更多体现为对品质的需求。与奶类产品相比,虽然肉类产品对于进口的依赖程度较低,但仍处于高依赖水平。如表 4.5 所示,从 2007 年的 134.02 万吨增长至 2016 年的 453.25 万吨,增长近 4 倍。分析其原因,一方面,国内消费者对于国内肉制品质量安全的不放心,进而导致国内民众对于国内肉类产品产生了不信赖的心理。另一方面,随着社会经济的发展,国内消费者对于肉类产品的需求发生了较大的变化,在多元化的需求下由于国内生产者的供给较为单一,进而出现需求与供给不相匹配,导致国内消费者更多地寻求进口产品来满足自身的多样化需求。综上分析,国内对肉类产品的进口依赖,在一段时间内会保持

① 数据来源:根据农业信息网整理而得。由于数据缺失,糖类产品进出口数据仅为 2004—2013 年的。

较高的进口量。

表 4.5　肉类产品进出口总值情况①

年份	出口数量/万吨	进口数量/万吨	出口值/亿美元	进口值/亿美元
2007	36.76	134.02	7.31	15.19
2008	30.35	182.98	7.98	23.2
2009	30.2	136.46	7.64	17.01
2010	36.77	154.14	9.95	22.24
2011	33.54	190.44	10.76	34.08
2012	29.36	208.33	9.8	41.06
2013	30.88	256.25	9.89	59.28
2014	34.74	245.79	11.82	58.42
2015	34.04	272.53	10.58	67.99
2016	29.36	453.25	9.02	102.62

综合以上分析，可以得出结论，当前我国农产品的过剩属于结构性过剩，部分农产品产能过剩，而具有代表性的糖类产品、奶类产品及肉类产品则表现为产能不足。因此，根据农产品需求端的变化调整农业供给侧就显得十分重要。通过农业供给侧结构性改革，促使农业产能更加合理、有效，不仅能够进一步满足国内民众的需求，同时在一定程度上还能提高农业供给效率，进而达到农产品的供需平衡。

(三)我国农业供给侧存在的主要问题

由于我国农业发展过程中存在的结构性问题使得我国农业当前出现了供需失衡的问题，因此我国农业发展的结构性失衡较为明显。这不仅降低了我国农业的供给效率，同时还阻碍了广大农户实现增收。当前，我国农业供给侧存在的问题主要有以下几方面。

1. 产业组织不合理

当前农业供给侧存在库存居高不下、生产成本过高进而使得农产品在产量增加的同时收入并没有得到增加，探其根源就是目前我国农业的产业组织方式出现了问题。依据 SCP 产业组织理论的分析，产业组织制度决定市场结构，市场结构进一步决定市场行为，市场主体依据已选定的市场行为最后决定市场绩效的好坏。因此农业市场结构不合理是农业产业组织出现不合理的主要原因。目前我国农业产业中存在着集中化、规模生产程度较低、低级农产品较多且市场差别度低、市场进入与退出壁垒存在严重不合理等问题，当前这一市场结构不利于现阶段我国农业的发展。市场竞争程度较低往往会导致农户在产品及生产工具的相关交易中议价能力较低，进而无法在农业发展过程中发挥规模效应。同时低级农产品的需求弹性低，再加上不合理的市场竞争，在较大程度上会降低农业资源的配置效率，进而出现高成本低收益的现象。综上分析，当前我国农业供给侧中产业组织不合理的问题较为严重。

---

①数据来源：根据农业信息网整理而得。

2. 农产品结构不合理

在近几年的中央 1 号文件中均明确指出我国当前的农业结构需要进行深入调整。目前，稻谷、小麦、玉米等农产品在供求结构上已出现供过于求的问题，同时库存量很大，但奶类产品等却过度依赖于进口。产能已经过剩的农产品产量出现了逐年上升的情况，而奶类、肉类等产品在需求量连续增长的情况下却无法满足国内市场的需求，需要大量从外部进口。针对目前我国农业局部结构性过剩的问题，应当基于农产品需求结构的变化对农产品结构进行相应调整。针对部分产能过剩的农产品应当调整其供给结构，减少其供给，同时对于肉类产品及奶类产品等供给不足的产品应当加大其供给，以更好地满足民众当前的需求。农业供给侧的结构调整应当将国内市场与国际市场相结合，充分发掘农业生产潜力，进而促进农业的更好发展。

3. 农产品品质较低

随着民众生活水平的提高，民众对于农产品的追求已由量的追求转变为质的追求。健康、绿色的农产品已成为需求的主流。但由于国内农户对于绿色种植概念的认识尚浅，为追求高产量而滥用农药和化肥的现象屡见不鲜，再加之国内对于农产品质量安全监督管理的体系尚不完善，进而导致国内农产品安全问题较为突出。相关数据显示，国内农产品仅有一成比例为安全农产品，可见国内产品质量安全问题较为突出。例如，毒奶粉事件及瘦肉精事件等都使民众对于国内农产品的质量安全失去了信心，转而购买国外产品。高成本低品质的国内农产品，不仅失去了国际竞争力，同时在国内市场中也不具备竞争力。

4. 生产技术落后

长期以来，由于我国在农业生产方面科技水平比较落后，同时农业还保持着原有的粗放型发展模式，目前国内的农产品属于低端产品，附加值较低，这使得其在国际市场中竞争力较弱。当前我国农业发展不仅在品种培育方面落后于发达国家，同时在减产防治及加工保鲜等方面也与发达国家存在着较大的差距。不仅如此，目前我国在农业机械化程度以及低公害高成效的农药研制方面都比较落后。因此，提高农产品技术水平是现阶段发展我国农业的迫切需求，而此时农业生产技术水平的提高能够助力农业供给侧结构性改革的推行。

四、新常态下中国农业供给侧结构性改革的影响因素分析

(一)计量模型设定

为了深入分析新常态下中国农业供给侧结构性改革的影响因素，笔者基于前文的分析，借助于计量经济学的相关模型对于在新常态下中国农业供给侧结构性改革的影响因素进行实证分析。在计量模型的设定中，本书建立了一个以农、林、牧、渔业总产值为被解释变量，以农业资本投入、农作物播种面积、化肥使用量、农业从业人员，以及代表农

技术进步的农业技术效率变化指数和农业技术进步指数为解释变量的计量模型。这里主要基于新经济增长理论中的农业生产函数，从各投入要素的角度分析各要素对农、林、牧、渔业生产总值的影响，进而以此结果为基础，进一步分析新常态下农业供给侧结构性改革的路径。故本书构建基础计量模型如下：

$$Y_{it} = a_0 + a_1 K_{it} + a_2 B_{it} + a_3 H_{it} + a_4 L_{it} + a_5 EFFCH_{it} + a_6 TECH_{it} + u_{it}$$

其中，Y 为农、林、牧、渔业总产值；K 为农业资本投入（以农业机械总动力年末数表示）；B 为农作物播种面积；H 为化肥使用量；L 为劳动力；EFFCH 为农业技术效率变化指数；TECH 为农业技术进步指数；u 为随机扰动项。本书选取我国 31 个省（区、市）的数据进行回归。

（二）数据来源及描述性统计

本书主要是研究新常态下农业供给侧结构性改革的影响因素，而在农业供给侧结构性改革中，农业资本及劳动力等要素配置的进一步优化，可使得各资源要素得到更加有效的配置，最后推动农业供给侧改革的实行，实现我国农业的更好更快发展。本书将以各资源要素对于农业发展的影响作为研究的出发点，进而分析各资源要素对农业供给侧结构性改革的影响。本书相关数据取自中国国家统计局官方网站、Wind 金融数据库及农业信息网网站。样本为 31 个省（区、市）的面板数据，样本期为 2007—2015 年。同时在本书中解释变量还用到农业技术效率变化指数 EFFCH、农业技术进步指数 TECH，以上两个数据均由 DEA-Malmquist 指数法测算而得。本书选取我国 31 个省（区、市）数据，运用投入导向的 DEA-Malmquist 指数法，在规模报酬可变的条件下对 31 个省（区、市）的农业全要素进行测算。

本书所使用的各变量描述性统计如表 4.6 所示。我国各地区由于经济发展程度不同，各地区在农业相关指标方面也存在着较大的差异。例如，农业技术效率变化指数 EFFCH 这一指标，最小值与最大值之间偏离较大，同时在农、林、牧、渔业这一指标上也反映出部分地区之间存在较大差异。初步判断，农、林、牧、渔业总产值受到本书指标的影响应有明显差异。

表 4.6　描述性统计

项目	平均值	标准差	最小值	最大值	观测数
Y/亿元	2557.74	1986.86	79.80	9549.60	279
TECH	1.09	0.46	0.35	2.90	279
EFFCH	2.66	4.42	0.04	30.25	279
L/万人	891.84	693.51	36.35	2920.28	279
K/万千瓦	3538.50	3173.04	95.32	13353.00	279
H/万吨	182.28	145.67	4.58	716.10	279
B/万公顷	5201.39	3663.72	173.70	14425.00	279

（三）实证检验

本书首先运用 Excel 软件对相关数据进行了预处理，其后运用 Stata 软件进行实证分析。首先对省际面板数据进行混合回归分析，随后对省际面板数据分别进行固定效应模型和随机效应模型分析，经过分析后发现固定效应模型和随机效应模型都明显优于混合回归。最后，进行 Hausman 检验，进一步选择面板数据的模型形式，在进行了 Hausman 检验后，选取固定效应模型作为面板数据模型。

1. 面板混合回归

面板混合回归模型主要用于描述所研究对象的总体特征和趋势，但面板混合回归模型的假设为各个研究对象间、各个时期之间并没有本质差别。在对本书所研究的 31 个省（区、市）进行混合回归分析时，实质上是将本书所研究的 31 个省（区、市）看作是一个整体经济对象来探究各要素对于农业发展的影响，具体分析结果如表 4.7 所示。

表 4.7　面板混合回归模型结果

y	coef.	Robust Std.Err.	t	$p>|t|$
TECH	−232.9247	52.16752	−4.46	0.000
EFFCH	5.726195	12.77294	0.45	0.657
L	0.4200316	0.3334148	1.26	0.217
K	0.1884053	0.0860324	2.19	0.036
H	5.347568	3.179279	1.68	0.103
B	0.0532957	0.0685328	0.78	0.443
_cons	503.4768	220.2475	2.29	0.029
$F(6, 30)=26.47$　Prob $> F$ =0.0000　R-squared=0.7718　Root MSE=959.53				

根据表 4.7 的分析结果，可得到一个混合回归模型：

$$\overline{Y}_{it} = 503.4768 - 232.9247\overline{\text{TECH}}_{it} + 5.73\overline{\text{TECH}}_{it} + 0.42\overline{L}_{it} + 0.19\overline{K}_{it} + 5.35\overline{H}_{it} + 0.05\overline{B}_{it}$$

其中，$R^2 = 0.7718$；$F = 26.47$；$\text{MSE} = 959.53$。

接着通过 Breusch-Pagan 检验判断是否选择使用面板混合回归模型，具体结果如表 4.8 所示。从结果中看 P 值为 0，因此选择随机效应模型优于面板混合回归模型，将进一步对省际面板数据进行 Hausman 检验，在随机效应模型与固定效应模型之间进行选择。

表 4.8　Breusch-Pagan 检验结果

	Var	sd=sqrt（Var）
Y	3947627	1986.864
e	134846.7	367.2148
u	607342.4	779.3218
	chibar2（01）=294.97	
	Prob>chibar2=0.0000	

2. Hausman 检验

对本书的省际面板数据进行 Hausman 检验，其原假设为对面板数据采用随机效应模型。如果检验结果不显著，则表示接受原假设应采用随机效应模型；如果检验结果是显著的，则表示拒绝原假设应采用固定效应模型。表 4.9 所示为 Hausman 检验结果。

表 4.9　Hausman 检验结果

y	FE	RE	Difference	S.E.
TECH	−59.09192	−111.8482	52.75628	5.485388
EFFCH	1.0117	3.03402	−2.091702	0.627384
L	−1.032025	−1.302813	0.2707882	0.260255
K	1.081987	0.882431	0.1995561	0.043049
H	0.065116	1.658556	−1.59344	1.27715
B	0.608129	0.102463	0.5056655	0.1757202
_cons	−3463.661	−124.3081	−3339.353	801.7773
		Prob>chi2 = 0.0000		

从 Hausman 检验结果可知 P 值为 0.0000，则拒绝原假设，本书应当选择固定效应模型进行实证分析。

3. 固定效应模型及结果分析

表 4.10 所示为固定效应模型的实证分析结果。

表 4.10　固定效应模型的实证分析结果

y	coef.	Std.Err.	t	p>|t|
TECH	−59.09192	49.49849	−1.19	0.234
EFFCH	1.0117	5.248719	0.19	0.847
L	−1.032025	0.30114	−3.43	0.001
K	1.081987	0.0559277	19.35	0.000
H	0.065116	1.778427	0.04	0.971
B	0.6081294	0.1544234	3.94	0.000
_cons	−3463.661	676.2614	−5.12	0.000
	F test that all u_i=0：$F(30, 242)$=53.84 Prob>F=0.0000			

　　从固定效应模型的实证分析结果上看，农业技术进步指数(TECH)在分析结果中显示为负，农业技术效率变化指数(EFFCH)在分析结果中显示为正，但两者对于农、林、牧、渔业的总产值(Y)的影响并不显著，这与常识上认为农业技术进步和农业技术效率的变化会推动农业发展的认识有着显著不同。一方面是因为31个省(区、市)范围内各地区之间的农业技术创新存在着较大的差别，发达地区的农业技术进步明显高于欠发达地区，同时随着农业现代化的发展对于农业技术进步与创新提出了更高要求；另一方面，随着农业现代化发展趋势的进一步深入，农业技术落后且缺乏创新的现状与农业现代化发展要求之间的矛盾越发突出。因此，在推行农业供给侧结构性改革时，应当进一步促进区域农业之间的农业技术与创新。

　　农业从业人员(L)这一指标对于农、林、牧、渔业总产值(Y)不仅没有明显的推动作用，甚至产生了负效应，分析其原因，因为全国各地间农业从业人员的供给质量及数量出现了并不协调的情况，在当下农业现代化发展的大趋势下，要想推动农业产业的发展需要具有更高素质的劳动力。当前农业现代化发展的大背景下，农业从业人员素质不高的现实与现代化农业发展的需求之间的矛盾越发突出。与此同时，随着人力资源成本的上升与老龄化问题的日益严重，使得人口红利优势逐渐降低。因此，在推行农业供给侧结构性改革时应当提高农业从业人员的素质，培育新型农民是当务之急。

　　农业资本投入(K)的回归系数显著为正，说明农业资本的投入对于农、林、牧、渔业的总产值具有显著的正向影响，进而说明加大农业资本的投入在一定程度上是能够促进农业发展的。因此，在推行农业供给侧结构性改革时，应当加大农业资本的投入，在促进农业机械化发展的同时也能够推动农业现代化的发展。

　　化肥使用量(H)在固定效应模型的分析结果中显示其对于农、林、牧、渔业总产值的影响并不显著，这说明化肥使用量与总产值之间并无显著相关关系。

　　农作物播种面积(B)在固定效应模型中的回归系数显著为正，且其对于农、林、牧、渔业产值具有显著影响，这说明了土地的投入对于我国农业的发展具有推动作用。因此，在推行农业供给侧结构性改革时，应当进一步做好对于土地制度的完善，土地作为农业发展的源泉，建立权责清晰、归属明确的土地制度有利于促进我国农业现代化的发展。

　　结合上述所构建的计量模型总结来说，在实证分析的各投入要素中农业资本投入、农作物播种面积对于农、林、牧、渔业总产值的影响显著为正，这说明在推行农业供给侧结构性改革的过程中应当更加注重对于农业资本投入要素(K)及农作物播种面积(B)的改革，即对资本和土地这两个要素加强改革力度。同时在分析中可以看出，劳动力这一要素呈现出边际贡献递减的情况，这说明在农业现代化发展的阶段单纯促进劳动力数量的增长已经无法达到促进农业发展的效果，要促进农业现代化发展必须将单纯追求劳动力数量的思路转变为追求劳动力质量的增长，进一步推动农业人力资本的发展。同时由于全国各地区之间农业全要素指标差异较大，造成了农业全要素的指标对于农、林、牧、渔业总产值的影响并不显著，这也说明了在推行农业供给侧结构性改革的过程中应当加大力度权衡各地区之间的农业技术进步，在欠发达地区应当加大对农业生产技术的培育，做到以提高农业全要素生产率促进农业现代化的发展。

五、农业供给侧结构性改革的基本思路

(一)转变发展思路

虽然从改革开放至今,我国农业的发展取得了显著的成绩,但相比农业发达国家来说,我国的农业发展还处于上升阶段,仍需要在发展过程中不断转型升级,以实现优质发展。农业因其行业的特殊,在资源分配及市场发展方面都存在着一定滞后性,表现为地区之间的资源分布不均、部分农产品间存在恶性竞争的情况等,这些不利因素在很大程度上阻碍着中国农业的可持续发展。因此,政府应当充分发挥引导作用,通过发挥政策的引导作用,进一步促进目前农业资源的整合进而促进现代化农业的高速发展。

推行农业供给侧结构性改革,需要进一步调整我国目前的农业结构,这要求在推行农业供给侧结构性改革过程中打破原先传统的发展模式,促进现代化农业在农村扎根,同时政府还应通过引导农业企业发展的方式,以农业企业为主力军带动现代化农业的发展,让企业与农民共享发展成果。与此同时,在农业发展过程中,还应充分贯彻"开放"的新发展理念,统筹好国内市场和国际市场,以市场为导向,促进国内农产品供给效率的提高,同时还需进一步降低农产品生产成本,让国内农产品在国际市场占据一定的竞争优势。

在转变发展方式时应充分发挥创新驱动发展的功能,在此过程中不仅要创新原有的农业生产方式,同时还应当创新对于农业经营的扶持方式。在促进传统农产品生产及加工升级转型的同时,还应加快发展生态农业、旅游农业等新型农业发展方式,从而进一步拓宽农业产业链的发展,使农业发展更加全面、更加现代化。

此外,在推动农业供给侧结构性改革时,还应处理好政府对于农业产业发展的引导作用与市场在资源配置中的基础性作用之间的关系。一方面,政府在推行农业供给侧结构性改革中可以为改革的进行创造一个良好的社会环境。例如,政府可通过政策和资金的支持等引导农业供给侧结构性改革朝着一个更加全面的方向发展,在此过程中,政府可起到很好的引导性作用,以弥补市场在推行农业供给侧结构性改革中的缺陷。但政府的力量是有限的,若一直依靠政府来引导农业供给侧结构性改革,在一定程度上不利于农业产业的创新发展,会抑制农业企业及农民多样化的创造性。简言之,在推动农业供给侧结构性改革时,应当随市场需求的变化改变农业生产的结构,做到农业产品的需求侧与供给侧相匹配,从而促进农业的可持续发展。

(二)调整产业结构

在经济新常态的大背景下,中国农业的发展必须走现代化发展之路,应当前改革之需,必须进一步调整农业发展的结构。随着中国农业发展的进一步深入,一些制约着农业发展的问题也充分暴露出来。例如,小农生产的种种弊端、农业专业化生产水平低及土地制度问题等都制约着农业的发展。随着社会经济的发展,农业的产业化、国际化发展对于农业

的生产经营结构提出了新的要求。

本书认为要调整农业的生产经营结构应当做到以下几点：一是进一步完善当前土地承包制度及土地流转制度，以此促进规模化生产，同时在土地较少的地区应当充分发挥政策引导、农业科技的作用进一步弥补土地资源不足的劣势。二是深化农村集体产权制度的改革，充分发挥集体经济对于农业发展的促进作用。农村集体经济作为推进农业产业结构调整的重要载体，充分发挥其作用有利于更好地引导农业产业的转型升级。三是进一步推动发展农业产业化经营模式，促进产品升级换代。在发展农业产业化的过程中，应当充分发挥龙头企业的带动作用，以农业企业的创新发展辐射带动农业产业的创新与发展，进一步提升产品质量，在推动创新发展和技术进步的同时优化产业布局，提高农产品质量。

在调整农业生产经营结构的同时，还应进一步推进新型农民的培育，提高农民素质及专业技术水平，从根本上提高农业发展的创新能力。与此同时，还应完善相应的基础设施建设，优化农业社会化服务体系，从政策体系方面辅助推动农业供给侧结构性改革。

（三）推动制度改革

制度的改革是确保农业供给侧结构性改革得以顺利推行的基本保障。针对农业发展的相关制度改革，本书认为首先应当改革当前的土地制度，包括农村土地承包经营权、农村集体经营性建设用地、农村宅基地制度及土地征收的相关制度等。

首先，要发展好现代化农业，就必须完善农村土地现代化产权制度，只有建立好权责明晰、归属明确且便于土地流转的新型土地产权制度，才能使广大农民心无旁骛地投入到现代化农业的建设当中。本书认为当前的土地制度改革应当充分贯彻"三权分置"的思想，在集体所有的产权中应当进一步明确主体，使集体经济中的产权归属更加清晰；在农民的土地承包权方面，应当确保集体土地的承包经营权在每一户农民中均落实到位；在土地经营权方面，应当确保农民可将自己的土地经营权进行依法转让，以发展一定程度的规模化经营。

针对农村集体经营性建设用地，应当在国家相关政策的指导下，对农村集体经营性建设用地进行规划，同时允许其入市交易，这样在盘活闲置土地的同时，也增加了农村集体收益，进而能够促进农村的建设与发展。

在农村宅基地制度方面，应当充分考虑我国的现实情况并结合相关法律和政策，进一步探索出当前在城市落户的农户自愿退出或转让宅基地的执行办法。

土地征收制度作为土地制度改革的关键，应当更加妥善改革相关制度，探寻并制定相关的土地征收目录、建立保障农民利益的征收制度等。

其次，在制度改革方面还应当进一步完善农业科技创新制度和相关保障制度。推行农业供给侧结构性改革必须打破当前的农业科技创新制度，在制度改革方面，既要建立相应的激励制度又要建立相应的约束机制。科技的创新在提高当前农产品的质量、降低农产品成本方面发挥着关键作用，因此当前应当进一步加强农业创新制度的改革，以制度促进农业科技创新的进一步发展。

最后，在农产品质量安全及卫生方面，也应当建立严格的食品卫生安全标准，既要提高当前的检测技术又要制定严格的监管制度。

（四）改变农民定位

我国的农业发展正处于由传统农业向现代化农业的转化过程中，虽然随着我国农业改革的不断深化，现代化农业企业取得了较快的发展，但与其他国家相比，仍存在着较大的差距。目前在国内农业发展过程中较为普遍存在地区间发展水平差异较大、生产要素配置不合理、农业企业规模小且稳定性差、农业企业可持续发展能力较弱等问题，若想解决这些问题，就应该以市场为导向且因地制宜地开展农业生产经营活动，与此同时，最为重要的一点是改变过去对于农民的定位，广大农民应当由传统的农民转变为现代化农业建设中的新型农民。劳动力的素质因素在很大程度上阻碍着我国农业现代化的发展水平，因此在推行农业供给侧结构性改革时必须提高农业劳动力的素质。政府可通过制定相应的政策措施对新型农民的培育进行引导。城乡之间的人才流动在一定程度上有利于新型农民队伍的形成，因此应当针对城乡之间的人才流动建立相应的保障机制。同时在培育农民相关技术技能时应当制定相关的优惠政策以提升农民的素质和能力，进一步健全职业农民的教育培训体系，通过提高劳动力素质，进一步促进农业供给侧结构性改革的实行。

（五）创新发展思路

在发展模式方面，推行农业供给侧结构性改革应当树立农产品的品牌意识，推动农产品的品牌建设不仅能够调整当前农业的产业结构，还能进一步促进现代化农业的规模化发展。注重农产品品牌建设既能促进农业产业化发展，又能提高农产品的市场竞争力，最终扩大国内外市场。品牌建设有利于农业产业的集中，由于小农经济思想的影响，当前我国农业的生产还大多数表现为小户生产，并未形成集中化生产的局面，这样的分散化生产既不利于农业生产效率的提高，也不利于农业生产成本的降低，通过品牌建设，在一定程度上能够提高现代农业企业的市场竞争力，同时能够确保农业现代化的可持续发展。

目前，传统的产品与服务已无法满足当前消费者的需求，因此当前的农业发展应当创新发展模式，进一步调整生产结构，不仅要发展新产业，同时也要创新新产品，从而满足消费者日新月异的消费需求。例如，开展农业生态旅游项目、利用互联网拓宽农产品销售渠道等，这样既能开发更多潜在客户，又能够促进休闲农业的发展，同时还能提高广大农民的收入水平。

六、我国农业供给侧结构性改革的路径探析

目前，随着我国经济朝着新常态的方向发展，适应、把握、引领新常态在当下中国经济的发展过程中贯穿始终，在新常态下推进农业供给侧结构性改革不仅要保证深化改革的进行，同时还要坚持推进全面发展。农业供给侧结构性改革因其受生产环境及生产周期的

影响较大，所以农业供给侧结构性改革除了具有与其他行业领域所相近的特征外，还具有农业独有的特征，具体表现为特殊的产业性质以及对于国际资源和市场的特殊敏感性，同时农业供给侧结构性改革在一定程度上与其他行业存在关联。因此农业供给侧结构性改革需要综合各方面的因素考虑。

我国农业供给侧结构性改革的主要目标有以下几点。

(1)通过推行农业供给侧结构性改革，进一步提高我国农业供给端的质量和效率，以达到国内农产品满足国内消费市场需要的效果。

(2)以改革促升级，通过推进农业供给侧结构性改革进一步加速国内农业产业结构的转型升级，以达到提高农产品竞争力、实现农民增收的目的。

(3)以农业供给侧结构性改革的方式，促进地区之间的协调发展，在增强农业生产能力的同时，缓解部分地区环境资源压力。

农业供给侧结构性改革所需要追求的是在提高全要素生产率的前提下所实现的农业发展，即通过对上文所提到的农业技术效率变化指数 EFFCH、农业技术进步指数 TECH 及土地制度等因素进行改革，进而提高全要素生产率以达到促进农业生产潜在产出的目的。针对新常态下我国农业供给侧结构性改革的路径分析，本书认为应当从以下几方面展开。

(一)基于农村土地制度的改革

从中华人民共和国成立初农村土地制度的改革到农村土地集体所有、农民承包经营的"统分结合的双层经营模式"，再到《中华人民共和国农村土地承包法》的颁布，自中华人民共和国成立至今，我国农村土地承包制度历经发展，不断完善。与此同时，随着土地承包制度的完善与发展，农民的生产积极性得以提高，粮食产量连年增收，农民的收入也随之大幅提高。

现阶段，我国农村土地制度的改革主要是针对土地流转制度的改革。土地承包经营权的落实到位是改革土地流转制度的基本前提。土地承包经营权的进一步落实一方面保障了土地承包者的权益，另一方面也通过赋予相应物权及产权的方式进一步促进了土地所有权、经营权及承包权的三权分立。农村土地清晰明确的产权划分更加有利于土地流转的公平与公正，从而进一步提高土地利用效率。

其次，还应进一步改革集体经营性用地的流转制度。针对由于各种原因而被闲置的集体经营性用地，应当允许其进入土地交易市场进行交易，从而提高闲置集体经营性用地的利用效率，这样在保障集体权益的同时，也促进了土地资源的合理利用。

由于外出务工及举家搬迁等因素的影响，大量的农村宅基地及土地目前处于闲置的状态。要解决这一问题，一方面需要建立农村宅基地的退出及有偿取得制度，以提高闲置宅基地的利用效率；另一方面还需从农村发展及农民增收两方面综合考虑，加快闲置土地的流转，提高闲置土地的利用效率。

综上所述，在我国农业供给侧结构性改革中，农业土地制度的改革是重要一环，其改革的主要目标是通过完善土地流转制度，进一步提高闲置土地的利用效率，从而提高广大农民的财产收益。

(二)加大人力资本投资治理力度，提高农业劳动力素质

农业部门的转型与升级离不开农业科技的创新发展和农业劳动力素质的提高，因此，推动农业供给侧结构性改革，需要加大人力资本投资的治理力度，通过教育培训及健康扶助等方式提高农业劳动力素质，进而实现农业生产的有效提升。我们应当充分意识到在经济新常态下，"刘易斯拐点"正在逐渐出现，原有富余的农村劳动力正在逐渐减少，并且单纯的劳动力数量优势已经不再适合当前农业现代化发展趋势，原有的以劳动力低成本而取得优势的发展战略已不再符合时宜。在经济新常态的大背景之下，培育具有专业技能与素养的现代化农业劳动力已迫在眉睫。正如新经济增长理论所指出的，目前我国农业发展所追求的增长必然是更具创新和发展的内生性增长，因此人力资本的投资作为农业发展中的重要因素，其发展对整个农业的发展起着重要作用。

同时，由于我国城乡二元结构的存在，在一定程度上也导致了在教育、培训等方面存在明显的二元结构。因此要提高农业劳动力素质就必须将发展农村地区教育事业作为重点。首先，应当加大农村地区基础教育的发展力度，保障农村居民都能接受到良好的基础教育，进一步合理配置教育资源，引导更多的教育资源流向欠发达的农村地区。与此同时，还应通过政策鼓励等方式，引导优质的教育资源流向农村基础教育，从而形成农村基础教育可持续发展的机制。

此外，还应促进农村职业教育的发展。通过开展职业教育与培训的方式，提高农业劳动力的素质，以促进原有的粗放式农业生产向精细化农业生产转变，进而促进农业产业结构的升级转型。同时，在农业专项技能培训方面，应当不断丰富技能培训的模式与内容，建立起符合各地实际的技能培训机制，同时还可采取与企业合作的方式，引进相应的技术，进一步提高农业劳动力的素质，培育出一批技能过硬的新型农民。

(三)推动农业科技创新，以创新带发展

在中国经济进入新常态发展的背景下，若是简单对农业结构进行调整已无法满足当前农业供给侧结构性改革的要求，因此，现阶段农业结构的调整必然是通过提高产品质量，增强农产品竞争力的深层次调整。若想促进农业产业结构的深化调整就必须大力发展农业科学技术，通过提高农业科学技术促进农产品质量和效益的提高。推动农业科学技术的创新，就必须做到以下两点。

1. 政府与市场协同促进农业技术创新

由于我国小农经济思想根深蒂固，再加之在现实的农业生产中，多数情况是以家庭为单位的小规模生产，因此在促进农业技术创新方面存在较大的困难。要解决这一问题，除了需要政府部门对广大农民在思想观念上进行引导外，还需要进一步发挥市场在资源配置中的基础性作用，以市场为导向转变原有的农业生产格局，倡导广大农民进行农业技术的

创新。在现阶段，一方面应当加大各种资源的投入力度，全方位地支持农业技术的发展创新；另一方面，政府应当加大对于农业技术创新的支持力度，积极引导企业充当农业技术创新的排头兵，以政府与市场相结合的方式促进农业技术的创新。

2. 从人才方面着手开展农业技术创新

基于新经济增长理论的基础分析，农业经济的发展必然是在追求农业发展的更深层次的进步，因此开展农业技术方面的创新，从根本上说应当开展人才振兴战略。同时在经济新常态背景之下，经济的发展由原有的追求数量上的增长转化为更高质量的经济增长，这就要求在新常态下推行农业供给侧结构性改革需要对原有的农业发展模式进行更为彻底的变革，同时对于农业技术的创新活动来说，具有创新意识的人是其关键因素之一，因此从农业人力资本的角度对农业技术创新进行改革是合乎逻辑的。虽然目前我国在农业科技创新上存在着较大的不足，但这一问题势必会随着教育的深入而得到很好的解决。在人才方面，应当进一步引导企业家树立创新精神，以农业为主的企业家促进农业技术的创新发展。同时，还应加大对于农业技术专业人才的培育力度，从而更好地促进农业技术的创新。此外与农业创新人才战略相配套的激励机制也应当随之实施，只要在制度和激励上对农业创新人才给予足够的保障才能进一步激发出人才战略对于农业技术创新的激励作用。

综上所述，农业科技创新是我国农业实现可持续发展的重要源泉。促进我国农业的科技创新，不仅能在一定程度上降低农业的生产成本，同时还能提高农产品质量，进而提高我国农产品的竞争力。

(四) 调整农业产业结构

在经济新常态的大背景之下强调对于农业产业结构的调整绝不是以往单纯的产业调整那么简单。在经济形势较以往来说发生了巨大变化的情况下，农业产业结构的调整势必要追求更高质量的调整。经济学理论认为政府对于农业产业结构进行调整，主要是为弥补市场对于信息所做出的盲目性和滞后性。正如上文所分析的，当前我国在农业发展过程中，存在"三量齐增"的怪象，溯其原因是在农业生产过程中广大农民对于农产品的品种、质量等都还停留在原有的思路当中，然而随着社会经济的发展，市场对于产品的需求提出了更高的标准，因此调整结构必然是推行农业供给侧结构性改革的首要任务。具体来说，对于农业产业结构的调整主要是对其经营结构及生产结构进行调整，进而改革目前农业供给侧的结构。

对于农业经营结构的调整，首先应当引导目前的农业经营结构朝着更加多元化的方向发展。虽然目前在我国农业的经营结构中有农民合作社、专业家庭户及家庭农场等经营主体，但从总体上看，小规模的农户经营仍占据较大比例。鉴于当前的经济环境和市场环境已经发生了较大变化，因此可以看出小规模的农户经营在一定程度上已经不再适应市场的需要，要想促进我国现代化农业的可持续发展就必须调整原有的不适宜当前经济发展环境的农业经营结构。因此，为更好地优化我国当前的农业经营结构，必须创新经营方式，通过加快建设农村公共服务的方式，进一步降低小规模农户经营所占比例，引导其朝着农民合作社以及家庭农场等方向发展，在优化农业经营结构的同时，进一步提高农民收入。

正如前文所分析的，农业发展的供给侧与需求侧之所以会出现不相匹配的结果，很大程度上是因为供给侧所生产的产品与需求侧所需要的产品是不相匹配的，需求侧需要的是质量更优、品种更多的产品，而供给侧所生产的产品却还停留在传统的农产品上。因此在农业生产结构的调整方面，既要保证农产品的生产结构合理，又要确保土地资源利用的合理性。就农产品的生产结构来说，随着社会经济的发展，人们对于农产品的需求结构发生了较大变化，相对于过去而言，人们对于肉、蛋、奶等营养品的需求正在扩大。因此在推动种植业发展的同时，还应当促进畜牧业与养殖业的发展。与此同时，产业融合发展特色化农业也是当前发展农业现代化的可取之道，如在城郊农村可借助独特的地理优势，发展农业与旅游业相结合的特色旅游农业，这样可在维持农业发展的同时与旅游业这一第三产业相结合形成产业融合式的特色农业发展模式。

土地是促进农业发展的重要因素，在推行农业供给侧结构性改革时还应当在改革土地制度的同时，对于农业的土地结构进行适度的调整。就土地结构方面来说，传统的耕地与林地、草原一样都是宝贵的土地资源，因此在对传统耕地进行保护的同时，还应注重对于林地、草原等土地资源的保护，在创新农业发展模式时，不应只顾眼前利益，还要放眼未来，既要追求农业发展的经济效益，也要保证生态环境的和谐稳定。因此，各地区在调整农业土地结构时要因地制宜地发展适应本地区的农产品，从而实现可持续发展。

（五）充分发挥财政支农政策的作用

鉴于前文实证分析所得出的结果，农业资本投入对于农业总产值的影响是正向且显著的，因此在推行农业供给侧结构性改革时，应当在农业资本投入方面做出一定的改革，虽然在现阶段的农业现代化发展中已不再推崇资本的推动作用，但是在实践过程当中对于农业发展的资本投入还应放在重要位置。金融的支持是社会经济发展的强大动力，因此在促进农业供给侧结构性改革方面也应充分发挥其强大的促进作用。首先，推行农业供给侧结构性改革的最终目的是要充分建设好现代化农业结构，要达到这一目标势必需要农业基础设施的发展，因此财政支农资金应当加大在农业基础设施方面的投入。以财政支农政策为导向，将更多有利资源引向农业生产效率较高的领域以及价高质优的农产品生产领域等，从而达到补足农业生产短板、淘汰当前农业生产领域过剩产能的目的。调整农业产业结构需要进一步发展现代化农业，而现代化农业的发展需要政府的政策保障以及财政金融部门的资金支持，因此在推动当前农业产业结构调整的同时，需要相关的财政支农政策作为坚实的政策后盾。同时，财政金融对于农业技术创新的支持也能够促进农业科技的进一步发展，农业技术的创新只有在其产生一定收益时才能够确保创新的可持续发展，金融因其特殊的功能性可在一定的条件下对于农业创新的成果进行定价和市场化流转，这在一定程度上能够对于农业技术的创新营造出健康的市场环境。

第二节　信息化与贵州农业发展问题研究①

随着时代的进步，信息技术产业在全球得到了快速发展，并逐渐形成了一个新兴产业——信息技术产业。信息技术作为科学技术中的一种，已成为衡量一个国家或地区现代化水平和综合实力的重要评价指标，信息化已成为一个国家或地区发展经济的重要战略。在这一发展背景下，加强农业信息化，用信息技术指导农业生产、管理和销售，可达到提高农业产出、促进农业发展的目的。目前美国、德国、日本等发达国家，已将信息技术广泛运用于农业领域，不仅研发出如"精准农业""遥感技术"等农业高新信息技术，并且通过系统的信息化体系，已将这些信息技术广泛运用于农业，基本实现农业信息化。近年来，在党和政府的大力扶持下，在农业信息化基础设施、从中央到地方的农业信息服务体系、信息技术推广渠道3个方面都得到了初步完善。

贵州是一个农业大省，全省农业从业人口比重高达65%以上，农业在全省经济发展中占据了重要地位。但是，贵州农民收入却一直较低，主要是因为贵州省农业生产一直采用个体经营、小农生产的方式，而这些农民文化素质普遍较低，缺乏获取信息的能力和渠道，导致农村"三不现象"严重存在，即农民不知道如何运用技术指导生产、农民不能根据市场需求选择农产品种植、农民不知道农产品如何销售出去，这就导致了贵州省农业产值低，农业发展陷入僵局。为打破这一僵局，破解农业产值低的顽疾，贵州省把加快农业信息化作为农业现代化发展的重要手段。

一、信息化与农业现代化的关系

"信息化"的概念是随着社会进步而提出的。20世纪60年代一位日本学者梅田忠夫首次提出信息化的问题，虽然当时还没有引用"信息化"这一概念，但是其思想受到了相关学者的广泛关注。从社会生产的角度定义，信息化是借助计算机和通信设备将高新技术运用于传统社会生产中、提升生产的效率、促进社会经济发展的过程。农业信息化作为社会信息化的一部分，是指将信息化技术运用于农业、提高农业产值的过程。从信息技术应用的角度来定义，农业信息化就是以促进农村经济增长为目的，通过加强农村信息基础设施，开发农业信息资源、服务体系，推广农业信息技术，促进农户使用移动互联网、大数据等现代信息技术的过程。

农业信息化可以从产前、产中及产后3个过程分别改进农业生产方式和农业生产工具以达到提高农业生产力的效果。

① 邱蓉，刘漪旎。贵州省教育厅高校人文社科基地研究项目（JD2014104）。

（一）农业产前信息化对农业的促进作用

虽然生产力是在农业生产过程中创造的，但是产前生产指导和劳动资料选择却是决定生产效率的关键因素。农业产前的信息化能够为生产提供指导，促进农业生产力，主要表现为对劳动生产方式和劳动资料的改进。

信息化有利于合理化农业生产决策。由于专业素质和地理环境的限制，农民很难掌握到市场的供求状况和气象、病虫害等不确定信息，因此他们经常处于一种"不知道种什么"的状态下种植农产品，农产品生产"一哄而上""一哄而散"的情况经常发生，这给农民造成了严重的经济损失。产前预测系统可通过建立长期的农产品市场价格变动数据库、运用 3S 技术、地理勘测技术等协同配合，综合考虑气象、病虫害检测等不确定因素对市场未来一段时期的农产品供求变化进行预测，为农业生产"种什么""种多少""在什么时间种"等提供决策帮助。

信息化对劳动资料的改进。种子、化肥、农药等农资产品是农业生产的基础性产品，同样也是决定农业产值的关键产品。但是由于信息的不对称，市场上用伪劣农资产品欺农、骗农的现象普遍存在。利用信息技术建立农资信用信息体系，引入电子标签技术等手段建立农资监管机制，从根本上规范种子、化肥等农资产品，避免农民将伪劣的农资产品投入生产，以实现影响农业生产力。

（二）农业生产中信息化有助于农业生产管理的科学化

农业生产过程是创造生产力的过程，在整个过程中农业栽培技术、病虫害防治等管理技术是影响农业生产力的关键因素。信息化在农业生产过程中的运用能直接带来农业产值的增加与农业生产力的提升。农业生产管理中会遭遇气象、病虫害等不确定因素，农民由于缺乏专业知识，在面对这些突发状况时，由于不知道如何处理而导致农业产出大幅减少，因而遭受经济损失。因此，成立专家咨询系统，通过大量农业专家将分散的、局部的单项农业生产技术集成起来，形成一个智能化的信息决策体系，使农民能够通过互联网、电话、广播等通信手段向专家提出咨询，获取有关生产管理的专业意见，改进农业生产管理过程，实现智能化的管理，这样可以提高劳动生产效率，降低劳动力的投入。精准农业是国外农业生产普及度较高的一种技术，它是通过建立一个完善的农田地理信息系统，将信息技术与现有农业机械设施结合，通过遥感技术获取田间土壤、杂草及病虫害等信息，再定量预测分析，实现农业精准灌溉和施肥等操作。

（三）农业产后信息化有助于提高农产品交易效率

信息化使农产品交易突破了狭义市场的限制，拓展了交易渠道，缩短了交易时间，扩大了交易范围。

传统的农产品销售是买者和卖者通过农产品贸易市场以"一手交钱，一手交货"的交易方式完成的，因此卖者必须每天将欲出售的农产品运送到贸易市场，未出售完又得运送回去，增加了农民的工作量。另外，贸易市场带有严重的地域限制，导致农产品的销售群体范围较窄，使农产品销售存在严重的阻滞现象。互联网技术和电子商务作为先进的劳动工具，其在农业中运用便可以有效地解决这些问题。供需双方通过农产品信息网络发布农产品供求信息，这些信息通过网络迅速传递，买卖双方能更快地达成交易，这有利于农民开拓市场。另外，电子商务平台的运用还能在买卖双方不当面交易的情况下，快速完成农产品与货币的交换，使农业生产力转换为财富。

信息化对实现价值方式的改进。受空间地理环境的影响，同区域内农产品趋同性高，因此农产品销售呈现出跨区域的特点。而由于交通和专业素质等的限制，农民对信息获取相对闭塞，无法实时掌握准确的农产品供求和价格信息，因而无法实现农产品的真实价值。互联网技术在农业方面的运用可有效解决这一弊端：各地区建立农产品供求信息系统，由专门的部门汇集各地区有关农产品供求和价格方面的信息，并通过互联网、电视、手机短信和广播等方式将信息传播给农民，使农民可以以一个合理的价格将农产品快速销售出去，实现农产品的价值。由此可见，信息化可使农民的劳动目的性更加明确，由此改进劳动过程以达到提升农业生产力的作用。

农业产前、产中、产后的信息化 3 个过程形成一个完美的信息循环，在互联网大背景下，对农业进行信息化改造，是实现我国农业生产由传统农业生产向现代化农业生产转变的必然选择。

二、研究现状

（一）国内研究现状

1. 有关农业信息化必要性的研究

我国有很多学者通过实证分析阐述了农业信息化的必要性。董鸿鹏[13]运用综合指数法首先对辽宁省的农业信息化水平进行测度，并利用测度的信息化水平数据分析了信息化对辽宁省农业经济的影响。李优柱[14]运用粒子群优化算法 LSSVR，以广东省 2003—2010 年农业信息化投入对农业总产出贡献率的数据进行研究，得出农业信息化投入对农业总产出有一个正向效益，但是其贡献值并不是很高的结论。赵海燕[15]基于柯布-道格拉斯生产函数探讨农户投资、农业机械总动力、劳动力、耕地面积、化肥使用量及信息化投入对农业总产值的影响，以选取浙江省 2000—2007 年的相关数据进行分析，最后得出信息化投入能够促进农业总产值的增长，并且该推动作用仅次于农户投资所起到的推动作用。

还有一部分学者从理论分析的角度论述了农业信息化的必要性。蒋洪杰[16]通过对国外的农业信息化服务现状的研究得出农业信息化能够促进农业科技进步，提高农业生产经营能力的结论。李军[17]认为当前社会已进入信息时代，信息技术能够作为一种工具与其他产业相结合，促进该产业的发展，从而对经济产生促进作用。因此，将先进的信息技术运用到传统农业中来，能够使我国农业在传统农业的基础上得到跨越式发展。

2. 有关农业信息化实施路径的研究

王维新[18]认为我国农业信息市场存在市场配置率低的问题，即信息化投入在农业信息化硬件、软件设施投入及信息化人才培养投入 3 个方面的结构不合理。目前，我国农业信息化将投入主要放在硬件和软件设施方面，而忽略信息推广人才的培养，导致农民对信息化成果的敏感性和渴望度相对较低。因此，如何提高信息化成果的运用效率是目前应着重解决的问题。王健[19]提到农业信息在农村流通的过程中存在流通渠道受阻的问题，主要是由于目前农村和农业组织体制上存在缺陷，农村地区缺乏一套有效的信息交流传递方法。另外，由于农村地区的通信设施较为落后，农民专业素质不高，因此不法商家利用虚假信息坑农骗农导致农民利益受损的现象严重，因此，如何加强农业信息有效流向农村地区是信息化的重点之一。李优柱[14]运用粒子群优化算法，分析农业信息化投入对农业产出贡献率的影响，得出广东省农业信息化对本省农业产出方面的贡献率不高的结论。随后提出了两个政策建议：一是加大投入，形成多元化投入机制，鼓励企业、协会、农业生产大户一同参与到信息化中；二是提高农民使用信息指导农业生产的意识。赵卫利[20]对几个农业信息化发展较为发达国家的信息化现状进行了分析，并对我国农业信息化的道路给出了建议。

通过我国学者的研究可以得知，农业信息化能够提高农业产值，对农业经济产生推动作用。但是，由于我国农业信息化时间不长，信息化体系还不够健全，导致其对农业经济的贡献率不高，因此我国各地区的农业信息化还需要不断的改进和完善。

(二)国外研究现状

1. 有关信息化水平测度方法的研究

由于信息化水平是一个囊括多种因素的综合指标，因此国外学者就如何对信息化水平测度进行了探讨。目前国际上主要有两种对信息化测算的方法：一种是信息化指数法；另一种是波拉特法。

(1)信息化指数法。该方法是日本学者小松崎情于 1965 年提出的，该方法的核心思想是先构建信息化发展水平的 4 个一级指标，然后在每个一级指标下选择具体指标，由于具体指标的单位不同，因此将这些指标与基准年相比，将它们指数化。随后通过相关专家打分赋予一级指标和具体指标相应的权重，通过加权计算便可以得出某地区某年的信息化指数。我国有较多的学者运用信息化指数法测量信息化水平。周蕾[21]就信息化指数法的运用效果进行了评价，她认为该方法对于指标的选取带有严重的人为主观因素影响，而农业信息化发展的影响因数是多方面的。因此，随着经济形势的发展，模型评价指标体系也应不断修正和完善。

(2)波拉特法。该方法是美国人波拉特在 1997 年提出的，是众多测量信息化水平方法中的常用方法之一。波拉特法对探讨国民经济的各个产业部门与信息部门之间的关系具有重大意义，因此也是极具代表性的测量方法之一。本节就是选取该方法对贵州省近年来的信息化水平进行测量，因此会详细介绍如何运用该方法对农业信息化水平进行测度。徐青青[22]运用波拉特法对广西壮族自治区 2003—2009 年的农业信息化水平进行了测算：选取了农、林、牧、渔业服务业产值以及科学研究、教育文化和综合技术服务业为农业部分的产值量作为农业第一信息部门的产值；选取国家机关企事业单位有关人员，商业、服务业人员，生产工人，运输人员以及农、林、牧、渔业生产人员中归为农业的人员，即这部分人员的劳动所得和农业部门固定资本折旧值的总和作为农业第二信息部门的产值；最后以农业信息部门产值占农业产值的比重衡量广西壮族自治区农业信息化水平，得出广西壮族自治区农业信息化水平整体呈上升趋势的结论。

2. 有关信息技术整合方面的研究

由于这里的研究是针对农业信息体系、运用及传播方面，因此主要参考国外学者有关信息技术整合方面的研究。

有关信息收集利用的研究。Haythornthwaite[23]使用社会网络分析方法来研究资源在不同信息用户之间进行传递与交换的方法和技术。他认为不同的用户之间必须依据他们作为社会网络节点的相互关系来确定一种特定的信息交换模式和交换路径。信息提供者只需把握信息传播时机、信息传播路径就可以达到提升信息服务水平的效果。Dawes[24]通过研究确定了电子信息访问程序的维数，他认为维数主要包括用户、用法、组织能力、技术 4 个方面。Tomaszewskia[25]对 MIS 模型在奶牛场的运用状况进行了调查，发现即使技术传递到奶牛场工人手中，但由于工人专业素质不高，对该技术的利用效果仍差强人意。因此得到信息需求者的专业素质是影响信息利用效率的关键因素的结论。Lee Hur-Li[26]对信息用户与信息环境两者之间的关系进行了研究，还对信息环境中的信息资源会对信息用户的搜寻行为带来什么影响进行了研究。Pkoniger[27]认为人们处理信息效用低下的主要原因是信息结构的不合理，而不是信息总量的缺乏，也就是说，缺乏一套有效的信息组织体系。因此，如何甄别信息、在合理的时间传递信息(信息通常带有时效性)及如何将有效信息传递给信息需求者是提高信息运用效率的有效途径。

有关信息中介组织的研究。Hurteau[28]认为在 21 世纪，农民如何获取信息技术对于发展农村而言具有重要意义。他对影响农村居民在某一时期内采用信息技术的参数进行了研究，在利用基础在线服务的过程中城乡之间的差距在不断地扩大。他认为政府应该鼓励乡镇企业作为信息技术的传播者以达到最大化扩散信息的目的。Womack[29]研究了三类信息中介(营利性组织、非营利性组织及政府)在信息的采集、发布、传播过程中的作用。三类性质不同的中介组织具有不同的特性，这些不同的特性决定了三类组织参与哪类信息传播能够使社会总价值实现最大化。另外，他认为非营利性组织及政府应加强对具有社会收益性信息的管理。Weiss[30]认为非洲一个非常著名的私人信息传播团队在非洲农业信息的传播中起到了关键作用。该团队在加纳拥有 55 名员工和 1000 多条无线电话，他们日常的主要工作就是给农民提供电话服务，并且将他们收集到的信息加工印刷成宣传单，派送到农民手中。

关于贵州农业信息化的研究，主要集中在 21 世纪最初 10 年，探讨信息化与贵州农业产业结构提升问题[31]，以及信息化与贵州农业产业化[32]。对贵州信息化水平的把握停留在贵州与其他省份的横向比较上，没有纵向的比较和信息化对农业价值的贡献分析[33]。也提出了信息化的对策建议[34]，对策建议也只停留在信息化的主体、客体和政府职能上，没有涉及与互联网的快速发展相关联的物流、金融、农产品市场变化等内容。本节在上述研究的基础上，在"互联网+"的背景下，力争全面把握贵州农业信息化的概况，切实评估信息化对农业的贡献，分析贵州农业信息化存在的问题并提出相应的对策。

三、贵州农业信息化现状

（一）现状概述

农业信息化技术的发展可以分为三个阶段：20 世纪五六十年代为第一阶段，这个阶段主要实现广播、电视等通信信息化及计算机的运用；20 世纪七八十年代为第二阶段，这个阶段主要实现运用计算机进行数据处理和知识处理；20 世纪 90 年代开始进入第三个阶段，这个阶段已经实现了农业数据库的开发、农业自动化控制和管理等技术及运用网络和多媒体推广各种技术。贵州农业信息化开始于 21 世纪初期，主要体现在四个方面：信息网络基础设施、信息服务体系、信息咨询服务及信息技术运用、信息传播渠道。

1. 农村信息网络基础设施基本完善

农业信息化是依赖信息技术和信息系统为农业生产、管理、供销等提供有效信息支持的服务，因此，信息化在农业上的运用是以计算机、电视等多媒体为传播工具普及到农村地区的。由此可见，农村信息网络基础设施是农业信息化中不可或缺的一部分。

自 2008 年贵州通信管理局首次启动农村信息化以来，贵州通信管理局联合贵州省农经网及各基础通信运营企业，积极探索农村信息通信应用，全力推进农村信息下乡工作，截至 2015 年，已先后在全省 332 个乡镇、612 个行政村开展了农村信息化，在 102 个行政村开展了村级农民多功能信息服务站。信息化基础设施主要包括：农村可靠供电、电信传输网、数据通信网、有线电视增值业务网及卫星通信网等信息网络①。自 2013 年以来，截至 2015 年 9 月，贵州省"小康电"（农村电力）行动计划累计完成投资 85.7 亿元，农村已实现小康电新建及改造电网线路 4.27 万千米，实现农村供电可靠率为 99.925%；贵州省"小康讯"（农村通信）行动计划累计完成投资 25.8 亿元，完成同步小康创建活动"电话户户通"目标任务②。经过多年来的努力，贵州农村地区信息基础设施已基本完善。

农村地区信息基础设施的目的是方便农民使用各种通信设备获取市场信息，与市场进行适当的交流。

2. 农业信息服务体系初步形成

贵州省农业服务体系分为三个方面：一是全省农业信息网络，收集农业信息，建立数据库，将农业信息公布在各网站上；二是农业资讯热线，成立农业专家小组，利用各类数据库的资料，为农民提供语音资讯服务；三是农村信息服务站，为站点配置设备和专业人员，设立监测点，以月、季、半年、年为单位对当地农产品信息进行采集并分析，按时上报信息。

---

① 资料来源于"贵州省经济和信息化委员会"网站。
② 资料来源于"贵州省农业委员会"网站。

农业信息网络已经成为农村居民生产生活的一部分。2000 年 8 月，贵州省委为促进农业发展，为农民提供更专业的服务，建立了具有省、地、县、乡、村五级服务体系，面向市场，服务"三农"的综合性农业信息网站——贵州农经网。该网建立了多个数据库系统：农业实用技术数据库、农业专家数据库、贵州气象灾害数据库、贵州农产品市场信息动态数据库和贵州企业资源数据库。贵州农经网是由贵州省人民政府投资主办的，可为农民和商户提供七大服务项目：看资讯，网站实时公布省内和国内有关农村政策、经济及新闻信息。寻商机，该服务项目具有三个功能：一是价格行情，网站每日更新各地区（以市为单位）农贸市场上农产品及农资的当日价格和近一周的价格走势图；二是市场供求，网站会员可在网站上发布农产品供求信息并提供联系方式，浏览者如果感兴趣可直接与买者或卖者联系，达成交易；三是合作招商，主要是各地区政府部门面向企业发布农村招商项目。卖农货，网站实时公布贵州各地区特色农产品收成状况，为待销售的贵州特色农产品做宣传。搜美食，陈列贵州各地区的美食，并对相关农产品食材进行介绍。找乐子，介绍贵州的风景名胜、乡村驿站和民俗风情。学科技，一是科技资讯，列出各地区运用高科技生产后产值的突破情况，提高农民运用高科技的欲望；二是实用技术，介绍有关农资质量识别、农业生产管理、农产品储藏等实用技术，供农民指导生产管理。观气象，具有气象新闻、监测情报和气候评价等多项功能，农民可查询到所在地区气象，如旱涝监测、土壤水分监测报告等信息，有利于农业生产管理。

信息需求者除通过网站直接浏览信息外，还可以订阅农经网农经短信和"96888 幸福农家"声讯服务（都需另付资费）获取相关农业信息。贵州农经网是一个综合性的农业信息网站，是贵州省政府最早建立、投资最大的一个农业信息网站。依托"贵州农经网"，充分发挥现代信息技术优势，贵州各地方也纷纷成立了当地的信息网站。除综合性农业网站外，贵州还成立了具有针对性的专门网站。例如，黔农网、贵州农业科技网、贵州种植业信息网等，专门为农民讲述农作物种植技术；贵州果蔬视窗网、贵州茶叶新闻网、贵州农产品质量安全追溯网等，为农民提供专门的资讯和技术。全省已搭建起了省、市、乡、村四级信息服务站，构建了一个以市级为中心，辐射至村的"树"形农业信息网络。

"12316"三农服务热线是贵州省设立的专门为农民提供服务的热线电话，热线功能包括提供农业政策法规、粮经作物种植技术、蔬菜栽培技术、果树栽培技术、畜禽养殖技术、水产养殖技术、价格行情、求购信息、供应信息咨询服务；受理投诉举报生产、销售假冒伪劣农业生产资料服务；提供进城务工信息转接咨询服务等。

农村信息服务站功能不断完善。为贯彻落实"信息下乡"工作，推进农村信息化进程，贵州省通信管理局牵头组织通信运营企业积极参与农村信息化，截至 2015 年，在全省 70 个县、84 个乡、163 个行政村开展农村信息化，共建成乡镇信息站 130 余个，村级信息点 230 余个。其中网络教室 80 个，农民多功能服务站 40 个。站点的主要工作是对乡镇农业信息进行采集，定期分类分析并及时发布信息，合理引导市场走向。

贵州省通过以上三个方面，构建了服务农民的集网站、语音、短彩信、电话、视频及面授等多种方式的信息服务体系。

3. 农业信息服务推广渠道呈现多元化

为在农村推广农业信息服务，贵州省农委制订了"万名农业专家服务'三农'行动"方案，设立了农业技术推广补助资金，力图从培训和资金支持两个方面推广农业信息服务。

万名农业专家服务"三农"行动。由于农民缺乏专业素质，对市场信息掌握不充分，他们通常不知道如何搜集对自己有用的信息，也不懂得如何将信息技术运用到农业生产中。为了让农民能充分利用农业信息的成果，贵州省农委每年组织选派 500 名园区、乡镇科技副职，1000 名科技特派员，8500 名农业辅导员(共 10000 名农业专家)到农村地区提供服务。服务内容主要包括：一是为农村产业发展提供对策，帮助农村园区建立农民专业合作社，为有意愿购买农机具的园区提供型号参考，联系供应商，并提供机械的使用指导服务，推动农业产业化、机械化发展。二是向农民传授如何使用信息服务体系，农业辅导员向农民介绍贵州目前设立的农业信息服务平台和相关功能，告知农民如何通过网上查阅和电话咨询获取农产品生产管理技术、农产品和农资价格、农产品市场供求情况等信息，以指导农业生产管理。三是推行农业科技技术培训，包括栽培技术、管理技术及病虫害处理技术等，在农村建立示范基地，专家亲身示范如何运用农业科技技术，让农民亲身感受科技带来的效果，让农业信息技术和服务得到农民的接受和认可。自贵州省开展"万名农业专家服务'三农'行动"以来，全省派遣了包括科技副职、科技特派员、农业辅导员等各类农业专家共 10780 名，覆盖了全省 9 个市(州)、贵安新区及 88 个县(市、区)的 500 个乡镇，在推广农业信息技术和服务方面取得了良好的成绩。四是发放农业技术推广补助资金。贵州省目前贫困农户家庭还较多，很多农民能领会到农业信息技术和服务给农业生产带来的好处，但由于缺乏资金购买相应设施，因此只能选择传统农业生产方式。介于这种情况，省农委成立了农业技术推广补助资金。农村地区的特困家庭购买农业机械设备和信息设备时，能够获得一定的补助，补助金额最高可达购机金额的 30%。该项政策的实施为农业科技在农村地区的推广提供了资金保证。

4. 农产品电子销售平台初具规模

我国农产品生产一直存在一个问题：由于农产品销售具有跨区域性，这对于农户而言具有一定的难度，导致农村的农产品一直存在滞销现象。农产品销售渠道受阻，农民就不敢大规模地进行农业生产，导致农村经济落后。这种现象在贵州更为严重，由于农村地区地理位置偏远，交通不便，农产品销售尤其困难。针对这种现象，贵州政府积极运用信息技术，丰富农产品销售方式，出台了大量有关电子商务的扶持政策，使得一部分的电商企业纷纷进入贵州市场，如阿里巴巴、苏宁、上海华联超市等知名电商企业，在贵州成立了贵州云上电子商务有限公司、贵州乡里乡亲电子商务有限公司、贵州苏宁云商销售有限公司、贵州铜仁上海华联超市有限公司、贵州百翔电子商务有限公司等，并且创立了都匀云商城、贵州电商云、黔特网、黔都 2016 等网上商城。截至 2015 年年底，贵州共有电子商务企业和网店 3 万多家，电子商务直接和间接从业人员达到了 39 万人。

目前，贵州省农村电子商务发展主要有农村电子商务服务站和电商网站销售两种模式。其中，电子商务服务站由电子商务公司牵头成立，在各乡镇设立服务站。该服务站的建立拓宽了农产品销售渠道，解决了农民销售农产品渠道单一、"买卖两难"的问题。

贵州农业信息化经过十多年的建设，已经初具雏形。要进一步推进农业现代化进程，还需要在科学评估贵州农业信息化水平的基础上，分析信息化发展面临的困难，并提出相应的对策。

(二)贵州农业信息化水平的测度

1. 测度方法——波拉特法

目前常用的测度信息化水平的方法有两种：一种是信息化指数法；另一种是波拉特法。使用信息化指数法时，需要对较多的二级指标状况进行调查，而其中有一些指标的信息收集较为困难，如农村信息化运用程度中的电视广播普及率、农民手机上网频率等，加上设立的指标必须依靠专家打分赋予权重，代表性不强。因此，这里选择使用波拉特法测度贵州农业信息化水平。

波拉特法的主要思想是将信息部门从国民经济各个部门中抽离出来，将整个国民经济分为四大产业(农业、工业、服务业及信息业)，并将信息部门分为第一信息部门和第二信息部门，以两个信息部门某年所创造的产值在当年总 GDP 中所占的比例来衡量当年的信息化水平。第一信息部门是指直接参与信息经济活动的企业，这些企业直接在市场中提供信息产品和信息服务，该类企业创造的 GDP 就是第一信息部门的产值；第二信息部门是指在一个机构内部提供信息产品或服务的组织，该类信息产品或服务不对外出售，第二信息部门产值是由第二信息部门中劳动者的收入和信息机器设备的折旧共同决定的。在运用波拉特法测度农业信息化水平时，需要将农业信息部门从农业中抽离出来，以农业信息第一部门、第二部门的产值总和占当年农业总产值的比重衡量农业信息化水平。我国已有较多的学者运用波拉特法对各省份农业信息化水平进行测度，如李思[35]运用波拉特法测度了凉山州农业信息化水平；徐青青[22]运用波拉特法对广西的农业信息化水平进行了测度；董鸿鹏[13]在他的博士论文中运用波拉特法测度了辽宁省农业信息化水平，等等。笔者借鉴这些学者的做法，试图测度 2003—2015 年贵州农业信息化水平。

在测定农业信息化水平之前，必须要先确定农业信息部门的行业构成。根据前面介绍的贵州农业信息化现状可知，贵州省农业信息化投入主要集中在基础设施、信息服务体系、信息传播渠道、农村电子商务 4 个方面。因此，可以确定与农业信息产品或服务直接相关的五类行业，如表 4.11 所示。

表 4.11　贵州农业信息部门行业构成

行业名称	具体分支行业
信息基础设施业	计算机设备制造、通信设备制造、广播电视设备制造、信息建筑物制造
信息开发经营业	信息技术开发与推广、信息网络系统开发、数据库
信息传播报道业	广播电影电视、数据通信、计算机通信网络
信息咨询服务业	公共信息提供、信息咨询、信息中介
信息技术服务业	软件提供、计算机、复印机等信息设备维修、信息系统开发

2. 第一信息部门产值测算

在测量农业第一信息部门的产值之前，必须要界定哪些部门属于农业第一信息部门。由贵州农业信息化现状，结合《国民经济行业分类和代码》等有关资料，这里选择农、林、牧、渔服务业，科教文艺通信业以及广播电影电视音像业作为农业第一信息部门所属行业。由于贵州省现有的统计资料没有对这些行业中归属于农业部门的具体产值进行统计，总结相关学者的经验，在统计上述行业中属于农业部门所创造的 GDP 数据时，做以下处理。

农、林、牧、渔业服务业产值完全归于农业第一信息部门。科教文艺通信业产值以及广播电影电视音像业中归于农业第一信息部门的产值则需要用总产值乘以一个系数，该系数为该年农业总产值与国内生产总值之比。这样，就可以得到 2003—2015 年贵州省农业第一信息部门的产值，具体数据如表 4.12 所示。

表 4.12　贵州 2003—2015 年农业第一信息部门产值[①]

年份	农、林、牧、渔业服务业产值/亿元	科教文艺通信业产值/亿元	农业产值占 GDP 比重/%	科教文艺通信业为农业部分的产值/亿元	农业第一信息部门产值/亿元
2003	9.83	69.79	0.21	14.66	24.49
2004	10.89	82.73	0.20	16.55	27.44
2005	18.79	101.92	0.18	18.35	37.14
2006	30.49	123.67	0.16	19.79	50.28
2007	36.40	164.12	0.15	24.62	61.02
2008	41.23	206.54	0.15	30.98	72.21
2009	44.17	235.72	0.14	33.00	77.17
2010	51.52	272.13	0.14	38.10	89.62
2011	61.65	347.66	0.13	45.20	106.85
2012	67.80	410.34	0.13	53.34	121.14
2013	75.04	476.52	0.12	57.18	132.22
2014	84.70	556.06	0.14	77.85	162.55
2015	92.31	675.46	0.14	94.56	186.87

由表 4.12 可知，贵州农业第一信息部门产值呈现出上升的趋势(图 4.3)，特别是自 2009 年起，增长率较快，农业第一信息部门产值呈现出良好的发展势头。从结构上看，农、林、牧、渔服务业所占比重较大，其产值比教育、文艺、广播电视业，以及科学研究和综合技术服务业、邮电通信业几个行业产值的总和还要大。

---

① 数据来源：《贵州统计年鉴》。科教文艺通信业中包括了教育、文艺、广播电视业，科学研究和综合技术服务业、邮电通信业几个行业的总产值，由于 2006 年以后国民经济核算只分工业、农业、服务业三个产业进行核算，总结前几年上述行业在第三产业产值中的比重和前人的研究经验，2006 年以后科教文艺通信业产值以第三产业产值的 12.5%计算。

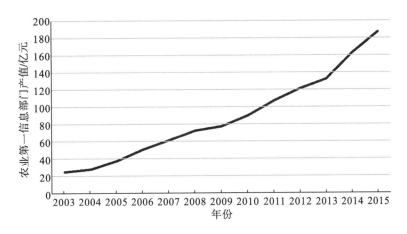

图 4.3 贵州农业第一信息部门产值

3. 第二信息部门产值测算

相比第一信息部门,第二信息部门产值的测算更加复杂。根据波拉特法给第二信息部门的界定:在一个机构内部提供信息服务,这些信息服务不对外出售。因此第二信息部门产值的因素包括两个:第二部门中信息劳动者的收入和信息部门固定资产的折旧值,这两者的总和构成了第二信息部门的产值。目前我国学者在测量农业第二信息部门产值时,采用以下公式来计算。

农业第二信息部门产值=农业第二信息部门劳动者收入

+农业第二信息部门固定资产折旧值

农业第二信息部门劳动者收入=农业第二信息部门劳动者人数×人均劳动者收入

农业第二信息部门固定资产折旧值=农业第二信息部门劳动者人数×人均固定资产折旧值

结合贵州农业信息部门的行业构成情况(表 4.11)及相关学者的研究,对贵州农业第二信息部门劳动者从事行业进行确定,包括建筑业,科学研究、技术服务业,信息传输、计算机服务和软件业,批发零售业,社会保障和社会福利业五个行业。计算农业第二信息部门劳动者收入,需确定农业第二信息部门劳动者人数及人均收入。

根据《中国 2010 年人口普查资料》及"全国各行业人口的职业分布"统计资料及国内学者的做法,这里做以下处理:2003—2005 年,将上述行业劳动者人数的 10%归入农业第二信息部门;2006—2009 年,将上述行业劳动者人数的 12.5%归入农业第二信息部门;2010—2011 年,将上述行业劳动者人数的 15%归入农业第二信息部门;2012—2015 年,将上述行业劳动者人数的 18%归入农业第二信息部门。贵州 2003—2015 年农业第二信息部门各行业劳动者人数和各行业劳动者人均工资具体数据如表 4.13 和表 4.14 所示。

表4.13　贵州 2003—2015 年农业第二信息部门劳动者人数①　　　　　　（单位：人）

年份	信息传输、计算机服务和软件业归于农业信息部门人数	批发零售业归于农业信息部门人数	建筑业归于农业信息部门人数	社会保障和社会福利业归于农业信息部门人数	科学研究、技术服务业归于农业信息部门人数	农业第二信息部门劳动者总人数
2003	1050	11010	17190	8350	2680	40280
2004	1990	11730	17360	8190	3110	42380
2005	1550	11730	21610	8590	3520	47000
2006	1663	14325	25650	11163	4450	57251
2007	2275	14363	26163	11525	4725	59051
2008	2763	11925	23838	11988	4638	55152
2009	2725	11825	24338	12825	5513	57226
2010	3705	14730	32160	16470	6120	73185
2011	3900	15615	34680	18285	6600	79080
2012	4392	22914	49050	24120	9378	109854
2013	5832	24066	58266	27414	10854	126432
2014	5724	23886	59490	30114	12960	132174
2015	5963	23787	60713	32146	13246	136643

表4.14　贵州 2003—2015 年农业第二信息部门劳动者人均年收入②　　　　　　（单位：元）

年份	信息传输、计算机服务和软件业劳动者人均年收入	批发零售业劳动者人均年收入	建筑业劳动者人均年收入	社会保障和社会福利业劳动者人均年收入	科学研究、技术服务业劳动者人均年收入
2003	18426	8630	8942	12120	14090
2004	17399	9256	10307	13210	14999
2005	23228	10209	11152	14575	18086
2006	24067	13296	12183	18834	20411
2007	31320	15682	14685	23524	23797
2008	35680	22980	17105	26655	25945
2009	37302	24579	25810	28561	28699
2010	38493	28297	26039	31231	30385
2011	46661	35354	34002	35167	36124
2012	53634	42413	38733	46138	39834
2013	64923	45783	43554	55782	48296
2014	76047	51500	44922	61597	58753
2015	82135	55324	46147	68254	70315

　　得知贵州 2003—2015 年农业第二信息部门劳动者人数及劳动者人均年收入后，可求得贵州 2003—2015 年农业第二信息部门劳动者总收入，具体数据如表 4.15 所示。

① 数据来源：根据《贵州统计年鉴》、中国 2010 年人口普查资料相关数据计算所得。
② 数据来源：《贵州统计年鉴》。

表 4.15　贵州 2003—2015 年农业第二信息部门劳动者收入　　　　（单位：亿元）

年份	信息传输、计算机服务和软件业归于农业信息部门总收入	批发零售业归于农业信息部门总收入	建筑业归于农业信息部门总收入	社会保障和社会福利业归于农业信息部门总收入	科学研究、技术服务业归于农业信息部门总收入	农业第二信息部门劳动者总收入
2003	0.19	0.95	1.54	1.01	0.38	4.07
2004	0.35	1.09	1.78	1.08	0.47	4.77
2005	0.36	1.20	2.41	1.25	0.64	5.86
2006	0.40	1.90	3.12	2.10	0.91	8.43
2007	0.71	2.25	3.84	2.71	1.12	10.63
2008	0.99	2.74	4.08	3.20	1.20	12.21
2009	1.02	2.91	6.28	3.66	1.58	15.45
2010	1.43	4.17	8.37	5.14	1.86	20.97
2011	1.82	5.52	11.79	6.43	2.38	27.94
2012	2.36	9.72	19.00	11.13	3.74	45.95
2013	3.79	11.02	25.38	15.29	5.24	60.72
2014	4.35	12.30	26.72	18.55	7.61	69.53
2015	4.90	13.16	28.02	21.94	9.31	77.33

下面计算贵州农业第二信息部门的固定资产折旧值，由上述分析可知，第二信息部门固定资产折旧值取决于两个因素：人均农业固定资产折旧值与农业第二信息部门人数（表 4.13）。所以只需测算出每年的人均农业固定资产折旧值便可计算出贵州农业第二信息部门的固定资产折旧值。虽然贵州未对农业固定资产折旧值进行公示，但是广西、辽宁、宁夏等地区对该项数据进行了统计，参考其他省份农业固定资产折旧值占全社会固定资产折旧值的比例，做以下处理：取全社会固定资产折旧值的 2.5%作为农业固定资产折旧值。因此，2003—2015 年贵州人均农业固定资产折旧值具体数据如表 4.16 所示。

表 4.16　贵州 2003—2015 年人均农业固定资产折旧值[①]

年份	全社会固定资产折旧值/亿元	归于农业部门的比例/%	农业固定资产折旧值/亿元	农业从业人数/万人	农业人均固定资产折旧/元
2003	197.27	2.50	4.93	1671.20	29.50
2004	250.42	2.50	6.26	1672.29	37.43
2005	299.73	2.50	7.49	1497.26	50.02
2006	369.28	2.50	9.23	1487.40	62.05
2007	438.37	2.50	10.96	1388.02	78.96
2008	559.92	2.50	14.00	1350.32	103.68
2009	630.03	2.50	15.75	1299.29	121.22
2010	655.93	2.50	16.40	1209.55	135.59
2011	794.52	2.50	19.86	1194.39	166.28
2012	900.51	2.50	22.51	1189.04	189.31
2013	1016.27	2.50	25.41	1179.76	215.38
2014	1179.48	2.50	29.49	1171.02	251.83
2015	1224.54	2.50	30.61	1167.23	262.22

① 数据来源：根据《贵州统计年鉴》相关数据整理所得。

已测算出贵州农业第二信息部门人数（表 4.13）、农业人均固定资产折旧值（表 4.16），则可求得 2003—2015 年农业第二信息部门固定资产折旧值及农业第二信息部门产值，如表 4.17 示。

表 4.17　贵州 2003—2015 年农业第二信息部门产值①

年份	农业人均固定资产折旧值/元	农业第二信息部门人数/人	农业第二信息部门固定资产折旧值/亿元	农业第二信息部门劳动者收入/亿元	农业第二信息部门产值/亿元
2003	29.50	40280	0.01	4.07	4.08
2004	37.43	42380	0.02	4.77	4.79
2005	50.02	47000	0.02	5.86	5.88
2006	62.05	57251	0.04	8.43	8.47
2007	78.96	59051	0.04	10.63	10.67
2008	103.68	55152	0.06	12.21	12.27
2009	121.22	57226	0.07	15.45	15.52
2010	135.59	73185	0.10	20.97	21.07
2011	166.28	79080	0.13	27.94	28.07
2012	189.31	109854	0.21	45.95	46.16
2013	215.38	126432	0.27	60.72	60.99
2014	251.83	132174	0.33	69.53	69.86
2015	262.22	136643	0.36	77.33	78.19

从表 4.17 绘制出的图 4.4 可以看出，贵州农业第二信息部门产值呈现出上升的趋势，特别是自 2009 年起，增长率较快，农业第二信息部门产值呈现出良好的发展势头。

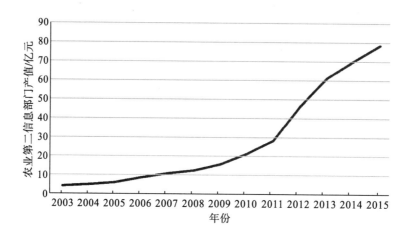

图 4.4　贵州农业第二信息部门产值

4. 农业信息化水平的测度

前面已测算出贵州 2003—2015 年农业第一信息部门及农业第二信息部门的产值，则可测度出贵州 2003—2015 年农业信息化水平。

---

① 数据来源：由表 4.13 和表 4.16 中的数据计算所得。

农业信息化水平=(农业第一信息部门产值+农业第二信息部门产值)÷农业总产值

贵州 2003—2015 年农业信息化水平具体数据如表 4.18 所示。

表 4.18　贵州 2003—2015 年农业信息化水平①

年份	农业第一信息部门产值/亿元	农业第二信息部门产值/亿元	农业信息部门总产值/亿元	农业总产值/亿元	农业信息化指数/%
2003	24.49	4.08	28.57	298.69	9.57
2004	27.44	4.79	32.23	334.5	9.64
2005	37.14	5.88	43.02	368.94	11.66
2006	50.28	8.47	58.75	382.06	15.38
2007	61.02	10.67	71.69	446.38	16.06
2008	72.21	12.27	84.48	539.19	15.67
2009	77.17	15.52	92.69	550.27	16.84
2010	89.62	21.07	110.69	625.03	17.71
2011	106.85	28.07	134.92	726.22	18.58
2012	121.14	46.16	167.3	891.91	18.76
2013	132.22	60.99	193.21	998.47	19.35
2014	162.55	69.86	232.41	1182.45	19.65
2015	186.87	78.19	265.06	1345.24	19.70

　　根据表 4.18 绘制出的图 4.5 可知,2003—2015 年,贵州农业信息化水平除 2007—2008 年有少许波动外,整体呈现出逐年上升趋势。这与近年来国家和贵州省对"三农"问题的重视和农业力度加大有关。近年来,国家和贵州省每年划拨的支农资金增多,努力完善了农村信息设施、农业信息服务体系,培养了农业信息技术人才,这些工作的推进在很大程度上促进了贵州省农业信息化的发展。

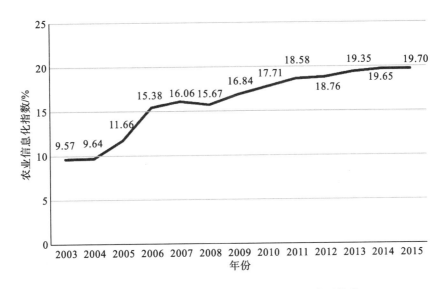

图 4.5　贵州 2003—2015 年农业信息化水平发展趋势

---

① 数据来源:由上表数据计算所得,农业信息化水平=农业信息部门总产值÷农业总产值。

　　根据国内研究人员对信息化阶段的划分,经济信息部门产值占总产值的15%～20%是经济信息部门的起步阶段。按照这个标准估算,贵州农业信息化水平经过十多年的发展仍处于起步阶段,农业信息化水平较低。因此,信息化工作仍是三农问题中的一项艰巨任务。

　　从结构上来看,贵州省农业第一信息部门产值在农业信息部门总产值中所占比重较大(约占3/4),贵州省农业信息化水平不高的主要原因是农业第二信息部门产值过低所致。因此,贵州省应将信息化的重心放于第二信息部门的发展上来,提升农业信息设备和信息消费投资,加强培育农业信息人才,提高贵州省第二信息部门的发展水平,进而提升贵州省农业信息化水平。

(三)农业信息化效益评价

1. 模型说明——柯布-道格拉斯生产函数

　　农业信息化的根本目的是提高农业生产力,促进农业发展。了解农业信息化对农业的具体促进作用,首先必须科学测度农业信息化对农业经济增长的贡献率。国内外学者就信息化与经济增长的关系展开了大量的研究,并得出了信息化水平与经济增长具有正相关关系的结论。目前用于效益评价的方法主要有柯布-道格拉斯生产函数法、数据包络分析法、线性回归法及特尔斐法。综合分析农业信息化的特点和这些方法的使用范围,课题组认为研究农业信息化对农业经济的影响采用柯布-道格拉斯生产函数法比较合适。

　　柯布-道格拉斯生产函数法是西方经济学中最为广泛的生产函数,也称为C-D函数。是美国经济学家Douglass P H与数学家Cobb C W为研究投入与产出之间的关系建立的一个生产函数。他们认为,在技术水平不变的情况下,产出与资本、劳动投入之间存在以下关系:

$$Y = AK^{\alpha}L^{\beta} \tag{4.1}$$

式中,Y为现实产出;A为当时的技术水平;K、L分别为资金和劳动力的投入;α、β分别为资本的产出弹性与劳动力的产出弹性。

　　Welfens[36]为测量不同技术对产出的影响,提出过将技术进步因子进行分解思想。因此,为了对农业信息化的效益进行评价,将技术进步因子分解为两个部分:

$$A = A_0 I^{\gamma} \tag{4.2}$$

式中,A_0为除信息化水平外的其他技术因素;I为信息化水平;γ为信息化水平的产出弹性。这样,信息化水平成为影响产出的第三个变量,柯布-道格拉斯生产函数被修改为:

$$Y = A_0 K^{\alpha}L^{\beta}I^{\gamma} \tag{4.3}$$

　　我国有很多学者对农业信息化的效益评价进行了研究,绝大多数的学者都选择了柯布-道格拉斯生产函数进行研究,因此,这里也选择此函数对贵州省农业信息化效益进行评价。由式(4.3)可知,下面将引入信息化水平作为影响产出的第三个变量,分析三者对农业产出的影响。

　　考虑到柯布-道格拉斯函数的一条普遍假设是规模效益不变,即$\alpha+\beta+\gamma=1$,借鉴朱炎亮[37]在其硕士毕业论文《信息化水平对海南经济增长影响的实证分析》中的做法,在做计量之前，先对相关变量做检验，如满足条件则可做 $\alpha+\beta+\gamma=1$ 的假设。根据参数约束检验的结果显示，检验 P 值大于 0.5，表明贵州 2003—2015 年农业信息化效益评价模型满足规模收益不变的假设，将式(4.3)中的 β 用 $(1-\alpha-\gamma)$ 代替，于是式(4.3)可变为：

$$Y = A_0 K^\alpha L^{1-\alpha-\gamma} I^\gamma$$

上式两边同时除以 L 可得：

$$Y / L = A_0 (K / L)^\alpha (I / L)^\gamma$$

对上式两边取对数得：

$$Q = C + \alpha M + \gamma N \tag{4.4}$$

其中，

$$Q = \ln(Y / L), \quad M = \ln(K / L), \quad N = \ln(I / L)$$

2. 模型分析及变量说明

本章中，农业资本的投入量以农、林、牧、渔业固定资产投资额来衡量；劳动力投入量以农、林、牧、渔业从业人员来衡量；信息化水平以前面测算的农业信息化水平来衡量；农业产出以农、林、牧、渔业总产值来衡量。以上这些数据均通过《贵州统计年鉴》、人口普查数据或计算得出(信息化水平)。变量的原始数据如表 4.19 所示。

表 4.19　贵州农业信息化效益评价的原始数据

年份	农业总产值 Y/亿元	资本投入 K/亿元	劳动力投入 L/百万人	农业信息化水平 I/亿元
2003	466.72	21.61	13.221	28.57
2004	524.64	22.58	12.8849	32.23
2005	571.84	24.64	12.6809	43.02
2006	601.54	24.54	12.4708	58.75
2007	697.01	29.32	12.2362	71.69
2008	843.8	50.87	12.1206	84.48
2009	875.2	74.08	11.9708	92.69
2010	997.82	71.3	11.8827	110.69
2011	1165.46	83.21	11.6532	134.92
2012	1436.61	78.96	11.3271	167.3
2013	1663.02	88.29	13.5732	193.21
2014	2118.48	135.6	14.9957	232.41
2015	2738.67	200.91	16.6363	265.06

3. 模型回归

运用 Eviews 软件对模型进行回归分析，结果如表 4.20 所示。

表 4.20 模型回归结果

项目	常数项	M	N
B	3.033	0.266	0.460
（T-statistic）	30.13528	2.115397	3.654506
Prob.	0.0000	0.0605	0.0044
R-squared		0.968964	
Prob.（F-statistic）		0.000000	

从回归结果来看，R^2 检验结果为 0.968964，说明所选样本与总体之间具有良好的拟合优度；Prob.（F-statistic）的值为 0.000000，说明总体评价效果显著性高；各自变量 t 检验的 P 值分别为 0.0000、0.0605、0.0044，说明各自变量对因变量的解释是显著的，于是可以得到模型的回归方程：

$$Q = 0.266M + 0.460N + 3.033$$

图形模拟情况如图 4.6 所示。

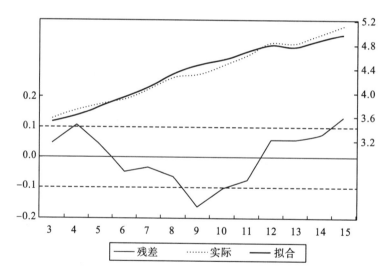

图 4.6　2003—2015 年贵州农业信息化评价模型残差图

由图 4.6 可知，方程模拟情况良好，残差点分布基本均匀，于是可以得到实证的分析结果：

$$Y = e^{3.033} K^{0.266} L^{0.274} I^{0.460} \tag{4.5}$$

4. 结果分析

随着经济全球化和信息全球化进程的推进，世界经济已进入以信息和知识生产为主要特征的时代，生产力理论也不再是简单的二元要素理论，而是包含科技水平在内的多元要素理论，信息化也成为推动经济发展的主要因素之一。同时，实证结果显示劳动、资本及信息化三个因素中，信息化对农业经济增长的贡献率最大，其次是劳动力，资本投入的贡献率略小于劳动力。通过前面分析可知，信息化可以通过改善劳动工具和劳动过程来创造新的生产力和财富，提高了农业作业的效率和准确率，从而使农业发展由劳动密集型的生产向高效率的现代化生产转化，这正好解释了贵州省近年来农业从业人数在不断下降，但农业产出却在不断上升的现象——农业信息化已逐渐成为影响农业产出的关键因素，农业信息化带来的高效率和准确性能够弥补农业从业人口的流失。

按照有关学者综合全国的信息化水平，对信息化水平发展阶段的划分来看，贵州省农业信息化水平尚处于起步阶段，信息化程度远远不够。针对这种现象，必须从贵州省农业信息化发展的现状进行分析，找到农业信息化不足，有针对性地进行改进，全面提升信息化水平，更好地发挥农业信息化对农业经济的促进作用。

四、贵州农业信息化存在的问题分析

通过贵州信息化的理论分析和实证分析可知，经过十多年的努力，贵州农业信息化硕果累累，对贵州农业生产力的提高起到了一定的推进作用。但是贵州农业信息化的水平还较低，仍有一些影响信息化发展的障碍存在，这些障碍如果不能及时得到有效解决，将会在很大程度上影响贵州农业信息化的发展。

(一)农业信息化主体存在的问题

农民作为农业信息的最直接使用者，他们的信息文化水平将直接影响到农业信息化的发展水平。信息文化水平是指对信息获取、吸收并利用的能力大小。不管从哪个方面来看，贵州农民的信息文化水平都偏低。因此，农业主体障碍是影响农业信息化发展的重要因素之一。

首先，从社会经济水平来看，农村地区由于生产力水平比较低，因此农村地区的经济发展水平普遍较低。自古以来，农业生产基本上都是简单的手工生产，生产的目的仅是满足自我需求，农民基本上没有市场意识，因此他们也不需要掌握市场信息。他们没有对市场信息的需求，自然就没有提高自我信息文化水平的意识，从而导致我国农民的信息文化水平较低。而贵州作为我国欠发达地区的省份之一，其农村经济更是在全国农村经济中处于垫底地位，这在很大程度上影响了农民信息文化水平的接收程度。

其次，农民受教育程度的高低也影响着农民信息文化水平的接收程度。长时间以来，由于贵州农村经济较为落后，导致农民受教育程度较低。据《贵州统计年鉴》显示，目前贵州省农村地区有44%的农民只有小学文化水平，5%的农民参加过技术培训。受所处的地理位置、历史因素的影响，贵州农民一直处于一种比较封闭的状态，他们习惯沿用传统的生产方式进行生产，生产力水平低下，带来的直接影响就是经济落后、农民受教育程度较低。农民受教育程度低导致农民的综合素质低，这也是贵州农民信息文化水平低的原因之一。

最后，农民传统思想也影响着农民信息文化水平。中国几千年的传统思想在农民心中根深蒂固，他们拥有重农轻商、自给自足、重存储轻交流的传统经济观念，贵州农民也是如此。受这种观念的影响，农民根本没有意识到提升信息文化水平的重要性，他们与外界的交流较少，语言沟通上存在障碍，导致他们的信息文化水平低下。另外，农民的心态也影响了他们对信息的接受和利用。由于他们与外界的交流较少，自身综合水平不足，导致他们获得信息时，也会对信息的真伪和自己的判断持怀疑态度而不敢利用信息指导生产。

（二）农村信息化设施存在的问题

农村信息设施主要包括获取信息资源的各种通信设施、农业机械及与农业信息化相关的配套设施。信息设施是农民获取和运用信息化的工具，是农业信息化发展的必要条件之一。贵州省农村地区经济落后，农民收入较低，信息基础设施严重落后。下面笔者从三个方面对农村信息设施中存在的问题进行分析。

1. 农民信息获取渠道单一

从前面贵州省农业信息化现状的理论分析可以得知，贵州省农村目前计算机普及率较低，每百户家庭平均拥有量仅达 7.3 台（2014 年）。信息资源的获取方式主要是电视、广播及短信（需要订阅农业资讯服务）。这些载体的资源是很有限的，且具有相当大的滞后性。通过笔者的调查发现，农村地区居民认为网络设备对他们收入的影响不大是造成网络设备使用率低的主要原因。农村地区地理位置偏远，安装设备的成本相对较高，各大运营商不愿意对农村网络设备进行投资，这样一来就陷入了一个恶性循环状态。另外，信息设备的"热装冷用"现象较为普遍，由于受到经济承受能力和知识水平的限制，部分安装信息设备的农民对信息设备的使用率也极低。因此，投资少、使用率低带来的农业基础设施落后是影响农业信息化发展的阻碍之一。

2. 农业科技机械使用率低

目前，我国市场上已存在很多的农业科技机械能够使农业生产实现信息化。例如，地理勘测机械、精准变量播种机及智能灌溉机的使用能够大大提高农业生产效率和作业的精确度，减少劳动力的投入，实现农业生产方式的转型。

但是，从前面的实证分析中可以得知，贵州省农业信息化水平低的主要原因是农业第二信息部门产值过低，其中农业固定资产折旧值所占比重更是微乎其微，这说明贵州省农业机器、设备使用率很低，农业生产方式还是以传统的农业生产为主。

经调查发现，贵州省农业科技机械使用率低主要有两个方面的原因：一方面是因为农民不知道如何使用机械进行农业生产（这属于农民综合素质低的问题）；另一方面，同时也是最主要的原因，机械设备会因为锈蚀、自然老化等发生自然损耗，当这种损耗达到一定年限后，机器就只能报废，即机械存在一个使用年限。贵州省农业生产以小农生产为主，每家每户农业种植的规模不大，在机械的使用年限内对其使用率不高，他们不愿意为了小规模的农业种植购买价格较高的机械。这两个方面的原因导致贵州农业生产的机械使用率低，农业生产仍以传统农业生产方式为主，影响信息化的发展。

3. 农村物流落后

生产力转化为财富就是价值实现的过程，在考虑提升农业产出的同时，必须思考如何实现农产品的价值，真正提高农民的收入，因此农业产后的信息化在农业中也是至关重要的。

近年来贵州省在农业产后的信息化方面做出了很多的努力，主要思路是积极打造"农村淘宝"、农村电商平台，并取得了一定的成就。但相比于广西、四川等邻近省份而言，贵州农村电商交易规模较小。以2014年为例，根据贵州商务厅的数据，2014年贵州电子商务交易额为758亿元，占全国的0.58%。与其他城市相比，湖南的电商交易额是贵州的4倍，广西也超过贵州1200多亿元。与东部地区相比，差距更是极大，如2014年广东省电商交易额达到2.63万亿元，为贵州省电商交易额的34.7倍。

电商平台是一个实现信息流和资金流的平台，而最终实现物资的流通就必须依靠物流，因此物流是电商平台发展的基础。农村地区物流体系落后是阻碍贵州省农产品向全国流通的最大问题。贵州农村物流的问题重点体现在两方面：一是物流成本居高不下；二是物流辐射范围窄且运输速度慢。

(三)农业信息资源及资金存在的问题

1. 农业信息资源得不到有效开发

贵州农业信息化水平低的另一个原因是农业信息资源得不到有效开发，主要原因如下。

一是收集信息的渠道狭窄，对信息的处理加工手段落后。全国各个地方都设有农业生产、市场需求及农产品价格等有关农业信息的收集点。这些信息收集点多集中于经济发展水平较高的城市和东部沿海地区，贵州地区的信息收集点则较少，并且管理也不规范。这种现象导致贵州地区的农业信息不能全面客观地反映出来，不利于政府制定农业信息化的相关政策。另外，贵州农业信息的处理方法还停留在手工处理阶段，工作量大且耗时长，影响信息的及时性和准确性，导致信息在农业生产过程中的作用不大。

二是农业信息在统计上没有一个标准的、规范的口径，各地区信息缺乏共享，内容不全面，使用价值较低。目前贵州各个市都有专门的农业信息收集统计机构，但这些机构在管理机制上缺乏一个规范的制度，信息搜集过程比较分散，信息统计的口径不统一，各部门之间缺乏交流和共享，还存在重复统计的现象，导致农业信息资源的使用效果不佳。

2. 农民资金欠缺

农业资金是信息化发展的物质保障，农业信息化不能只依靠政府的资金扶持来推动，农户必须要有足够的资金购买农业信息和技术设施。由于贵州农业生产率低导致农民收入较低，农民的收入较低导致他们无法购买先进的农业信息和技术设施投入农业生产，只能采用传统的农业生产方式,因此陷入一个恶性循环的状态。贵州农村地区的很多农民反映,由于他们每年的收成不乐观,其收入只能勉强维持家庭的生计。因此,他们无法购买先进的农业生产设备,以及优良的种子、化肥等。有些农户找过民间借贷公司筹集资金,但由于借贷利率太高,农民无法承担这份高额支出。因此,农民资金欠缺是阻碍贵州传统农业向现代化农业转化的重要因素。

五、贵州农业信息化发展的对策和建议

(一)加强贵州农业信息化主体培育

农民作为信息化的直接主体,其信息文化水平的高低直接影响了信息化的运用效果。面对贵州农民信息文化水平低的障碍,可以从以下几个方面加以改进。

首先,提高农村地区教育投资。一方面,注重普通教育,培养新一代农村青年。虽然我国 1986 年就实行了九年义务教育制度,但农村地区还有相当大比例的人没有受过教育。由于农村地区的教育投资力度较小,教学设施极为简陋,教育水平低,达不到现代化教育的要求,导致农民信息文化水平低。因此,政府必须加大农村地区的教育投资,向农民宣传现代化农业的优势和教育的重要性,唤起他们对知识的渴望。政府需要更新农村教学设施,开设计算机科学课程,加强青年一代的信息文化水平。另一方面,加强对农民职业培训教育的投资力度。对于正在从事农业生产活动的农民,可以通过以村为单位定期开设信息化培训教育的方式提升他们的信息文化水平。政府通过选派专家到村镇以开设培训会的方式为农民讲解如何运用信息技术指导农业生产。另外,政府还可以选取试点,在农村地区建立示范园,通过实践指导农民如何运用信息化,还可以让农民亲身感受信息化的运用效果,使他们对提升信息文化水平拥有更高的积极性。

其次,提高农民收入。要提高农民的信息文化水平,提高他们对获取信息、整理信息并运用信息的能力,这需要一个较强的物质保障。目前,贵州省农民收入较低,很大一部分原因是农民只是将农产品作为初级农产品来销售,销售价格较低。因此,政府要将农业当作弱势产业来扶持,加大对农业的投入,通过延伸农业产业链,加强农产品的附加值,通过发展服务型农业来提高农民的收入。

(二)改善农村信息化基础设施

1. 完善网络信息设施,丰富农民信息获取渠道

相比于东部地区,西部地区的网络信息设施落后的一个主要原因是西部地区地广人稀,居住点不集中,导致农民使用网络信息设施的成本过高,农民的低收入无法负担。因此,通信运营商不愿意在农村地区开发信息网络。针对这一点,政府可以指定相应的扶持政策,鼓励运营商开发农村地区网络,提高农村地区网络入户率。

另外,政府应转变传统的思想观念,改变农村信息化从电话网到信息网的模式,积极

利用三网融合机遇，一步到位地完成农村信息化。利用光纤的接入改变以往电视播放什么农民就接收什么的状态，实现由农民根据自身需要点播节目，可以使农民能够在电视上获得更多的农业资讯。

2. 成立农村合作社，实现统一购置农业机械、统一使用培训

农业机械的使用是促进农业生产方式由传统农业向现代农业转变，提高农业信息化水平的重要途径之一。针对贵州由于小农生产方式导致机械利用率低、农民不愿购买农业机械的问题，农村地区可以以村镇为单位，由村镇干部组织成立农村合作社。参与农村合作社的成员共同出资，购买相应的农业机械。在合作社中选出一名熟知农业机械使用的管理员负责农业机械，并且由管理员合理调配农业机械的使用，并向农民传授机械的使用方法。这样做能带来三个好处：一是能够提高机械在使用年限内的利用率，充分实现机械的价值；二是大大降低农民购买机械的成本，针对农业生产的不同阶段需要不同的机械，而一台农业机械的价格一般都是成千上万的，这对农民来说购置成本过高，以合作社的形式合资购买农业机械则可以大大降低农民购买机械的成本；三是在村委中选出专门的管理员负责管理农业机械和向农民传授机械的使用方法，避免了农民自身由于保存不当和使用方法错误对机械造成的不必要的损耗。

3. 引进第三方物流企业，加强农村物流

面对贵州农村地区由于物流落后导致电子商务无法开展的障碍，笔者认为应该通过政府的扶持，积极引进第三方物流企业入驻贵州，第三方物流企业能带来以下两个方面的好处。

其一，由于有些农产品（如蔬果、禽类等）具有生命周期短的特征，如果在运输过程中耗费了太长的时间，会使农产品发生变质、腐烂的现象。因此，通过专业、高效的第三方物流企业进行配送，可以减少运输所需的时间，节省运输成本，使农产品能够以最低的运输成本、最快的速度配送至消费者手中。

其二，由于贵州有些地区地势崎岖，交通状况较差，导致快递无法辐射这些地区，第三方物流企业的引入能较好地解决这一问题，他们可以根据这些地区农民的运输需求，不定期为他们提供物流服务。因此，第三方物流能够起到扩大物流配送辐射范围的作用。

总而言之，第三方物流的专业物流服务能够使农村地区的农产品实现全国范围内的优质运输。只有保证运输到消费者手中的农产品是高质量的，才能建立良好的信誉，才有利于贵州农产品走入全国甚至全球市场。只要农产品销售市场打开，农民就能够扩大农业生产规模，促进农业产业化和信息化，提高农业生产力，发展农村经济。

（三）完善信息资源和资金获取平台

1. 建立农业信息资源发布平台

针对贵州农业信息资源开发不充分的问题，可以在全省范围内建立农业信息资源发布平台，通过平台有效处理、整合并及时发布信息，使农民可以利用有效的农业信息改善自

身的生产状况。

统筹农业信息收集点，提高农业信息资源加工手段。全省统筹规划农业信息收集点，一方面在现有的基础上增加农业信息收集点，并对各个信息收集点实施统一管理，确保收集点能够全面、及时、准确地将统计范围内的信息传播至有关部门，便于有关部门制定相关的农业政策。另一方面，信息统计部门需提高农业信息资源的处理方式，确保信息处理结果的高效性、准确性和及时性，使农民能够及时地运用有关的农业信息。

建立规范的、统一口径的农业信息发布平台。信息发布平台对农业信息指标制定一个规范的、统一的口径，保证各市、县及村的机构使用口径是一致的，通过平台对机构的集中管理规范各机构的统计工作，保障信息使用者的使用效果。另外，考虑到信息运用主体的文化水平，统计平台在发表农业信息时，应尽量使用口语化的表达，对各项信息做详细的说明，增加信息对农民的实用性。建立信息资源发布平台，提高农业信息资源的市场化程度，提高农民使用信息的效果，有助于农民更好地进行生产。

2. 利用互联网金融拓宽农户融资渠道

目前，京东金融发起了一项名为"农村金融下乡"的活动，农民凭借身份证、户口本等信息便可以在网上申请贷款购买种子、化肥等，不需要任何抵押，手续简单，贷款利率低，推出之后很受农民喜爱。但是这项活动在贵州的推广程度并不高，大部分农民甚至没有听说过这一融资渠道。结合京东金融在其他地区开展农民贷款业务的方式，贵州省可以采用以下做法。

一是政府积极引进金融机构。政府可以采用各种鼓励政策促进当地大型农资服务公司与金融机构的合作共同开展融资服务，并且通过政府的推广体系加以推广，消除农民由于不了解互联网金融而存在的顾虑，积极参与到互联网金融借贷服务中。

二是政府与大型农资服务公司合作，开设专门的部门或专员，下乡对先进农资设备的主要功能、使用方法等进行介绍，指导农民使用先进设备进行生产。农民便可以利用其融资得到的资金购买大型农资服务公司提供的从农户种植到收割的全流程的先进设备，如播种机、智能无人撒药机、收割机等机械，以及种子、农药、化肥等生产资料，并且利用它们进行生产，提高农业生产力和生产效率，增加农民收入。

第三节　贵州农村电子商务发展调查研究
——以黔南州为例①

随着国内外电子商务的高速发展，电子商务已成为现代服务业中的重要产业，是各地争相发展的朝阳产业、绿色产业。现代化城市依靠其积累的经济、交通、文化交流等优势，电子商务的蓬勃发展自然水到渠成。而农村因为经济基础相对薄弱、交通不便、文化差异等，电子商务发展缓慢。发展农村电子商务，链接农村和城市，实现城乡一体化，不仅可

---

① 邱蓉。民盟贵州省委2016年委托调研课题，在调研过程中得到了黔南州工委、都匀市农业局等部门的大力支持。

以为传统农业注入现代元素，助力农业现代化，而且可以助推城市去库存、去产能，进一步深入推进供给侧结构改革。对于贵州而言，发展农村电子商务，是落实精准扶贫、追赶发达省份、实现跨越式发展的重要途径。

一、理论基础

(一)农村电子商务与交易成本

农村电子商务有助于降低农业生产和农村消费的交易成本。交易成本(Transaction Costs)又称为交易费用，交易成本理论是由诺贝尔经济学奖得主科斯提出的。交易成本是指达成一笔交易所要花费的成本，也是买卖过程中所花费的全部时间和货币成本。按照交易的顺序，交易费用可以分为信息搜寻(包括传播信息、广告等)成本、合同签订成本(谈判、协商、签约等)、合同执行和监督(包括索赔)等成本。在电子商务环境下，交易成本降低主要体现在以下几个方面。

1. 减少搜寻信息成本

电子商务使农产品交易信息成本得到较大程度的降低，交易者可通过门户网站和农产品专业网站的搜索引擎或分类目录快速找到所需的农产品，从而降低交易信息成本。

2. 降低交易订约成本

交易双方可以借助互联网就合同的相关事宜进行协商，电子商务的订约成本优势是议价行为，网络上农产品采购商进行比价的信息成本很低，从而降低采购商的议价成本。

3. 降低流通成本

新型电子商务农产品交易中介的出现，使流通趋向专业化、集约化，降低农产品流通中生产性流通费用和纯粹流通费用，供需方直接交易，减少流通环节，缩短流通链条，使农产品流通更为有序，从而降低农产品的交易成本。

4. 交易监督成本

传统的交易方式由于交易双方的信息不对称，农产品交易存在一定的隐蔽性，交易监督成本由交易双方承担。在电子商务环境下，农产品交易监督的成本则转由第三方服务机构承担，这里包括交易款项交付、农产品质量鉴定成本、合同履约程度的监督成本、双方信誉保证成本及合同违约的索赔成本等。

(二)农村电子商务与农业现代化

农业现代化是指从传统农业向现代农业转化的过程和手段。在农业现代化过程中，农业日益用现代工业、现代科学技术和现代经济管理方法武装起来，使农业生产力由落后的传统农业日益转化为当代世界先进水平的农业。农村电子商务从劳动者、劳动工具和生产方式上推动传统农业向现代化农业转变。

农村电子商务的发展引导农村人才培养方向，提高劳动者技能。站在田间的不再是传统的农民，而是"新农人"，较高的受教育程度使他们成为懂得或愿意学习现代科技并运用现代科技从事农业生产和农产品经营的新时代的劳动者，现代科技包括电子商务。

从劳动工具来看，物联网时代的农场中，工具除了机械化设备外，还有通过物联网技术连接起来的自动化设备和机械。农村电子商务有助于农业生产技术从实验室走向田间地头，从种子筛选、产品检测到病虫害管理等，农村电子商务有助于农业生产技术的推广和使用。农业生产对自然条件的依赖程度较高，农村电子商务有助于农民通过互联网了解相关天气信息、地质信息、土壤土地信息，决策农业生产。

从生产方式来看，我国的农业生产方式将会逐渐由分散的、小规模的家庭联产承包责任制向现代化规模集中经营转变。规模化、品牌化客观上要求产前要素获得、产中生产管理和产后产品销售借助现代信息手段，提高农业生产效率。同时，农业生产方式的变革会推动农业管理方式的变革，在生产主体准入、金融支持、技术提供、交易平台建设等方面要求政府有关部门由传统行政命令式的管理向现代服务型的管理转变。

二、发展农村电子商务的必要性和可行性

（一）发展农村电子商务的必要性

1. 电子商务成为扶贫脱困的重要手段

2015 年 10 月 14 日，国务院总理李克强主持召开国务院常务会议，部署加快发展农村电商，通过壮大新业态促消费惠民生，改善农村电商发展环境。2016 年中央一号文件更是明确提出，促进农村电子商务加快发展，形成线上线下融合、农产品进城与农资和消费品下乡双向流通格局。2016 年中国国际大数据产业博览会期间，在以"电商扶贫分论坛——触动农业思维"为主题的分论坛上，国家林业局信息办主任李世东结合自己在贵州山区为时三天的调研指出，贵州有机绿色林产品资源丰富，但是由于交通不便，销售渠道不畅通，导致产品市场价值与商品本身的价值差距悬殊。针对销售渠道不畅的问题，李世东认为新一代信息技术的出现，为扶贫工作带来了新的机遇，这个机遇就是电子商务。"林业电商扶贫，是精准扶贫的重要突破口"，李世东说，中国 90%以上的贫困地区都在林区、山区、沙区，这 90%的问题就是扶贫的关键所在。在这些地方具有农林产品等资源优势，倘若通过农林业电商的发展打破因交通不便带来的发展壁垒，帮助老百姓就地就业、就地创业、就地脱贫，在李世东看来，这是解决贫困的根本措施。

2. 帮助"黔特色"走出深山

贵州自然资源极为丰富，得天独厚的环境优势使贵州拥有较多的特色农产品，如惠水黑糯米、晴隆脐橙、石阡红糯米、修文猕猴桃、仁怀红高粱、水城黑山羊、贵州刺梨、

都匀绿壳鸡蛋、从江椪柑、正安野木瓜等。这些农产品品质上乘，能够满足现代消费者的消费理念，具有较大的发展潜力。但长期以来，农产品"销售难"、价格"过山车"等问题循环出现，一直困扰和制约着贵州省农业和农村经济的发展。利用农村电子商务平台，打破地域的限制，宣传贵州特色农产品，使贵州优质的特色农产品能够被全国乃至全世界的消费者认识、了解、熟悉，打通购销渠道、扩大销售规模，有利于改善生产者和消费者福利。

(二)发展农村电子商务的可行性

1. 高铁、高速路助推电子商务发展

近几年来，贵州修建了通往广东、北京、上海、湖南、湖北等地的高铁，交通更为便利，并且计划在未来的几年时间内争取每年修建一条新的高速铁路，使贵州通往世界各地更加便捷。高铁、高速基础设施建设为贵州农村电子商务发展提供了良好的发展条件：一是基础设施的完善为电子商务发展创造了条件。人们都知道，电子商务的发展离不开一个完善的物流运输体系，而道路建设是建立一个完备的物流运输体系的关键。因此，高铁铁路和高速公路的修建为贵州省发展电子商务起到了极大的促进作用。二是高铁、高速开通，促进招商引资。虽然贵州很多地区自然资源极为丰富，但在没有修路之前，大部分贵州农村地区深处高山之上，交通极为不便，导致商户不愿意进入这些地区进行投资，而随着贵州省高铁、高速时代的到来，很多农村地区打开了山门连接内外，物流、资金流、信息流不断盘活，未来必将会有更多的商户走进贵州进行投资。

2. 大数据发展为贵州农村电子商务带来机遇

贵州是我国大数据建设较早的省份，目前大数据的建设已趋于成熟。农村电商企业通过挖掘和分析消费数据来制作具有个性化、精准化和智能化的营销策略，建立一种比现有营销广告和产品推广策略更为高效的新商业模式。农村电商企业可以应用大数据来很好地掌握客户需求，寻找更多的切入点来开发新产品和新服务，同时这也是增加农村电商企业收益的有效途径和方法。另外，农村电商企业通过运用大数据收集、整理和分析可以更好地掌握客户信息，以便制定具有针对性的营销策略，从而提高营销活动效率和降低营销成本。利用大数据精准营销模式可以帮助农村电商企业降低成本，找到更大的利润空间。农村电商企业利用大数据对消费者所属地区、购买习惯、收入水平等方面的资料进行收集，对不同类型的消费者进行细化，同时对消费者的浏览记录及购买信息进行数据挖掘，找出商品营销过程中的规律，这将有利于增强电商企业的核心竞争力。

3. 农村网购消费潜力大

在我国网购市场规模突破一万亿元之后，城市网购市场日渐放缓，一项数据可以看到，县域人口占我国全国总人口的70%，县域 GDP 占据全国的50%，县域人口可以说是电商的潜在消费人口，可见农村市场将是一块巨大的"蛋糕"。据《农村电子商务信

息报告》显示，中国农村电商消费近年来持续扩大，预计全国农村网购市场规模 2016 年将突破 4600 亿元。过去的 3 年中，农村网购消费占比不断提升。由于农村在地理上、人口上的优势，随着农村地区互联网普及率的提升和物流基础设施的完善，未来 10 年或 20 年，农村网购规模有望进一步扩大。发展农村电子商务，进一步拓展农村市场，也有助于"去产能、去库存"。

三、贵州省农村电子商务发展现状

农村电子商务是转变农业发展方式的重要手段，是精准扶贫的重要载体。通过大众创业、万众创新，发挥市场机制作用，加快农村电子商务发展，把实体店与电商有机结合，使实体经济与互联网产生叠加效应，有利于促消费、扩内需，推动农业升级、农村发展、农民增收。

近年来，贵州省电子商务发展加快，产品销售搭上新快车、创业就业找到新门路、快递物流得到新发展。"互联网+电子商务"已经成为经济增长的新引擎，大众创业、万众创新的新途径。为深入了解贵州省农村电子商务发展状况，笔者特前往贵州省黔南地区进行调研，掌握贵州省农村电子商务发展的现状。

（一）市场主体状况

农村电子商务最直接的市场主体是农村地区的农民和从事电子商务的企业。

截至 2014 年年底，贵州省手机网民规模为 1023 万人，网民规模较 2013 年增加了 116 万人，年增长率为 12.7%。手机网民占整体网民的比例从 2013 年的 79.2%增至 83.7%，增长 4.5个百分点。与全国状况一致，贵州省手机网民增长也放缓。此外从城乡结构上来看，贵州省网民城乡结构比为 72.7∶27.3，城乡比例严重失调。贵州省农村地区一直存在一个难题：农村地区 20～50 岁的年轻人极少，大都外出务工，留在农村的大都是十几岁的孩童和 50 岁以上的老人，这个群体接触互联网的概率较小或难以学会使用互联网，更难学会使用电子商务。

从以上数据可以看出，贵州省 34.9%的互联网普及率已经远低于全国平均水平 47.9%，加上网民分布结构城乡严重失调，导致贵州省农村互联网使用率持续低位，贵州省农业比重大，农村人口众多，因此提高贵州省农村地区的互联网普及率是贵州省发展农村电子商务的重要任务之一。

农村电子商务的另一个主体——电商企业，对农村电子商务的发展也具有重要作用。电子商务的快速发展必须要有具有先进技术和丰富经验的电商企业入驻，给农村地区引入资金和技术才能极大地促进农村电子商务发展。

近几年，贵州省政府出台了大量有关电子商务的扶持政策，使得一部分的电商企业纷纷进入贵州市场。例如，阿里巴巴、苏宁、上海华联超市等知名电商企业，在贵州成立了贵州省云上电子商务有限公司、贵州省乡里乡亲电子商务有限公司、贵州苏宁云商销售有限公司、贵州铜仁上海华联超市有限公司、贵州百翔电子商务有限公司等，并且创立了都匀云商城、贵州电商云、黔特网、黔都 2016 等网上商城。

有较多的知名企业进入贵州市场,开启了贵州省电子商务的大门。然而,据笔者的调研情况发现,这些电子商务网站并没有达到预期的发展规模。以都匀云商城平台为例,该平台由都匀市工业和信息化局与贵州百讯电子商务有限公司合作搭建,平台立足于黔南州中小企业,通过电子商务手段,助力黔南优质特色产品走出大山。另外,该平台还是阿里巴巴与诚信通授权的贵州地区推广商。平台主要通过两个方式销售黔南州特色农产品:阿里巴巴提供的网上系统和微信商城。该平台自建立以来,月销售额极低,在 20 万元左右,剔除各种开支之后企业盈利极低。因此,贵州省农村电子商务企业如何打开市场也是一个有待解决的问题。

(二)贵州省农村电子商务发展现状

自 2012 年贵阳经济技术开发区成为首批国家农村电子商务示范基地以来,贵州省立足贵州、打造电子商务生态圈,大力发展农村电子商务,使农村经济得到显著提升。近四年来,农村电子商务发展迅速,具体年交易额如图 4.7 所示。

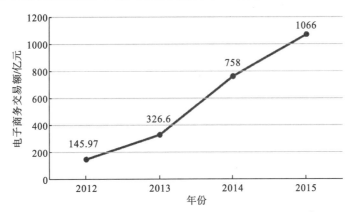

图 4.7　2012—2015 年贵州省农村电子商务年交易额①

从图 4.7 中可以看出,贵州省农村电子商务交易额在四年内增长幅度迅速,2012—2015年四年间实现了交易额翻七番。其中,2013—2014 年年交易规模增长速度最快,同比增长 132%,该年网络零售额达到 758 亿元,直接从业人员达到 3 万人,间接带动的就业人数近 6 万人;2015 年贵州省农村电子商务年交易额首次突破 1000 亿元,同比增长 41%,增速超过了全国 14 个百分点,截至 2015 年年底,贵州共有电子商务企业和网店 3 万多家,电子商务直接和间接从业人员达到了 39 万人,从业人员数为 2014 年的 4.3 倍。

虽然贵州省农村电子商务在近几年来发展速度,但是在全国市场中所占份额却是微乎其微。以 2014 年为例,根据贵州省商务厅的数据,2014 年,全国电子商务交易额为 2000亿元,贵州电子商务交易额为 758 亿元,占全国的 0.58%。另外,贵州和周边省市的电子商务发展水平相比,差距非常大。2014 年,贵州电子商务交易额只有重庆的六分之一,

---

① 数据来源:贵州省商务厅。

湖南的电商交易额是贵州的 4 倍，广西也超过贵州 1200 多亿元。贵州与东部地区相比，电子商务发展水平差距更大，如 2014 年广东省电子商务交易额达到 2.63 万亿元，为贵州省电子商务交易额的 34.7 倍。

(三)信息网络和配套物流现状

1. 信息网络现状

在信息服务平台建设上，目前已建成了以农经网为龙头的一系列信息服务平台，主要包括贵州省农经网、贵州省农业信息网、贵州省农业信息化网、新农村建设网、新农村商网、农村中小学现代远程教育网、农村党员干部现代远程教育网等。

在信息服务系统建设上，目前已建成包括农经网综合信息服务系统在内的一系列信息服务系统，主要包括：贵州省农经网的八大数据库系统、五大信息服务系统、农村信息技术培训系统；贵州省农科院的农业部门科技成果自动查询系统；贵州省农业厅的贵州种业、农作物病虫害防治、农村能源等专业信息体系；贵州省气象局等贵州气象灾害综合服务体系。

在推进农村信息化进程中，贵州省通信管理局牵头组织通信运营企业积极参与农村信息化建设，截至 2015 年，在全省 70 个县、84 个乡、163 个行政村开展农村信息化建设，共建成乡镇信息站 130 余个，村级信息点 230 余个。其中，网络教室 80 个，农民多功能服务站 40 个。

2. 农民信息获取途径少、基础差

信息公共设施建设的目的是让农民可以使用信息通信工具获取农业资讯。农民主要是通过手机、电子计算机等连接网络，获取所需要的信息、参与商务活动。因此，要全面掌握农村信息基础设施的现状，必须要对农民信息基础设施的持有情况进行调查，贵州省农民信息基础设施持有状况如图 4.8 所示。

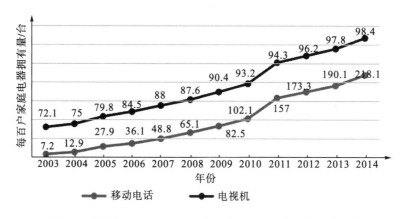

图 4.8 贵州省 2003—2014 年农民移动电话及电视机拥有量①

---

① 数据来源：《贵州统计年鉴》。

从图 4.8 中可以看出，贵州省农村居民移动电话及电视机拥有量呈现出逐年上升的趋势，尤其是移动电话拥有量，增长速度尤其快。截至 2014 年，移动电话及电视机已基本普及到每户农村家庭。农经频道是目前农民接受农业知识及信息的主要渠道，农村居民电视机拥有量越多，他们接受农业知识及信息就越方便。另外，我国目前开通的"12316"农业综合信息服务热线也是农民获取农业科技及市场信息的重要渠道，农民可以通过拨打电话的方式咨询专业人员获得帮助。因此，移动电话及电视机拥有量的提升更利于农民享受农业信息化成果。

目前，贵州省涉农网站不断增多，农民可以从不同类型的涉农网站上获得有关农产品种植技术、农业生产管理技术及农产品供求情况、价格情况等一系列信息，而这些信息需要农民浏览网站获得。从图 4.9 中可以看出，计算机在贵州省农村的普及率相当低，截至 2014 年，每百户农村家庭的计算机拥有量才达到 7.3 台。笔者通过在贵州农村地区的调查发现，农民不愿意在家里配置计算机有两个原因：一是他们不会使用计算机从网上获取重要信息；二是计算机购置及宽带费用对他们来说过高，而且网络很不稳定。

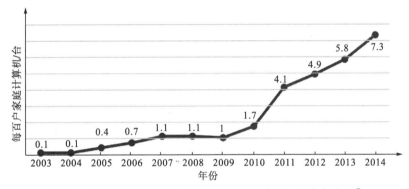

图 4.9　贵州省 2003—2014 年农民每百户家庭计算机拥有量[①]

相对于移动电话和电视机，贵州省农户家庭计算机使用明显不足。这也提示：贵州农村电子商务的方向——当前仍然需要依赖移动电话和电视机，同时注重农村信息网络建设和计算机使用的推广。

3. 贵州省农村地区物流建设状况

物流体系建设情况是影响电子商务发展的一个关键因素，因此想要了解电子商务发展状况和发展潜力，必须对物流建设状况进行了解，主要从以下几方面分析贵州省物流建设。

(1) 交通基础设施。

"十二五"是贵州省农村公路发展史上投资规模最大，增长速度最快，经济社会效益最突出的时期。五年来，在省委省政府正确领导下，全省公路人牢记"三个服务"理念：励精图治，苦干实干，修筑富民小康路。"十二五"期间，贵州省农村公路共投入建设资金 428.6 亿元，为"十一五"时期总投资的 2.23 倍。建设通乡柏油路 425 千米、通村公路

① 资料来源：《贵州统计年鉴》。

5091 千米、通村沥青(水泥)路 50807 千米。2012 年年底，实现"乡乡通油路、村村通公路"目标，2015 年年底，实现 75%的建制村通沥青(水泥)路。

也就是说，贵州省较多农村村庄现已基本实现通公路，但是相比于我国东部地区农村交通建设状况，贵州省交通基础设施建设较为落后，远远达不到现代物流体系的要求。由于贵州地势的原因，通往某些村庄的道路较为遥远和崎岖，不便于较大的货车通行，这是一个非常难解决的问题。

(2)物流企业建设状况。

贵州省物流企业都较小且分布散。近几年贵州物流企业迅速成长，初步形成了一定的产业规模，但其中大多数注册资金都在 100 万元以下，企业规模较小、分布散，缺少具有龙头地位的物流企业，注册资金在 1 亿元以上的本地物流企业还没有出现。并且，就笔者前往黔南地区的调查来看，物流企业大多以夫妻店、兄弟店为主，这些企业主要从事传统的运输、仓储业务，增值服务提供较少。另外，这些企业的辐射范围极其有限，大多没有辐射到较为偏僻的农村地区，农村地区的物流服务仍以中国邮政为主，有一些农村地区甚至没有物流服务。

(3)物流人才建设状况。

专业人才对一个行业的发展起到至关重要的作用。目前贵州省的众多物流企业中，系统掌握物流知识的管理人才极其匮乏，整个行业员工普遍素质较低，服务意识差，缺少市场的开拓创新精神。目前，贵州各类院校开设物流专业的只有贵州大学、贵州师范大学、贵州财经大学等高等院校。这些高等院校每年培养出来的学生不到 2000 人，加上人才流失现象，导致贵州省物流的管理和技术人才缺乏，严重制约了物流企业的发展。

(四)贵州省农村电子商务主要发展模式

笔者前往黔南地区进行调研后发现，目前贵州省农村电子商务发展主要有两种模式：农村电子商务服务站和电商网站销售。

1. 农村电子商务服务站

贵州省较多的农村地区都建有电子商务服务站。这些电子商务服务站主要有以下三个功能。

(1)销售功能。这些电子商务服务站内陈列有各类生活日用品，如烟酒、食用油、大米和各种农产品等，农民可以在服务站内购买到较多的日常生活用品。

(2)代购功能。因为贵州省较多的农村地区居民为孩童和老人，他们无法掌握电子商务的使用方法，因此，这些服务站的功能就是提供代理下单服务。有网购需求的居民可以到农村电子服务站请求工作人员代下单，服务站收取一定的服务费。代下单的主要项目有：在淘宝、京东、苏宁等网上商城代购各类物品，水电、话费等代缴，代买火车、飞机票等。这些服务既使农民享受到了网购的优惠，又为他们的生活提供了便利。

(3)代销功能。这些电子商务服务站建有专门的网上销售商城，当地农民将自己种植的各类特色农产品交给工作人员，工作人员经过审核后，会把合格的农产品在网上商城展示,帮助农民代销农产品,并按规定的方式收取佣金。

图4.10所示为笔者前往都匀市某一个村庄调研时,拍摄的电子商务服务站图片。

(a)

(b)

(c)

图4.10 都匀市某村的电子商务服务站

2. 建立中型的电子商务公司

在贵州省有关政策的鼓励和扶持下,有一部分企业进驻贵州,与政府或当地企业合作,成立了专门的电子商务公司。这些公司会成立专门的电商网站,这些网站的运营模式大多为 B2B、B2C 模式,这些电子商务公司通过与当地大型的制造企业合作,将产品展示在电子商务网站上,电子商务网站收取一定的产品展示费,另外按销售量收取佣金。这些电子商务网站合作的意向企业主要是当地生产贵州特色产品的企业,如服饰、烟酒、茶叶等,希望通过抓住贵州特色农产品的特点将产品推广出去,如都匀市的百讯电子商务科技有限公司,就是严格按照这种模式运作经营的。

另外,某些电子商务公司还会建立产品展示区,陈列一些主要的特色产品,主要是供前往贵州旅游的游客观光时了解产品,并告知他们网上商城购买产品的方法,以此达到宣传的目的。

贵州省较多农村地区都开始建设农村电子商务,并取得了良好的成绩。例如,龙里县与阿里巴巴电子商务合作建设了一个农村淘宝服务站，2016 年 3 月 31 号正式启动，当天线上交易额达到 370 万元；荔波县建成"8341"电商梦工厂，打造荔波全旅旅游电子商务平台；修文县供销集团电商运营中心 O2O 一号体验店 2015 年 7 月 22 日正式上线运营，主营修文和贵州各类农特产品，主打修文猕猴桃系列产品，当天线下交易额为 3015 万元，线上交易额为 19.48 万元等。截至 2015 年 9 月，贵州省各市、区、县平均各投入 4400 万余元用于建设农村电子商务。总体而言，贵州省农村电子商务已开始发展，并且发展潜力巨大。

四、贵州省农村电子商务发展中存在的问题

(一)市场主体弱小

贵州省农村呈现出"大多数农民文化程度较低，缺乏现代农业技术知识，消息闭塞"的现象，从而造成产出的农产品产量、质量难以符合市场需求，缺乏市场竞争力。由此来看发展农业电子商务，农民的文化素质还存在问题。随着贵州省经济的快速发展，贵州省农民文化程度有了极大改善。但是农村劳动力总体文化水平还很低，各地区农村劳动力文化水平还存在着很大差异，与发达地区农村劳动力相比差距就更大了，这与进行全面建设农村小康社会、促进农村经济全面发展、实现农村现代化是矛盾的。

农民文化水平低，将直接影响他们接受新知识和各种信息的能力，制约着他们的思维和农村经济的发展。网络技术是农产品电子商务发展的推动力。与其他营销模式比较，网络营销对计算机技术的要求更高，如营销信息的采集、处理与分析，以及市场调研与管理决策等活动，都要求强有力的技术支持。目前贵州省农产品企业网络营销发展还处在初级阶段，既懂网络技术又懂农产品营销的复合型人才是比较缺乏的，这就需要有一个中间培养过程。

(二)特色农产品生产专业化、规模化程度不够

贵州省工业化、城镇化发展滞后，生产方式以小农经济和兼业经济模式为主，这种生产方式制约了农业适度规模发展。如果没有规模经济，专业化生产将难以推进，也就难以统一标准，实施标准化生产，进而不利于特色产业加工及国际贸易，也影响农业特色产业的持续健康发展。而且，贵州特色农业有严重泛化趋向，一些地方规划发展的特色农业产业过多过泛，力求面面俱到，重点不突出，区域布局不合理，难以形成其特色和竞争优势。目前，多数连片特困地区农业仍是小而全，商品率低，市场竞争力弱，市场供求不均衡，进而影响农产品加工等发展和特色产业效益等提高。

(三)信息网络和基础交通支撑不够

1. 信息网络建设落后

尽管贵州"大数据"产业在近几年发展迅速，但是发展的成果尚未普及到农村地区，

贵州农村地区的信息化建设仍相当落后。其中存在的问题主要体现在以下两个方面。

(1)基础设施建设投入不足，运行效率不高。

目前，贵州省农村信息服务设施主要有电信、移动通信、电视广播通信及计算机网络通信等设施。电信和移动通信设施只建设到村一级，电信接入点仍未建设到每家每户，尤其是在偏远山区，如村村交界地、群山环绕地界等，未实现固话和移动通信；电视广播通信设施主要依赖卫星传播，有线传输有限，且信号质量不高；计算机网络基础设施仅架构至村委会，普通农户接入困难，计算机无线网络建设远达不到农村信息服务需求。由于相关单位不够重视或相关管理制度不够健全或落实不到位，导致已建成的基础设施利用率较低，运行效率不高。

(2)信息传播渠道缺乏有效整合。

目前，贵州省农村信息化服务渠道得到极大改善，呈多元化、立体化发展趋势，但也存在一些问题。通过调查发现，农民对报刊杂志、农业信息网站、科技光盘等可获取农业信息的途径使用极少，而新型的信息传播渠道——计算机和网络等在农村的普及率更低，几乎可以忽略不计。从总体上看，贵州省农业服务中存在不少信息传播渠道，但农民接收信息的主要方式仍较为传统单一，且各种信息传播渠道各自为政，缺乏有效的整合，使信息的利用价值极低。

电子商务本身就是在信息化建设的基础之上发展起来的，因此信息化建设落后是阻碍农村电子商务发展的一大问题。

2. 交通物流支撑不够

电子商务的交通支撑主要体现在物流上，贵州省农村地区物流发展不完善，导致交通支撑严重不足。物流中的问题重点体现在以下两方面。

(1)物流成本居高不下。

贵州省的农产品物流以常温物流为主，在流通的过程中，农产品会产生很大的损失。根据统计数据显示，贵州省蔬菜水果等农副产品在物流过程中达到了30%左右的损失率。加工保鲜储藏技术的落后是导致流通损耗大的另一因素。落后的加工保鲜储藏技术使得农产品在流通中耗损严重，间接地增加了物流成本。

(2)物流辐射范围窄且运输速度慢。

目前，国内较多的物流配送公司，如顺丰快递、圆通快递、申通快递等的配送服务止于城镇地区，而未进入农村地区，特别是地势险峻复杂的偏远地区，大范围进入农村地区的仅有中国邮政。众所周知，中国邮政的配送速度较慢。而农村电子商务主要销售产品是农产品，农产品具有生物属性：容易腐烂变质，其属性决定了对其运输、包装、加工等提出了特殊的要求，而目前存在的物流服务是无法满足这一要求的。

(四)政府扶持不够细致

政府为发展贵州省农村电子商务，近几年来出台了一系列的扶持政策。然而这些政策的落脚点集中在大力建设电子商务平台上，意在通过加大招商引资力度、打造电子商务基地形成电子商务产业。因此，政府为鼓励电商企业入驻贵州省，给他们提供了一系列的优惠政策，包括土地使用权出让、经济补贴等。目前，贵州省已经建立起一些较大的电子商务平台，如贵州云商城、都匀云商城等，然而从这些网站的月销售量来看并没有达到预期的效果。

据都匀某电子商务商城的负责人反映，政府目前的扶持工作存在一些问题，政府仅强调电子商务的建设，希望较多的先进企业进入贵州省，却缺乏后续扶持工作，如对平台的宣传、引导当地农产品生产企业入驻等。大多数电商企业进入贵州省，与当地企业合作建立电子商务平台，然而这些平台大多知名度不高，导致销售量极低。另外，当地农产品生产企业与电子商务平台合作的意愿极低，有部分企业与平台合作，选择在电子商务平台上展示其产品(需支付产品保证金，如阿里巴巴平台一个产品的保证金为 100 万元)，由于平台的知名度不高，导致生产企业得不到明显的成效，也会终止与平台的合作，从而导致电商平台上农产品种类极少，无法形成规模效益。

另外，贵州电子商务在城市归属工业与信息化部门，在农村则归属供销社，这样的体制设置不利于农村电子商务城乡统筹发展。

五、贵州省农村电子商务发展路径思考

市场主体弱小、产品特色不突出、信息网络和基础交通支撑不够、政府扶持方式落后等是贵州省农村电子商务实力弱的表现，但是这也正是贵州电子商务的巨大潜力所在，"迫切需要加快发展、超常规发展"。

(一)对市场主体的扶持

1. 对传统市场主体的扶持

对农民进行信息普及教育。农村居民大多文化程度不高，加上处于落后的农村地区，因此他们大多不懂怎样运用现代信息技术。因此，村居委会可以通过定期邀请专业人士开展讲座，对农民进行信息普及教育。提高农民运用网络搜集农业信息、整合农业信息的能力，使信息化建设的运用落到实处。

另外，政府应加强中职教育，通过授一教培养更多电子商务人才，并通过鼓励政策使他们留在贵州，为贵州的电子商务发展做贡献。电子商务人才培养要从以下几方面予以加强。创新培养方式，加快复合型人才建设，积极探索电子商务人才教育深层次的产学结合模式，培养适应社会经济最新发展需要，既懂经济、管理理论，又掌握现代信息技术理论与工具，能在国民经济各行业、各部门从事电子商务相关理论研究、电子商务工具开发，以及企事业单位电子商务规划、实施与管理工作的复合型、创新型高级人才。这一目标应始终明确，并以此指导教学计划、教学大纲研究制定过程，指导教材体系的研究建设、实验室建设等专业建设的全过程。

只有通过对农村居民进行定期培训，培养电子商务专业人才，才能壮大电子商务参与

主体，从整体上提高从事电子商务主体的业务知识。

2. 对新兴市场主体的扶持

如果说教育培训的投入效果需要较长时间的观察，当前的着力点之一就应该抓住新型农业主体这个"牛鼻子"，在家庭承包经营的基础上，适度推进农业规模化经营，大力发展农村电子商务。近年来，随着一系列推进现代农业发展和提升农业经营主体组织程度的政策出台，贵州省新型农业经营主体的构成发生了很大变化，目前已经形成了专业大户、家庭农场、农民专业合作社、农业产业化龙头企业"四分天下"的新局面。以高效农业产业园区内入驻的专业大户为例。2013 年园区内共有专业种养大户 3293 户，家庭农场 180 个。2014 年贵州共有家庭农场 500 个，合作社总数共计 2.4 万家，省级重点龙头企业 404 个，国家级重点龙头企业 25 个。新型农业主体专业化、组织化、规模化程度较高，是连接农户和市场的桥梁。

贵州加快发展特色农业应着力建设精品农业和品牌农业，围绕茶叶、中药材、酿酒、烤烟、特色林果等优势主导产业，培育、扶持或引进一批产业关联度高、市场竞争力强、带动效应大的龙头企业。由于贵州省农业产业化发展滞后，培育和扶持龙头企业做大、做强难以在短时期内发挥作用，且存在不确定性，大力引进国内知名和辐射带动能力突出的农业产业化龙头企业可以作为近期的工作重点，要调动并发挥龙头企业的自主能动性，鼓励与地方经济融于一体。一是支持龙头企业整合特色农业资源，以纵向一体化加强产前研发、产后营销能力，以横向一体化构建不同产业链间的产供销、贸工农横向交织和有机互动的立体网络。二是支持龙头企业塑造知名品牌（尤其是地理标识和产区品牌），扩展国内外市场销售渠道，提高营销效率，加强特色消费市场的培育和开发。三是调动多方面的教育培养资源，采取多层次、多渠道、多教育培训方式，培养各类专业实用人才；采用灵活的方式，积极引进、培养和使用高级经营管理人才和高级专业技术人才。提升产业化龙头企业的可持续发展能力是推动贵州特色产业可持续发展的关键之举。

此外，还需要引进先进物流企业、扶持仓储物流企业。例如，引进第三方物流企业，第三方物流在提高物流建设水平方面起到了重要作用。首先，农产品的季节性、区域性及较短生命周期等特征使得它必须通过第三方物流的科学配送来将农产品高质、高效地送到消费者手中。专业的物流配送，可以做到缩短流通时间、扩大流通半径、减少流通损耗和降低流通成本。其次，专业的第三方物流可以将配送范围扩大到农村地区，扩大物流配送辐射范围。最后，根据农产品的供给和需求信息，第三方物流企业可以合理地安排仓储和运输，减少仓储时而爆仓、时而却空仓的不合理利用现象和运输车辆时而调运不足、时而却空车返程的浪费，最终降低信息不畅所导致的经营成本的增长。另外，由于农产品是一种具有较短保质期的产品，因此，在运输过程中必须要保证产品的质量。这时仓储物流便可以发挥重要作用：一是在货物入库时进行质量检验，查看货物是否符合仓储要求，严禁不合格产品混入库场；二是在货物的储存期间内，要尽量使产品不发生物理和化学变化，减少库存货物的损失。

(二)加强农村信息网络和交通基础设施投入

信息化建设是发展农村电子商务的第一步。面对贵州省农村地区信息化建设不足及信息缺乏有效整合的问题,必须要通过加强基础设施建设来解决。因此,政府必须要加大基础设施建设的投资力度,加强电信和移动通信设施建设,争取实现每户家庭都可以入网。另外,可以借鉴黎平县铜关村的做法,通过建立大型基站,使村庄处处可通 Wi-Fi。

另外,交通基础设施也是影响电子商务发展的重要因素,而贵州省由于山高谷深的地貌特征,项目建设成本较大,近年来政府投入了资金进行道路建设,现基本实现"村村通马路",但这些道路大多较为狭窄,车辆行驶极为不便,严重影响了交通的速度。因此,政府必须加大投资,解决好项目资金缺口问题,完善农村交通设施投入,为电子商务发展提供有利环境。

(三)政府完善扶持方式

政府在促进农村电子商务发展中起着至关重要的作用。贵州省政府在近几年内出台了较多的政策支持农村电子商务发展,但其发展仍然相对缓慢。首先需要改革传统计划经济管理机构城乡分割问题,在机构上统一归属管理。其次,进一步完善扶持方式,从搭建平台、引导入驻、平台推广等方面给予电商企业更多帮助。

1. 帮助宣传成立的电商平台,扩大平台知名度

目前较多的电商平台建设工作已基本完成,然而知名度却极低,很多的互联网用户都不知道这些平台的存在,更谈不上在平台上购买产品了。因此,政府必须帮助宣传电商平台。政府可以通过媒体、杂志等帮助企业宣传电商平台,举办大型电商活动,让这些电商平台参与活动,扩大平台知名度。另外,由于贵州省是我国有名的旅游城市,因此,政府可以在各大知名景区建立较小的产品展示区帮助企业,展示其电商平台上的农产品并宣传电商平台。如果有游客想要购买特色农产品可以引导他们在网上商城购买,不仅有一定的优惠还避免了携带农产品造成的旅途不便。

2. 引导当地农产品生产企业入驻电商平台

当地企业不愿入驻电商平台导致电商平台上品种较少是影响电子商务发展的另一因素。因此,政府可以在电商平台发展初期通过鼓励政策引导当地农产品生产企业入驻电商平台。例如,按生产企业在电商平台上的销售情况给予入驻的企业财政补贴、税收优惠政策等,引导更多的农产品生产企业入驻电商平台,扩大电商平台的规模。当电商平台有了一定的知名度、交易规模较大时,其销售量必然会显著上升。待电商平台进入成熟发展阶段后,政府便可转变扶持方式。

第四节　基于产业内贸易视角的中国与东盟农产品贸易研究①

一、绪论

(一)研究背景

中国—东盟贸易合作关系密切，2002 年就签署了《中国—东盟全面经济合作框架协议》，决定成立中国—东盟自由贸易区；2004 年 11 月，中国—东盟签署了《货物贸易协议》，双方约定将约 7000 个税目的产品实现降税；2010 年 1 月 1 日，中国—东盟自由贸易区正式全面启动，中国—东盟的贸易占到世界贸易的 13%，成为一个涵盖 11 个国家、19 亿人口、GDP 达 6 万亿美元的巨大经济体，是目前世界人口最多的自由贸易区，也是发展中国家间最大的自由贸易区。双方的贸易随着自由贸易区的建立慢慢推向高潮，其中，中国—东盟双方的农产品贸易总额在中国农产品贸易中的比重也不断上升：从 2001 年的 11%增加到了 2010 年的 16%。自自由贸易区成立以来，双方之间的农产品双边贸易总额由 2002 年的 37 亿美元增加到 2014 年的接近 385 亿美元，增加了 10 倍，成为中国农产品国际贸易最重要的伙伴之一。随着国家"一带一路"倡议的提出和不断推进，东盟成员国作为海上丝绸之路的沿线国家，与中国之间的贸易往来必然处在比较重要的地位，农产品之间的贸易也会成为双方贸易的重要组成部分。

东盟与中国地理优势和资源分布的互补性，决定了双方贸易合作的必要性和重要性，尤其表现在农业方面。农业不同于其他产业，其发展会受到耕地、降水、气候等自然资源的约束，而东盟国家自然条件十分优越，具有丰富的耕地、水资源等自然资源，并且还有很大一部分尚未开发。气候条件的差异也使得双方的优势产品有很大的区别：中国的温带产品是东盟所缺少的；而东盟的许多热带产品(如棕榈油、可可、腰果等)则是中国需要的，双方之间的产品特点差异让双方农产品发展得以扩大。因此，双方在农产品生产方面的资源禀赋差异为双方发展农产品贸易提供了发展可能性和发展空间。另外，中国与东盟地理位置临近，广西壮族自治区和云南省与越南、泰国、老挝等国接壤，海南省与新加坡、文莱等国隔海相望，区位优势明显，加之在国家政策背景的大力支持下，目前已形成方便快捷的陆运、海运、空运立体交通网络，为双方农产品贸易创造了有利条件。因此如何挖掘双方农产品贸易发展潜力、探寻中国—东盟农产品贸易的特征、保持双方良好的贸易合作关系、为中国的国际贸易发展持续供血显得意义重大。

① 何律琴(1975 年—)，贵州大学经济学院副教授，硕士研究生导师，武汉大学教育经济学专业在读博士。研究方向：国际贸易、产业经济学。

(二)研究目的与意义

2017年国家主席习近平应邀访问越南,同年国家总理李克强应邀访问菲律宾。近些年来,随着中国—东盟在多方合作的升温,双方的农业合作也不断发展,农产品贸易往来日益热络,这对升级和继续发展双方之间农产品贸易结构的研究大有裨益。其中,产业内贸易研究视角是重要的研究方向,产业内贸易相较于产业间贸易而言具有相当优势:基于"平滑调整假说"产业内贸易能有效降低贸易的调整成本,缓解贸易摩擦,相较于产业间贸易更具有可持续性,对于中国与东盟而言,也使双边更易在未来进一步加深贸易自由化的问题上达成共识。可见,产业内贸易的发展水平关系到中国与东盟农产品贸易的可持续和进一步发展。

综上所述,本节的目的是在中国—东盟农产品贸易关系逐渐升温的背景下,探索研究中国—东盟的农产品贸易在产业内贸易视角下的形成、发展、结构及特殊性,进一步深入探究发展背后的影响因素,以期实现中国—东盟双方农产品贸易的良性发展。

本节的理论意义在于:通过结合中国与东盟国家的国情,进一步去探究中国—东盟之间农产品产业内贸易的存在,揭示在我国不断促进与东盟国家贸易时期,双方农产品产业内贸易的特征与趋势,并从国家层面、制度层面等分析中国—东盟农产品产业内贸易的影响因素,构建回归模型。从统计学角度进行数据的实证分析检验,这不仅有助于构建分析中国—东盟农产品产业内贸易分析框架,还可以丰富中国—东盟农产品产业内贸易的理论体系。本节的实践意义是:通过结合中国与东盟各国包括国与国之间的关系特点,探究中国—东盟农产品产业内贸易的发展规模、水平及影响因素,并进行实证分析,分析过程和结果可以为中国—东盟双方之间贸易管理部门和企业所用,更好地发展双方在农产品方面的贸易,改善贸易条件;为中国在国际上中美贸易战、国内农产品供需矛盾、价格不稳的情况下,提出有意义的政策建议;为中国自由贸易的发展出力,平衡国内供需矛盾,提高中国农产品国际竞争力,体现出更加现实积极的实践意义。

(三)实证研究的必要性和创新点

1. 必要性

从上述关于研究国与国之间的产业内贸易和农产品产业内贸易的理论研究和实证研究的经验中可以发现,研究产业内贸易成因、结构、影响因素等的理论已经成为体系,较为成熟,研究理论和方法取得了学界的一致认可,为实证检验打下了坚实的理论基础。因此关于产业内贸易成因、影响因素、经济效应实证分析的文献也比较多,已成为实证研究重要的参考和学习方向。

从上述现状分析可以发现,从整体层面看,自2010年中国—东盟自由贸易区成立以来,中国—东盟农产品双边贸易额取得了巨大发展,几乎每年都呈成倍增长的态势。从东盟成员国的单个国家来说,我国与菲律宾、泰国、越南等国的农产品产业内贸易也是逐年上升的。从农业产品层面看,双边贸易额同样是处于不断增加的趋势;而由数据得来的

G-L 指数更加清晰真实地反映了中国—东盟农产品产业内贸易稳步上升的过程。这一现象值得引起我们的重视，尤其在 2010 年 1 月 1 日中国—东盟自由贸易区成立以来，中国—东盟农产品双边贸易总量增加，产业内贸易仍不断增加，我们有必要更加深入地探讨双边农产品产业内贸易增加的动因，在选择使用原有理论的基础上，寻找数据，建立标准计量模型，进行计量经济学的实证检验分析。从数学和统计学的角度去探究影响中国—东盟产业内贸易的影响因素等；以丰富对中国—东盟农产品产业内贸易的研究，用数据证实发展动因。

2. 创新点

以往对于中国—东盟农产品产业内贸易的实证研究，大多选择 G-L 指数的测算和分析、影响因素实证分析、农产品产业内贸易的实证分析等。也有采用面板数据，分析中国—东盟产业内贸易的影响因素，选取地理距离、市场规模（各国之间的 GDP 来表示）、人均收入差异、外商直接投资等较为常见的因素进行实证检验，构建多元回归方程，采用随机效应面板 Tobit 模型对多元回归方程进行估计。

本研究的创新点在于：在实证分析部分构建了以面板数据、横截面数据、混合数据为基础的多元线性回归模型，并且在该模型中引入了虚拟变量，探究中国—东盟自由贸易区的正式成立对中国—东盟农产品产业内贸易水平的影响方向和作用。该分析模型将虚拟变量和面板数据结合起来进行实证分析检验，并且引入中国—东盟在 2010 年这个时间节点成立中国—东盟自由贸易区为虚拟变量进入模型。中国—东盟之间成立自由贸易区后，区域经济一体化程度提高，双方之间的经济合作更为密切，贸易往来更加频繁和便利，这对中国和东盟双方来说都是有利的。但是这个举措对于中国与东盟之间的农产品产业内贸易之间的影响又是怎么样的呢？这是值得探究的问题，以往对于中国—东盟产业内贸易的研究很少或几乎没有利用虚拟变量，例如，常以中国—东盟农产品产业内贸易的影响因素进入模型进行分析，而本研究选择这一新的研究视角，关注了中国—东盟自由贸易区的成立是如何影响中国—东盟农产品产业内贸易水平。

二、相关理论回顾和文献综述

有关产业内贸易的理论和国家贸易经典理论是相辅相成的，国际贸易经典理论是产业内贸易理论的基石。

（一）比较优势理论

大卫·李嘉图[38]在其代表作《政治经济学及赋税原理》中提出了比较成本贸易理论（后人称为"比较优势贸易理论"）。比较优势可以表述为：在两国之间，劳动生产率的差距并不是在任何产品上都是相等的。每个国家都应集中生产并出口具有比较优势的产品，进口具有比较劣势的产品（即"两优相权取其重，两劣相衡取其轻"），双方均可节省劳动力，获得专业化分工提高劳动生产率的好处。

比较优势理论认为，国际贸易的基础是生产技术的相对差别（而非绝对差别），以及由此产生的相对成本的差别。每个国家都应根据"两利相权取其重，两弊相权取其轻"的原则，集中生产并出口其具有"比较优势"的产品，进口其具有"比较劣势"的产品。比较优势贸易理论在更普遍的基础上解释了贸易产生的基础和贸易利得，大大发展了绝对优势贸易理论。

比较优势贸易理论假定贸易中只有两个国家和两种商品（X 与 Y 商品）、两国在生产中使用不同的技术、模型只假定在物物交换条件下进行，没有考虑复杂的商品流通，而且假定一个单位的 X 商品和一个单位的 Y 商品等价，在两个国家中，商品与要素市场都是完全竞争的，在一个国家内要素可以自由流动，但是在国际间不流动、分工前后生产成本不变、不考虑交易费用和运输费用，没有关税或影响国际贸易自由进行的其他壁垒。但是，在贸易存在的条件下，当两国的相对商品价格完全相等时，两国的生产分工才会停止、价值规律在市场上得到完全贯彻，自由竞争、自由贸易，假定国际经济处于静态之中，不发生其他影响分工和经济变化的情况、两国资源都得到了充分利用，均不存在未被利用的资源和要素、两国的贸易是平衡的，即总的进口额等于总的出口额。

（二）相互需求理论

Linder[39]的相互需求理论认为人均收入水平相似、消费者偏好相似的两个国家会生产更多的产品来同时满足两国消费者的需要。对于规模经济的作用，两个国家生产质量相似但具有不同特性的水平差异产品。两国消费需求模式越相似，它们之间进出口商品结构就越相似，水平型产业内贸易的比重也就越高。由于收入决定了农产品的消费模式，因此人均收入差异与水平型产业内贸易负相关。

Linder 的相互需求理论认为发达国家和发展中国家需求的差异是它们之间垂直型产业内贸易发生的原因。发展中国家消费者由于收入较低，普遍生产、消费并出口质量较差的同类产品，而发达国家消费者由于收入较高，普遍生产、消费并出口较高质量的同类产品。因此，两国之间的收入差异与垂直型产业内贸易正相关。

（三）规模经济理论

真正意义的规模经济理论起源于美国，它揭示的是大批量生产的经济性规模，典型代表人物有阿尔弗雷德·马歇尔（Alfred Marshall）、张伯伦（E. H. Chamberlin）、罗宾逊（Joan Robinson）和贝恩（J. S. Bain）等。马歇尔[40]在《经济学原理》一书中提出："大规模生产的利益在工业上表现得最为清楚。大工厂的利益在于：专门机构的使用与改革、采购与销售、专门技术和经营管理工作的进一步划分。"马歇尔还论述了规模经济形成的两种途径，即依赖于个别企业对资源的充分有效利用、组织和经营效率的提高而形成的"内部规模经济"和依赖于多个企业之间因合理的分工与联合、合理的地区布局等所形成的"外部规模经济"。他进一步研究了规模经济报酬的变化规律，即随着生产规模的不断扩大，规模报酬将依次经过规模报酬递增、规模报酬不变和规模报酬递减三个阶段。

（四）需求相似理论

需求相似理论（Theory of Preference Similarity）又称为偏好相似理论（Preference Similarity Theory）或重叠需求理论（Overlapping Demand Theory），是瑞典经济学家斯戴芬·伯伦斯坦·林德（Staffan B. Linder）于 1961 年在其论文《论贸易和转变》中提出的。林德认为国际贸易是国内贸易的延伸，产品的出口结构、流向及贸易量的大小决定于本国的需求偏好，而一个国家的需求偏好又决定于该国的平均收入水平。

原因有三个：其一，一种产品的国内需求是其能够出口的前提条件，即出口只是国内生产和销售的延伸；其二，影响一国需求结构的最主要因素是平均收入水平，即高收入国家对技术水平高、加工程度深、价值较大的高档商品的需求较大，而低收入国家则以低档商品的消费为主以满足基本生活需求；其三，如果两国之间都有共同需求品质的情形，称为存在重叠需求。两国消费偏好越相似，则其需求结构越接近，或者说需求结构重叠的部分越大。重叠需求是两国开展国际贸易的基础，品质处于这一范围的商品，两国均可进口和出口。

平均收入水平越高，对消费需求的质和量都会提高；平均收入水平越高，对先进的资本设备需求越高。因此两国人均收入相同，需求偏好相似，两国间贸易范围可能最大。但如果人均收入水平相差较大，需求偏好相异，两国贸易则会存在障碍。

若两国中一国具有某种产品的比较优势，而另一国没有对这种商品的需求，则两国无从发生贸易。因此，各国应当出口那些拥有巨大国内市场的制成品，即大多数人需要的商品。一国在满足这样一个市场需求的过程中，可以从具有相似偏好和收入水平的国家获得出口该类商品所必需的经验和效率，具有相似偏好和收入水平的国家之间的贸易量是最大的。基于该理论，企业首先应选择国内市场巨大的产业进行出口贸易，同时最有可能发生在偏好相似的国家之间（往往是相邻国家市场），因此，国际化经营往往表现为渐进式。

（五）产业内贸易理论

国际贸易理论都是基于国家间的商品差异、技术差异或生产要素禀赋差异来解释国际贸易的。到了 20 世纪 40 年代后，由于发达国家之间（即具有相似自然禀赋的国家）和相似产品（即产品的生产过程中所需的要素比例相似）之间的贸易不断扩大，这给国际贸易理论的发展拓展了新的空间，产业内贸易理论就产生了。

1. 产业内贸易理论的定义

产业内贸易理论的定义也经历了一个不断发展的过程，随着产业内贸易的不断发展，不同的专家学者给出了不同的定义，但是大致含义都一样，比较经典的定义有以下几种。

巴拉萨（Balassa）[41]：同一个产业内同时进口和出口货物的现象为产业内贸易。即使两国具有完全相同的资本劳动比率，不同国家的厂商也会生产同类但有差异的产品。由于消费者对这些差异性产品具有需求，因此会促使各国扩大该种产品的生产规模，同时在两国之间进行这些产品的贸易，从而形成产业内贸易。

格鲁贝尔(Grubel)和劳埃德(Lloyd)在著作《产业内贸易：异质产品国际贸易理论与测量》一书中给出了产业内贸易理论的定义："总贸易值减去产业间贸易的余额"，或者说"一国某产业内产品的进口与出口总和"[42]。

除了以上几种定义外，专家和学者们对于产业内贸易还有其他许多不同的定义方法。但总体来说，一般都把产业内贸易归结为相对于产业间贸易的一种国际贸易形式，即指一个国家既出口又进口同一个产业内的产品交易行为。

2. 产业内贸易的分类

为了更加深入地分析产业内贸易，需要对产业内贸易的具体分类进行一定的了解，依据不同的分类标准，产业内贸易可分为多种形式。从产业的角度可分为农产品、工业制成品和服务产业的产业内贸易；从产品加工角度可分为初级产品、中间产品和制成品产业内贸易；格鲁贝尔和劳埃德根据产品的差异性标准，把产业内贸易分为同质产品产业内贸易和异质产品产业内贸易两大类，这种分类是现在最为常用的分类标准。

(1)同质产品产业内贸易。同质产品(Homogenous Products)是指相互可以完全替代的产品，该种商品需求的交叉弹性极高，消费者对它的消费偏好完全一样。同质产品通常是以产业间贸易的形式存在，即用它们换取的是非相同的商品，但是在现实中，由于存在着地理区位差异、产品的市场进入时间差异等因素，因此一个国家的该类产品会同时存在进口和出口的现象。异质产品也称为差异产品(Differentiated Products)，是指具有差别性特征的产品，即在该种商品的生产过程中投入的要素具有相似性，但又并非完全一样，彼此之间不能完全替代，只能进行部分的替代，其交叉弹性小于同质产品的交叉弹性。通常所说的大部分产业内贸易产品指的就是这类产品。产品的异质差异性被认为是产业内贸易发生的根本基础。这种差异在产品中大致体现为水平差异、垂直差异和技术差异三类情况。

(2)异质产品产业内贸易。异质产品的产业内贸易有两种类型，分别为垂直差异化产品的产业内贸易(VIIT)和水平差异化产品的产业内贸易(HIIT)。垂直差异化产品的产业内贸易是指在同一产品组中品质、价格和技术要素投入存在差异的产品之间的贸易；而水平差异化产品产业内贸易是指同一产品组中造型、外观等方面存在差异，但是在品质、技术要素投入及价格方面相似的产品之间的贸易。

(六)理论小结

上述理论均属于自由贸易理论的范畴，自由贸易理论发展至今，多个专家学者研究更新后，形成了一系列体系，包括上述的比较优势贸易理论、产业内贸易理论、规模经济理论等理论。自由贸易理论自诞生以来，就一直是国际贸易的核心理论，成为整个国际贸易理论发展的主线，甚至成为国际贸易理论的理念和目标，对后世各种不同类型国家的贸易理论和政策选择产生了深远的影响。同时，在实践中，自由贸易也成为许多国家，尤其是发达国家在全球竭力推崇的政策目标。发展中国家到 20 世纪 70 年代后，贸易政策才不断倾向开放和自由化；发达国家和发展中国家经济发展水平不同，在国际分工和贸易中所处的地位及条件不同，自由贸易的利益在这两类国家间的分配存在着巨大差异。

亚当·斯密[43]是自由贸易理论的创始者，首创性地提出了分工学说。他的绝对利益论认为，不同国家生产同样的商品成本不同，一国应放弃成本绝对高的，而选择成本绝对低的进行专业化生产，并彼此进行交换，这样两国的劳动生产率都会提高，成本也会降低，劳动和资本能得到正确的分配和运用。而分工和专业化的发展需要自由贸易的国际市场。因此，他认为自由贸易是增加国民财富的最佳选择。但亚当·斯密的绝对利益论无法解释当一国在所有产品的生产成本上较之另一国均处于绝对优势或绝对劣势时，仍有必要参与国际贸易，并能够从国际贸易中获得收益。大卫·李嘉图[38]的"比较优势贸易论"则解决了这个问题。他认为该国应根据"两优相较取其重，两劣相较取其轻"的比较利益法则，选择优势较大或劣势较小，即具有比较优势的产品进行专业化生产，而放弃优势较小或劣势较大产品的生产，并出口具有比较优势的产品，进口具有比较劣势的产品。大卫·李嘉图的比较优势贸易理论成为以后国际贸易理论发展的基石，为自由贸易政策提供了强有力的理论根据。此后，国际贸易理论的主流学派就一直倡导自由贸易，并将其作为贸易政策追求的理想目标。而在贸易实践上，随着工业革命的发展，19 世纪中期以后到第一次世界大战前，以英国为主的各主要西方国家都实行了自由贸易政策。第二次世界大战后迅速发展的经济全球化，区域经济一体化，贸易、投资的自由化，以及 GATT 和 WTO 所建立的多边贸易体制都深受此理论的影响。

（七）国内外研究评述

国外学者研究产业内贸易的时间较早，始于 20 世纪 70 年代，对农产品产业内贸易的研究主要集中在 20 世纪 90 年代以后，主要以发达国家和地区作为经验研究的对象；国内学者对产业内贸易的研究起步晚，集中于引进吸收西方的研究理论和研究方法。

1. 国外相关研究

在 20 世纪 70 年代中期以前，国外学者对产业内贸易的研究主要集中在经验研究分析方面。Verdoorn[44]发现"比荷卢经济同盟"贸易格局中存在产业内贸易现象；Michaely[45]分析了 36 个国家的五大类商品的进出口差异指数后发现，对于收入水平较高的那些国家的进出口产品结构具有较大的相似性。随后，Balassa[46]在分析欧洲共同体每个成员国的贸易现状时，发现欧洲共同体国家间的贸易增长主要是由处于相同的国际贸易商品标准分类类别下的商品引起的，而并非是由不同种类之间商品的贸易引起的。他把这种不同国家间同时进出口相同产业内产品的贸易类型称为产业内贸易（Intra-Industry Trade）。

从 20 世纪 70 年代中期至今，国外学者逐渐探索和关注产业内贸易的成因和影响因素，贡献了新的理论，如大多数学者将地理因素、国际资本流动及知识产权等因素纳入到了产业内贸易的模型中，产业内贸易理论获得了新的生命力和发展。Luthje[47]研究发现规模经济与产品差异引起的中间产品产业内贸易也能够导致垂直专业化的发生。Fukao[48]利用局部均衡分析方法构建了产业内贸易影响因素理论模型，分析了跨国公司在海外的直接投资对垂直型产业内贸易的作用。Egger[49]构建了有关贸易与跨国公司的三要素,用一般均衡模型研究了产业内贸易的发生。Fung[50]将环境因素纳入相互倾销模型中进行研究,分析了产业内贸易对环境质量的影响。

国外对农产品产业内贸易的研究主要集中在 20 世纪 90 年代,主要包括对农产品产业内贸易的水平测度、对农产品产业内贸易的影响因素分析、农产品产业内贸易的经济效应、影响等的分析。Qasmi[51]研究发现北美自由贸易区建立后美国的农产品贸易模式正在发生改变,深加工农产品的产业内贸易水平较高,而大宗农产品的产业内贸易水平较低,美国与加拿大农产品贸易主要为产业内贸易,而墨西哥与美国、墨西哥与加拿大的农产品贸易主要为产业间贸易。Bojnec[52]对斯洛文尼亚初级农产品和加工农产品的产业内贸易水平进行了测度;Daraja[53]、Rasekhi[54]分别研究了新入盟的欧盟新成员国和伊朗的农产品产业内贸易水平和结构。

Berkum[55]研究发现欧盟与中欧十国农产品产业内贸易水平主要受地理距离、区域经济一体化因素影响,而市场规模、市场结构、消费偏好的影响不显著。Ferto[56]研究发现国家间的人均的差异、地理距离与欧盟水平型乳制品产业内贸易显著负相关;而市场规模对欧盟水平型乳制品产业内贸易的影响不大,国家间的人均的差异与欧盟垂直型乳制品产业内贸易显著正相关,地理距离对欧盟垂直型乳制品产业内贸易具有明显的阻碍作用。Ferto[57]考察了国家层面因素对匈牙利与欧盟间农产品产业内贸易及垂直型和水平型农产品产业内贸易的影响。

2. 国内相关研究

我国早期的贸易类型主要以产业间贸易为主,因此产业内贸易理论不容易得到国内学者的广泛关注,故国内的学者对产业内贸易研究起步较晚。国内学者和学术界对产业内贸易的研究主要是在数据测量和指标测量上,对产业内贸易理论的深入探讨和其影响因素的系统分析还为数不多,但是随着我国国际贸易的不断发展,我国产业内贸易的发展已经初具规模,产业内贸易水平已经逐步提升,也已经引起越来越多的学者关注。国内学者对产业内贸易研究逐渐增多,主要体现在指标测算、现状分析、评价和研究经济效应方面,理论贡献不多。

国内对产业内贸易更多的是经验研究,张烨[58]、仇怡[59]、喻志军[60]等对中国产业内贸易水平进行了测度,并且从国家层面和产业层面进行了产业内贸易影响因素分析。其中,赵志刚[61]、王云飞[62]、石静[63]、张彬[64]等从国家层面对中国产业内贸易的影响因素进行了分析;马剑飞[65]、陈迅[66]等从产业层面对中国产业内贸易的影响因素进行了分析,从对中国产业内贸易经济效应的研究发现产业内贸易对中国工业的发展起着调控作用。

也有学者对中国与贸易伙伴间的产业内贸易进行了研究,如刘诚[67]、陈李莉[68]、范爱军[69]、董家栋[70]对中日制成品产业内贸易进行了研究;崔日明[71]对中日服务业产业内贸易水平进行了测度;林琳[72]、韦倩青[73]、冯耀祥[74]、柳剑平[75]对中美工业制成品产业内贸易进行了研究,程大中对中美服务业产业内贸易水平进行了测度;张昱[76]、许陈生[77]、邵玲[78]对中欧制成品产业内贸易水平及影响因素进行了研究;王娟[79]、汤海燕[80]、覃平[81]对中国—东盟产业内贸易水平及影响因素进行了分析。

近些年来，国内学者开始关注农产品的产业内贸易问题，主要成果有对中国农产品产业内贸易的研究。例如，罗余才[82]以 HS 中 16 章农产品为对象(HS 中共有 37 章属于农产品)计算了中国农产品产业内贸易指数，发现中国农产品贸易存在产业内贸易现象。又如，宋玉华[83]以 SITC Rev.3 中 13 章农产品为对象(SITC Rev.3 中共有 22 章属于农产品)研究了中国农产品的产业内贸易水平及结构，发现中国农产品产业内贸易水平较低，且以水平型产业内贸易为主。再如，李佳佳[84]对中国农产品国家层面因素的分析表明市场规模、市场规模差异及贸易开放度对中国农产品产业内贸易水平的影响较大；范巧娟等[85]对中国—东盟农产品产业内贸易 2001—2010 年的数据进行实证研究，发现中国—东盟农产品产业内贸易水平不高，贸易增量主要由产业间贸易引起。

在国家"一带一路"倡议的背景下，中国—东盟这一经济合作体贸易合作越来越受重视，由此带来的学术研究也不断涌现。其中关于中国—东盟农产品产业内贸易研究也不断涌现。现有的研究主要集中在以下三个方面。

第一，关于对中国—东盟农产品产业内贸易规模、现状、特点的研究：中国—东盟农产品产业内贸易规模、水平和结构分析；基于"一带一路"倡议的中国与东盟农产品贸易特征变化研究。

第二，基于中国—东盟农产品产业内贸易的水平和结构进行分析：中国与东盟农产品贸易竞争性与互补性研究；中国—东盟自由贸易区贸易效应对中国农产品贸易的影响分析。

第三，多集中于中国—东盟农产品产业内贸易的影响因素和对中国的影响方面的研究：中国与东盟农产品产业内贸易及影响因素，如基于 1992—2015 年面板数据的实证研究；中国—东盟自由贸易区贸易效应对中国农产品贸易的影响分析。但是关于中国—东盟农产品产业内贸易的特征、影响因素及从理论和实证两方面研究的相关文献数量不多。

3. 简要评价

根据上述国外学者针对产业内贸易的研究和农产品产业内贸易的研究成果，可以发现，国外学者研究为产业内贸易的后续研究奠定了坚实的理论基础。例如，一国的市场规模、国与国之间的地理距离、国家之间的收入水平差距等影响因素和对产业内贸易的影响方向，西方大多数学者都做了很好的诠释；对于经验研究，如理论模型的构建、产业内贸易水平的测度也做出了较大的贡献，为后人的经验研究做出了参考；但是综观西方学者对于产业内贸易水平的各类研究可以发现，对于发展中国家的研究很少，尤其关注发展中国家农产品产业内贸易的相关研究文献数量也不是很多，值得做出更深层次的探索。

国内学者对于产业内贸易的研究时间相对落后，理论创新和贡献较少，并且研究重点主要集中在产业内贸易指数和水平的测度和现状分析，产业内贸易影响因素分析、与其他国家产业内贸易的结构分析，以及产业内贸易带来的经济效应上。此外研究中国与其他发展中国家或地区产业内贸易水平的相关文献数量较少，专门针对农产品产业内贸易的水平、影响因素的分析，并加上实证分析的文献数量更是少之又少。然而，近年来中国与发展中国家数量较多的东盟之间经济政治合作越来越密切，并于 2010 年正式成立自由贸易区，这一举动对双方之间农产品产业内贸易的影响如何，至今仍未有研究文献诞生，本研究引入虚拟变量进入面板数据的回归模型，具体地分析检验中国—东盟自由贸易区的成立这一因素,对中国—东盟农产品产业内贸易产生的影响,属于研究视角的创新。

三、中国与东盟农产品产业内贸易现状分析

我国自改革开放,向世界打开国门以来,与东盟国家之间的贸易往来就开始了。直到 2010 年中国—东盟自由贸易区的正式成立,我国"一带一路"倡议的不断推进,与东盟之间的贸易往来越来越紧密,双边贸易额也突飞猛进,带来的双方农产品贸易也飞速发展。

(一)农产品产业内贸易规模

1. 双边贸易总额不断增加

根据联合国商品贸易统计数据库(UN Comtrade)数据测算出中国—东盟 2010—2016 年的农产品进口额、出口额、进出口总额数据,再对比 2001 年中国—东盟农产品的双边贸易总额为 26.6 亿美元,发现中国—东盟农产品双边贸易总额在中国—东盟自由贸易区成立的一年后,将近 10 年时间增加了 9 倍,在 15 年间增加了 11 倍;中国—东盟农产品贸易总额在我国农产品贸易总额所占的比重在 2016 年达到了 20%。

2010—2016 年中国—东盟农产品贸易合作发展状况如表 4.21 所示。

表 4.21   2010 —2016 年中国—东盟农产品贸易合作发展状况[①]   (单位:亿美元)

年份	中国对东盟出口	中国对东盟进口	中国与东盟进出口
2010	74.53	107.13	181.66
2011	98.56	145.99	244.55
2012	100.87	161.42	262.28
2013	118. 73	148.44	267.17
2014	135.24	160.08	295.32
2015	147.94	158.13	306.07
2016	153.78	144.94	298.73

2. 不同国家的农产品贸易特征

1992—2016 年,中国与东盟各国间农产品贸易合作程度有差异,并不均衡;2001—2012 年,马来西亚曾连续 12 年蝉联中国与东盟农产品贸易合作首位。2013 年,泰国跃升榜首。2016 年,泰国继续保持中国与东盟农产品贸易合作"领头羊"地位,金额达 77.88 亿美元,所占比例达 26.07%,泰国是中国自东盟农产品进口贸易第一大来源,所占比例

---

① 资料来源:联合国商品贸易统计数据库(UN Comtrade)测算而得。

达 30%；越南是中国对东盟农产品出口贸易第一大对象，所占比例达 25.14%；同期，中国与柬埔寨、老挝和文莱农产品贸易合作总量低，发展缓慢，所占比例均不足 1%。

3. 不同农产品的贸易特征

据中国海关统计，2016 年 4 月，中国与东盟食用水果双边贸易额达 3.65 亿美元，同比增长 7.67%。其中，中国自东盟进口食用水果 2.65 亿美元，同比增长 2.71%；中国对东盟出口食用水果 1.0 亿美元，同比增长 23.46%。出口方面，当月越南、泰国、马来西亚是中国食用水果对东盟出口的前三大市场，累计出口额为 0.73 亿美元，占中国食用水果对东盟出口总额的 73.0%。数据显示，2016 年 1～10 月越南向中国出口大米 198 万吨，占大米出口总量的 39.3%，位居大米出口市场首位，出口量同比增长 32.8%，出口额同比增长 31.1%。

(二)农产品产业内贸易的国别结构特征

本节结合国家农产品类型(依据 SITC 编码分类)测算的中国—东盟农产品产业内贸易指数，来分析中国—东盟农产品产业内贸易现状，具体分析如表 4.22 所示。

表 4.22　2009—2016 年中国与东盟十国产业内贸易 G-L 指数[①]

年份	泰国	新加坡	菲律宾	柬埔寨	马来西亚	缅甸	印度尼西亚	老挝	文莱	越南	中位数
2009	0.733	0.891	0.463	0.812	0.301	0.390	0.385	0.090	0.015	0.885	0.426
2010	0.930	0.922	0.566	0.285	0.336	0.353	0.369	0.193	0.011	0.697	0.361
2011	0.527	0.862	0.720	0.711	0.335	0.592	0.505	0.169	0.010	0.721	0.560
2012	0.486	0.764	0.555	0.826	0.344	0.544	0.668	0.145	0.020	0.740	0.549
2013	0.617	0.696	0.492	0.939	0.370	0.843	0.692	0.064	0.029	0.818	0.654
2014	0.921	0.605	0.693	0.693	0.370	0.875	0.754	0.042	0.035	0.781	0.693
2015	0.966	0.623	0.597	0.396	0.426	0.801	0.860	0.063	0.037	0.786	0.610
2016	0.611	0.600	0.471	0.313	0.429	0.700	0.708	0.030	0.098	0.757	0.535

从各国每年 G-L 指数的中位数来看，产业内贸易指数由 1992 年的 0.2 左右提高到 2014 年的接近 0.7，实现了高速增长。单看一个国家，也会发现，二十几年来，中国—东盟农产品产业内贸易水平增加，如新加坡从 1992 年的 0.144 到 2014 年曾超过 0.9 的水平。这表明，早期中国与东盟农产品贸易以产业间贸易为主，但近年来随着产业内贸易的快速发展，中国与东盟农产品贸易已形成产业内与产业间贸易并重的发展局面。从表 4.22 中测算 G-L 指数可知，中国与东盟十国农产品具有产业内贸易的特征(G-L 指数>0.6 即表现为产业内贸易；反之为产业间贸易)[②]，并且产业内贸易水平有升高的趋势，表 4.22 中产业内贸

---

① 资料来源：联合国商品贸易统计数据库(UN Comtrade)测算而得。
② G-L 指数计算公式及意义解释参见"因变量选取和测度"。

易水平较高或增速明显的 4 个国家分别为新加坡、柬埔寨、缅甸、越南。这 4 个国家与中国农产品产业内贸易水平从表 4.22 中的产业内贸易指数可以看出处于较高的水平。虽然新加坡和柬埔寨在 1992 年的时候，产业内贸易水平仅为 0～0.2，但是到了 2016 年，4 个国家的产业内贸易水平中位数为 0.535。表 4.22 中的整体变化趋势表明，中国和东盟国家的农产品产业内贸易水平属于稳中前进的态势，农产品产业内贸易水平发展态势较好。

(三)农产品产业内贸易的产品结构特征

以东盟各国为整体，对 2002—2016 年中国与东盟农产品产业内贸易指数进行测算，结果如表 4.23 所示。

表 4.23　2002—2016 年中国—东盟农产品四类产业内贸易 G-L 指数[①]

年份	SITC0	SITC1	SITC2	SITC4
2001	0.391	0.104	0.238	0.416
2002	0.461	0.057	0.143	0.047
2003	0.306	0.121	0.115	0.035
2004	0.687	0.322	0.311	0.354
2005	0.601	0.192	0.153	0.279
2006	0.571	0.091	0.208	0.364
2007	0.519	0.282	0.111	0.240
2008	0.601	0.121	0.334	0.452
2009	0.621	0.236	0.370	0.625
2010	0.657	0.531	0.407	0.718
2011	0.583	0.310	0.326	0.561
2012	0.619	0.175	0.227	0.391
2013	0.668	0.202	0.324	0.475
2014	0.775	0.267	0.743	0.579
2015	0.807	0.293	0.693	0.601
2016	0.657	0.224	0.220	0.320

由表 4.23 可知，从产品结构上看，在四类农产品中，SITC0 类农产品(食物和活动物)贸易 G-L 指数表现出较高水平，说明中国与东盟整体的食物和活动物的贸易以产业内贸易为主。指数最低的是 SITC1 类农产品，保持在 0.2 左右(排除个别年份有较低或较高情况)，说明中国与东盟间该类农产品贸易以产业间贸易为主。其余两类农产品产业内贸易指数多保持在 0.1～0.4 之间，也主要是产业间贸易。但是从总体上来看(表 4.23)，中国—东盟农产品贸易指数，SITC0 产品即食物和活动物的产业内贸易水平高，增长势头迅猛。SITC1、SITC2、SITC4 农产品产业内贸易水平波动较大，缓慢上升。

----

① 资料来源：联合国商品贸易统计数据库(UN Comtrade)测算而得。

（四）农产品产业内贸易的类型特征

格鲁贝尔和劳埃德根据产品的差异性标准，把产业内贸易分为同质产品产业内贸易和异质产品产业内贸易两大类。同质产品（Homogenous Products）是指相互可以完全替代的产品，同质产品通常是以产业间贸易的形式存在，即用它们换取的是非相同的商品，但是在现实中，由于存在着地理区位差异、产品的市场进入时间差异等因素，因此一个国家的该类产品会同时存在进口和出口的现象。异质产品也称为差异产品（Differentiated Products），是指具有差别性特征的产品，即在该种商品的生产过程中投入的要素具有相似性，但又并非完全一样，彼此之间不能完全替代，只能进行部分的替代，大部分产业内贸易产品指的就是这类产品。产品的异质差异性被认为是产业内贸易发生的根本基础。中国和东盟国家之间的农业生产基础条件的差异，造成了双方之间农产品之间的差别，进行农产品产业内贸易的时候以异质类农产品产业内贸易为主。

四、中国—东盟农产品产业内贸易存在的问题

（一）中国对东盟农产品贸易持续逆差

在自由贸易区建成的过程中，农产品的关税逐渐降低，以及早期收获计划的正式实施，都促进了双方农产品的贸易。但国际农产品市场的竞争日趋激烈，2010—2016年，中国对东盟的农产品贸易一直处于逆差状况，并且呈现上升趋势。2007—2012年的数据表明，中国自东盟农产品进口总额的增长速度大于出口速度，导致中国对东盟农产品贸易一直处于逆差地位。

（二）产业内贸易水平总体不高

从1992—2016年对中国—东盟各国农产品产业内贸易指数做出的测算结果可知，中国—东盟双方农产品产业内贸易水平总体较低，只有少数国家的产业内贸易水平总体上高于0.5，表现出明显的产业内贸易的特征，主要有新加坡、柬埔寨、缅甸、越南4个国家。其中，新加坡和柬埔寨的产业内贸易指数数据起步的时候较低，但增长势头较快；而缅甸和越南与中国的农产品产业内贸易水平本身较高，处于稳步增长的状态；但是余下的其他国家的产业内贸易水平都显著低于0.5，排除个别年份会有较高的情况。因此从各国农产品产业内贸易水平每年的中位数来看，中国—东盟双方农产品产业内贸易指数总体水平不高，并且不稳定，呈现出产业内贸易与产业间贸易同时存在的特点。

图4.11所示的是以4个国家15年的产业内贸易指数作的折线图。纵轴表明产业内贸易指数水平，图中直线代表0.5的界限，可以发现，除了个别特殊的值以外，文莱和老挝的产业内贸易水平远远低于0.5，表现出明显的产业间贸易的特征；而新加坡表现出较高水平的产业内贸易水平，但是并不稳定，有高有低；菲律宾与中国农产品产业内贸易指数

基本都在 0.5 左右，总体不高但较稳定。其余国家的产业内贸易指数显示，同中国农产品之间的产业内贸易指数仍是有高有低，但总体来说都不稳定。有些国家在某些时期农产品产业内贸易指数可以达到 0.9，总体来说，产业内贸易水平很不稳定，水平不高。

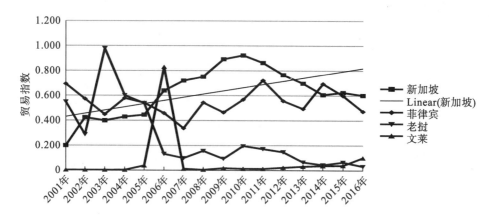

图 4.11　新加坡、菲律宾、老挝、文莱 2001—2016 年产业内贸易指数变化①

（三）不同农产品的产业内贸易水平差距较大

本书农产品按照 SITC 分类标准选取了四类农产品，分别是食品及活动物（SITC0）、饮料及烟草（SITC1）、农业原料（SITC2）、动植物油和蜡（SITC4）四类，并且根据该四类数据和每一类农产品贸易额在中国—东盟农产品贸易总额中所占的比重确定权重，并计算出四类农产品的产业内贸易指数。

表 4.23 所示为 2001—2016 年的中国—东盟农产品四类产业内贸易指数测算结果。图 4.12 所示为折线趋势图，其中虚线为产业内贸易指数为 0.5 的指示线。

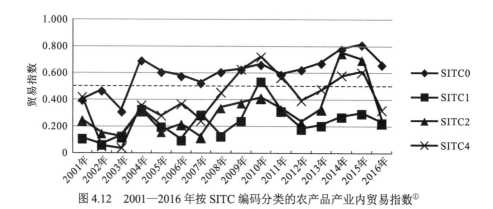

图 4.12　2001—2016 年按 SITC 编码分类的农产品产业内贸易指数①

由表 4.23 指数测算结果和图 4.12 趋势图可知，中国—东盟农产品贸易中饮料及烟草（SITC1）、农业原料（SITC2）两类农产品产业内贸易指数在近 15 年来基本均低于 0.5，表

① 数据来源：根据联合国商品贸易统计数据库（UN Comtrade）测算而得。

现为较为明显的产业间贸易的特征，产业内贸易水平较低；动植物油和蜡(SITC4)类农产品产业内贸易指数波动较大，但是总体产业内贸易水平高于前文所述的两类农产品，有产业内贸易和产业间贸易并存的特征。而食品及活动物(SITC0)类农产品在2001—2003年3年间低于0.5，其余皆高于0.5，在中国—东盟农产品四类中属于产业内贸易水平最高的农产品。因此总体来说，中国—东盟之间农产品产业内贸易对象较为单一，规模较小，只有小部分农产品表现为明显的产业内贸易的特点，其余均表现为产业间贸易与产业内贸易并存的特点，这一点对于中国—东盟农产品产业内贸易整体提升是不利的，需要继续发展。

五、中国与东盟农产品产业内贸易的实证分析

(一)中国—东盟农产品产业内贸易的影响因素分析

在"新贸易理论"的基础上，结合学者一直以来的研究成果，关于产业内贸易的影响因素主要可以归结为以下几个方面：人均收入差异、国家开放程度、外商直接投资FDI、一国的市场规模、与贸易伙伴国的地理距离和区域经济一体化程度。

人均收入差异常常被作为反映需求水平和结构的一个代表变量，Linder[86]的相互需求理论认为人均收入水平相似、消费者偏好相似的两个国家会生产更多的产品来同时满足两国消费者的需求。由于规模经济的作用，因此两个国家生产质量相似但具有不同特性的水平差异产品。两国消费需求模式越相似，它们之间进出口商品结构就越相似，水平型产业内贸易的比重也就越高。由于收入决定了农产品的消费模式，因此人均收入差异与水平型产业内贸易负相关。Linder[86]和 Balassa[87]的研究均表明，人均收入差异越小，两国的需求结构越相似，产业内贸易程度会越高。

贸易伙伴的贸易开放程度与农产品产业内贸易呈正相关。Falvey[88]构建新赫克歇尔—俄林模型时已发现产业内贸易水平与关税水平和贸易限制措施程度是呈反向变动的。也就是说，一国的贸易开放程度越大，该国对产品的国际贸易限制越少，这会更加有利于国际贸易的开展；而一国如果对国家贸易开放做过多的限制，那么产业内贸易水平必然会受到阻碍。

贸易伙伴对东道国的直接投资与农产品产业内贸易有影响，但是并没有确定的影响方向。因为贸易伙伴对东道国的直接投资、对东道国产业内贸易的影响取决于其投资的类型和目的。效率寻求型投资将促进东道国产业内贸易的发展，而市场导向型投资将产生贸易替代效应，从而阻碍东道国产业内贸易的发展。如果外资进入的目的是分割生产过程的各个环节(即垂直专业化分工)，就会有更多的产业间贸易而不是产业内贸易；如果是为了追求规模经济和产品多样化，这两者应该是一个同步的关系[89]。

市场规模对于农产品产业内贸易及垂直型和水平型农产品产业内贸易具有促进作用。Krugman[90]与 Lancaster[91]的水平型产业内贸易模型表明，当两国平均市场规模扩大时，两国的消费人数和消费量增加，这意味着将有更多的消费者或者每个消费者愿意购买更多的多样化商品，对外国差异性产品的需求扩大，市场的扩大又为生产规模的扩大和规模经

济效应的提高提供了可能性。Falvey[92]将需求因素加进其垂直型产业内贸易模型后，也认为市场规模会促进垂直型产业内贸易的发展。

地理距离对农产品产业内贸易具有负面影响，对于水平型农产品产业内贸易尤为明显。地理距离一直被看作是影响产业内贸易的重要影响因素。首先，随着距离变远，产业内贸易水平下降的速度快于产业间贸易。Balassa[93]认为人们了解远距离的、具有差异的同类产品特性信息所花的成本高于了解同样距离的标准化产品特性信息的成本，而且距离作为天然贸易壁垒，对具有替代关系的同类产品的阻碍作用大于对标准化产品的阻碍作用；其次，地理位置相近的国家生产方式和消费模式往往比较相似，它们之间产业内贸易水平往往高于相距遥远的国家间的产业内贸易水平。

区域经济一体化程度对于农产品产业内贸易具有促进作用。区域经济一体化发展，对区域内成员间农产品产业内贸易的发展具有积极的作用。因为随着区域经济一体化程度的提高，所以农产品出口企业的生产可以更充分地在最小规模上进行。此外，区域经济一体化程度的提高有助于生产要素在区域内部的自由流动，扩大了产业内投资规模，促进了农产品产业内分工和贸易的发展。

中国和东盟贸易合作的发展不是一蹴而就的，是在历史长河中稳步前进的，中国与新加坡在 2008 年签署了自由贸易协定，新加坡承诺 2009 年 1 月 1 日取消自中国大部分产品进口的产品关税；中国与东盟自由贸易区是于 2010 年正式全面启动的。

（二）因变量选取和测度

依据上文对产业内贸易影响因素的分析，选出进行实证模型检验的因变量和自变量。

本书实证分析的目的是为了检验中国—东盟产业内贸易的影响因素，确定这些影响因素对产业内贸易水平的影响方向，因此，因变量选取为中国—东盟农产品产业内贸易 G-L 指数。

本书对中国—东盟农产品产业内贸易 G-L 指数的测算，借助的是产业内贸易研究中较为经典的 G-L 指数测算方法，G-L 指数是目前测量产业内贸易水平方法中应用最广泛的测算方法；本书最终测算结果为中国—东盟 1992—2016 年的农产品产业内贸易 G-L 指数。其中，测算数据来源于联合国商品贸易统计数据库（UN Comtrade）。研究年限为 1992—2016 年，测算范围是中国与东盟之间的农产品贸易。其中，农产品范围依据联合国国际贸易分类标准（SITC）界定的农产品范围，共含四类农产品，分别为 SITC0（食品及活动物）、SITC1（饮料及烟类）、SITC2（非食用原料）（燃料除外）和 SITC4（动植物油和蜡）。Grubel 和[94]及 Greenaway[95]等将 SITC 商品分类号前三位数相同的商品的双边贸易定义为产业内贸易。本书从联合国商品贸易统计数据库中下载并整理了东盟十国与中国的农产品贸易数据，包括 SITC 编码为 SITC0、SITC1、SITC2 和 SITC4，Rev3 的相关数据，为了计算整理方便，选取此四类中所有类别的数据进行测算。

1. G-L 指数计算公式

产业内贸易指数在 1975 年提出，简称 G-L 指数[42]，是目前国际上比较通用的从静态

视角衡量产业内贸易水平的指标,该指数的计算公式为

$$GL_{ij} = 1 - \frac{\left| X_{ij} - M_{ij} \right|}{X_{ij} + M_{ij}}$$

式中, GL_{ij} 为母国对 i 国 j 产品的产业内贸易指数; X_{ij} 和 M_{ij} 分别为母国对 i 国 j 产品的出口额和进口额。 GL_{ij} 取值范围为[0,1], GL_{ij} =0 表示该类农产品为完全产业间贸易; GL_{ij} =1 表示该类农产品为完全产业内贸易。 GL_{ij} 介于 0 和 1 之间,当 GL_{ij} >0.5 时,表明该国贸易以产业内贸易为主;反之,则以产业间贸易为主。将 GL_{ij} 加权后便可得到产业内贸易指数,即 G-L 指数,具体加权公式为

$$W_{ij} = \frac{X_{ij} + M_{ij}}{\sum_{j=1}^{n} \left(X_{ij} + M_{ij} \right)}$$

式中, W_{ij} 为权重,表示为 i 国第 j 类农产品贸易额占总体贸易额的比重。在本书表示为东盟某国第 j 类农产品产业内贸易额占中国—东盟农产品总的贸易额的比重。

2. G-L 指数测算结果

表 4.24 所示的是根据上述公式计算出来的 1992—2016 年中国—东盟农产品产业内贸易按照国别指数测算结果。由于产业内贸易指数对于衡量产业内贸易水平是一个极其重要的指标,因此在本书对中国—东盟农产品产业内贸易影响因素的实证分析中,选取产业内贸易指数作为衡量中国—东盟农产品产业内贸易水平的代表变量。

表 4.24 1992—2016 年中国—东盟按国别指数测算的产业内贸易指数[①]

年份	泰国	新加坡	菲律宾	柬埔寨	马来西亚	缅甸	印度尼西亚	老挝	文莱	越南	中位数
1992	0.208	0.144	0.647	0.000	0.005	0.295	0.664	0.572	0.000	0.733	0.251
1994	0.492	0.117	0.452	0.000	0.241	0.511	0.223	0.912	0.000	0.713	0.347
1997	0.506	0.121	0.312	0.103	0.149	0.519	0.636	0.905	0.000	0.542	0.409
1998	0.190	0.099	0.279	0.354	0.130	0.520	0.452	0.432	0.000	0.375	0.316
1999	0.588	0.149	0.415	0.533	0.146	0.417	0.637	0.587	0.000	0.421	0.419
2000	0.733	0.270	0.611	0.898	0.280	0.782	0.613	0.359	0.000	0.553	0.582
2001	0.273	0.198	0.690	0.661	0.189	0.806	0.665	0.546	0.000	0.735	0.604
2002	0.717	0.421	0.570	0.884	0.100	0.623	0.166	0.285	0.000	0.777	0.496
2003	0.100	0.397	0.446	0.626	0.075	0.685	0.170	0.977	0.000	0.585	0.422
2004	0.949	0.427	0.576	0.109	0.262	0.515	0.502	0.599	0.000	0.747	0.509
2005	0.791	0.442	0.539	0.111	0.170	0.630	0.501	0.536	0.035	0.745	0.518
2006	0.676	0.637	0.456	0.589	0.242	0.436	0.385	0.129	0.827	0.829	0.522
2007	0.446	0.717	0.336	0.622	0.276	0.700	0.427	0.095	0.010	0.842	0.437
2008	0.630	0.750	0.541	0.472	0.422	0.392	0.556	0.153	0.002	0.818	0.507
2009	0.733	0.891	0.463	0.812	0.301	0.390	0.385	0.090	0.015	0.885	0.426
2010	0.930	0.922	0.566	0.285	0.336	0.353	0.369	0.193	0.011	0.697	0.361

① 数据来源:根据联合国商品贸易统计数据库(UN Comtrade)测算而得。

年份	泰国	新加坡	菲律宾	柬埔寨	马来西亚	缅甸	印度尼西亚	老挝	文莱	越南	中位数
2011	0.527	0.862	0.720	0.711	0.335	0.592	0.505	0.169	0.010	0.721	0.560
2012	0.486	0.764	0.555	0.826	0.344	0.544	0.668	0.145	0.020	0.740	0.549
2013	0.617	0.696	0.492	0.939	0.370	0.843	0.692	0.064	0.029	0.818	0.654
2014	0.921	0.605	0.693	0.693	0.370	0.875	0.754	0.042	0.035	0.781	0.693
2015	0.966	0.623	0.597	0.396	0.426	0.801	0.860	0.063	0.037	0.786	0.610
2016	0.611	0.600	0.471	0.313	0.429	0.700	0.708	0.030	0.098	0.757	0.535

（三）自变量的测度和数据来源

根据上述对产业内贸易的影响因素的理论分析，本书确定了中国与东盟各国的人均收入差异、东盟各国的国家对外开放程度、东盟各国对中国的直接投资 FDI、东盟各国的市场规模、中国—东盟各国的地理距离、中国—东盟自由贸易区建立前后表示为中国—东盟区域经济一体化程度这 6 个因素，作为衡量影响中国—东盟产业内贸易水平的因素。

中国与东盟各国的人均收入差异。计算公式为

$$DGDP_{it} = DGDP_{ct} - DGDP_{et}$$

式中，$DGDP_{it}$ 为中国与东盟各国人均收入差异值，用中国与东盟各国人均 GDP 1992—2016 年每年的人均 GDP 差值来表示（单位：现价美元）；$DGDP_{ct}$ 为中国 t 年的人均 GDP 的值（单位：现价美元）；$DGDP_{et}$ 为东盟十国 t 年的人均 GDP。各国人均 GDP 的值来源于世界银行数据库（World Bank）。

东盟各国的对外开放程度测度，采用东盟各国的对外贸易依存度 E_{it} 表示，计算公式为

$$E_{it} = \frac{EX_{it} + IM_{it}}{GDP_{it}}$$

式中，EX_{it} 为第 i 个国家在 t 年的出口总额；IM_{it} 为第 i 个国家在 t 年的进口总额；GDP_{it} 为第 i 个国家在 t 年的 GDP 总额（单位：现价美元）。数据均来源于世界银行数据库（World Bank）。利用上述公式计算出来的东盟各国的对外贸易依存度的数值表示为东盟各国的市场开放程度，这个变量用 $Open_{it}$ 来表示。

本书用中国对东盟国家对我国外资投入的实际利用额来表示东盟各国对中国的直接投资变量；1992—2016 年东盟各国对中国的外商直接投资实际利用额来源于国家统计局和国家统计年鉴，这个变量用 FDI_{it} 来表示。

本书采用东盟各国国民生产总值表示东盟各国各自的市场规模水平，东盟各国 1992—2016 年的 GDP 数据来源于世界银行（World Bank），用 $Market_{it}$ 来表示。

中国与东盟各国之间的地理距离，本书采用中国首都北京到东盟十国首都之间的地理距离来表示，数据来源于 CEPII 数据库，用 $Distance_i$ 来表示地理距离的变量。

区域经济一体化变量本书采用虚拟变量形式来表示，以中国—东盟国家或地区自由贸易协定正式生效时间为分界点，即中国与东盟国家或者地区签署自由贸易协定的时间前设为 0，自由贸易协定正式生效后设为 1。中国与新加坡在 2008 年签署自由贸易协定，新加

坡承诺 2009 年 1 月 1 日取消自中国进口产品关税；本书用 CA 表示虚拟变量，中国与东盟自由贸易区在 2010 年正式全面启动，新加坡在 1992—2009 年取 CA=0，2009—2016 年取值 CA=1，其余东盟九国在 1992—2010 年取 CA=0，2011—2016 年取 CA=0。

（四）计量模型的构建

关于产业内贸易的计量模型，Loertscher 和 Wolter[96]认为应该采用 Logit 模型，因为利用线性方程进行预测时因变量会超出 0～100。而 Greenaway[89]提出，如果研究目标是产业内贸易的影响因素，则没有必要进行 Logit 模型变换。此外，Balassa[97]发现，运用 OLS 模型和 Logit 模型得到的结果是相似的。因此，我们利用既包含横截面，又包含面板数据的混合数据，采用如下线性回归模型进行计量分析；基于上述讨论和变量选取，本书将影响中国—东盟农产品产业内贸易因素的分析模型设定如下。

$$GL_{it} = \beta_0 + \beta_1 DGDP_{it} + \beta_2 Open_{it} + \beta_3 FDI_{it} + \beta_4 Market_{it} + \beta_5 Distance_i + \beta_6 CA_{it} + \varepsilon_{it}$$

式中，GL_{it} 为 t 时期 i 国与中国农产品产业内贸易指数；$DGDP_{it}$ 为 t 时期中国与东盟 i 国的人均收入差异；$Open_{it}$ 为 t 时期东盟 i 国的对外开放程度，用该国的对外贸易依存度来表示；FDI_{it} 为 t 时期东盟 i 国对中国的直接投资，用中国实际利用的外商直接投资额来表示；$Market_{it}$ 为 t 时期东盟 i 国的市场规模，用东盟各国的 GDP 来表示；$Distance_i$ 为中国与东盟 i 国的地理距离；CA_{it} 为虚拟变量，表示 t 时期中国和东盟国家或地区区域经济一体化程度。各变量的描述性统计结果如表 4.25 所示。

表 4.25　各变量的描述性统计结果

变量	GL	DGDP	Open	FDI	Market	Distance
样本量	250	246	242	207	242	10
均值	0.45	−4775.48	—	46424.82	130919963644	3577.691
标准差	0.28	12528.17	—	124065.4	17380850507	847.7083976
最大值	0.97	6930.22	—	722872	932259177765	5219.15
最小值	0	−4933.11	—	2	1127806945	2326.84

（五）回归结果分析

本书采用面板数据和截面数据的混合数据进行回归分析。在回归分析以前需要检验数据的平稳性，因为非平稳的数据下做出来的回归会出现"伪回归"或者"虚假回归"，此时就算模型的 R^2 很高，检验结果也没有意义。所以在回归分析前需要检验数据的平稳性。平稳性检验首先需要对单个变量进行单位根检验，本书用 Eviews 9.0 进行单位根检验。结果显示，所有变量都是一阶平稳的，因此做协整检验是有意义的，本书采用 Johansen 面板协整检验基础上的面板协整检验进行检验，检验结果如表 4.26 所示，面板协整检验的结果中 0 个协整向量的 Fisher 联合迹统计量（p 值）与 Fisher 联合 λ-max 统计量（p 值）均为 0.0000，因此明显通过面板协整检验，表明中国—东盟影响因素的这一组数据存在协整关系。

表 4.26　Johansen 面板协整检验结果[①]

（选择序列有确定性趋势而协整方程只有截距的情况）

原假设	Fisher 联合迹统计量(p 值)	Fisher 联合 λ-max 统计量(p 值)
0 个协整向量	150.6　(0.0000)*	112.4　(0.0000)*
至少 1 个协整向量	79.64　(0.0000*)	304.1*　(0.0000*)

　　计量模型中的数据首先经过 Excel 进行基础的处理、整理，再用 Eviews 9.0 进行模型回归分析。根据模型检验结果，模型以 1%的显著水平通过了显著性检验(F 检验)，表明我国与东盟国家之间的产业内贸易水平与所选的解释变量之间存在显著的关系，说明建立该模型的回归是有意义的。表 4.27 所示为中国—东盟产业内贸易水平影响因素的分析模型检验结果。

表 4.27　中国—东盟产业内贸易水平影响因素的分析模型检验结果[②]

变量	GL	GL	GL	GL
DGDP	4.72***	3.76***	2.08	7.32***
	(1.79)	(1.73)	(1.50)	(1.78)
Open	0.075**	0.070***	—	0.074***
	(0.029)	(0.02)	—	(0.03)
FDI	−3.75	−7.22	7.46	−3.11
	(8.96)	(8.86)	(8.90)	(9.36)
Market	5.64***	6.72***	5.61***	—
	(1.24)	(1.10)	(1.26)	—
Distance	−0.0001***	−0.0001***	−0.0001***	−6.32***
	(2.49)	(2.43)	(2.52)	(2.09)
CA	0.085*	—	0.077*	0.18***
	(0.04)	—	(0.05)	(0.04)
R^2	0.26	0.24	0.23	0.18
F 值	12.482	14.13	12.49	9.91
Obs	220	220	220	220

　　由表 4.27 中第 2 列的检验结果可知，检验模型的 F 值为 12.482，对应的 p 值是 0.0000，结果说明对中国—东盟农产品产业内贸易的影响因素的分析模型的构建是有意义的，并且从后面第 3～5 列分别去掉 CA、Open、Market 变量后的检验结果显示，去掉这三个变量做回归后模型 R^2 均降低，说明放弃某个变量可能是不合适的，模型变量选取和设定是有

① "*"表示在 5%的显著性水平下拒绝原假设而接受备择假设。

② 括号中为标准差，***、**、*分别表示变量通过 1%、5%、10%显著性检验。

意义的。

观察各个变量的系数和显著性可以看到,本书选取的 6 个变量对中国—东盟产业内贸易的影响与前文的判断基本一致。其中,第一个变量人均收入差异 DGDP 变量为了模型拟合效果,选取了中国与东盟各国 25 年的人均收入差值,没有取绝对值,而该变量取值多为负,符号与实际意义相反才是有意义的。本书回归结果均显示该 DGDP 变量回归结果为正号,其反映的意义是符合本书预期的,即人均收入差异的扩大,对产业内贸易有阻碍作用。但这种作用在第 4 列中不显著;对外贸易依存度 Open 变量系数为正,并且在第 2 列通过了 5%的检验,在第 3 列和第 5 列通过了显著水平 1%的检验,并且去掉该变量做回归(见第 4 列)发现,模型的判定系数 R^2 相较于第 1 列回归结果明显降低,并且多个变量不显著,这表明模型去掉对外依存度作为中国—东盟农产品产业内贸易的影响因素不合理,也表明模型回归结果显示,东盟各国对外贸易依存度的提高,有助于提高中国—东盟农产品产业内贸易水平。从表 4.27 可以看出,外商直接投资 FDI 变量一直处于不显著的状态,但是模型去掉 FDI 变量再做回归发现,去掉 FDI 变量后模型的判定系数 R^2 仅为 0.015,修正后 R^2 为负数,模型建立毫无意义,因此外商直接投资变量 FDI 对于构建中国—东盟产业内贸易影响因素的模型是不可或缺的,不显著的原因可能有两个:一个是数据缺失,本书采用了中国的实际利用外资额作为外商直接投资数据,该数据缺失数量最多;另一个更为重要的原因是外商直接投资的类型和目的会影响产业内贸易的作用方向,其中效率寻求性投资将促进产业内贸易的发展,而市场导向型投资将产生贸易替代效应,即若 FDI 的目的在于占领投资国的市场份额将会造成贸易替代效应,对产业内贸易作用为负。由于本书没有深入挖掘东盟国对我国投资的类型等,因此对产业内贸易水平的影响方向也不能准确确定。也就是说,如果 FDI 占领东道国市场份额的贸易替代效应的反作用超过了寻求效率型投资的 FDI,那么 FDI 对于产业内贸易的作用将为反作用。由于无法对外商投资的类型和目的进行分类,因此无法准确判断 FDI 对产业内贸易水平的影响方向。该研究角度可以留作以后去做更深入的研究学习;但是本书建立的模型回归结果均显示,FDI 变量符号为负,在此模型中外商直接投资变量对产业内贸易水平显示出阻碍作用;用各国 GDP 总量代表各国市场规模的变量 Market 在第 2~4 列中均通过 1%的显著性检验,并且均为正。第 5 列中去掉该变量的回归结果可以看到,去掉后模型判定系数 R^2 仅为 0.18,对比发现该变量对解释中国—东盟农产品产业内贸易的影响因素是必要的;东盟各国与中国的地理距离变量 Distance 在上面 4 个模型回归结果中均通过 1%的显著水平的检验,显著为负,与前文预期一致,即一国与东道国之间的地理距离对产业内贸易水平具有负面作用,地理距离越远,产业内贸易水平相对会低;但是地理距离变量估计出来的系数值虽然显著,但是估计出来的参数值为-0.0001,数值很小,说明对农产品产业内贸易影响是微弱的,这得益于现在交通工具的发展、航空港、海运航线等的发展。本书最为关注的是虚拟变量 CA,即中国—东盟自由贸易区的成立对中国—东盟农产品产业内贸易水平的影响作用,本书的模型中,第 3 列去掉 CA 变量做回归后 R^2 变小,但第 2 列、第 4 列、第 5 列中虚拟变量 CA 分别通过 10%、10%、1%的显著水平检验,均显著为正,说明中国—东盟自由贸易区的建立对中国—东盟之间的农产品产业内贸易有促进作用。

六、结论与对策建议

（一）研究结论

基于上述对中国—东盟农产品产业内贸易的现状分析，按照国别和农产品分类进行的产业内贸易 G-L 指数，1992—2016 年的贸易数据进行测算结果，以及构建计量经济学模型实证分析影响中国—东盟农产品产业内贸易水平的影响因素，已经初步了解到关于中国—东盟农产品产业内贸易发展水平和特征，并且探寻出了影响中国—东盟农产品产业内贸易的因素，确定了影响因素对双方农产品产业内贸易的影响方向。

从研究中国—东盟之间的农产品产业内贸易发展现状、特点的研究总结出三个方面的结论：第一，在所研究的样本期内，中国—东盟产业内贸易发展水平总体上波动较大，双方之间的农产品贸易仍处在产业内贸易和产业间贸易并存，同时在个别时期和个别国家农产品产业内贸易水平较高的情况。第二，从双方之间农产品交易类型来看，中国—东盟农产品产业内贸易水平较高的农产品类型是食品及活动物类贸易、饮料及烟酒类产品。非食用原料(燃料除外)产品属于产业间贸易水平，而动植物油和蜡类农产品的产业内贸易水平则位于两者之间。第三，从国家来看，东盟十国中，新加坡、越南、菲律宾和泰国 4 个国家与中国农产品贸易以产业内贸易为主，而其余六国与中国之间的农产品产业内贸易处于产业内贸易和产业间贸易相结合的特点。

从中国—东盟农产品产业内贸易的影响因素的研究内容看，根据实证检验结果及分析，发现中国与东盟各国之间的收入差距、中国与东盟各国之间的地理距离对于双方的农产品产业内贸易水平影响显著为负，国与国之间收入差距大、距离越远，双方之间产业内贸易水平偏低；而国家的对外贸易依存度即一国的对外开放程度、一国的市场规模提高对中国—东盟农产品产业内贸易提高具有显著的促进作用。本书研究的另一个变量——外商直接投资在研究模型中表现为对双方农产品产业内贸易水平具有替代作用；而本书重点关注的虚拟变量区域经济一体化即中国—东盟成立自由贸易区这一政治举措对双方农产品产业内贸易水平的影响为正向，即中国—东盟之间的区域经济一体化程度对中国—东盟农产品产业内贸易水平提高具有促进作用。

（二）中国—东盟发展农产品产业内贸易的对策建议

发展国际贸易对提高一国经济实力、国际竞争力的作用是非常关键的，纵观我国经济发展史，可以称为是一部贸易发展史，从改革开放带来的巨大发展机遇，打开国门后，中国不断加快发展国际贸易的脚步，从积极推动并且成功入世，到现如今大力提倡的"一带一路"，国家为发展国际贸易提供更为优质的服务。现在全球经济处于下行的态势，虽面临中美贸易战等危机，但国际贸易还在紧张有序地进行着，对外贸易总额不断增长，国内产业升级持续推进。而鉴于前文所述，产业内贸易相较于产业间贸易来说，具有更加明显的优势，因此大力发展国际贸易、继续推进产业内贸易的发展刻不容缓。

中国与东盟之间地理位置相近，优越的地理条件和东盟各国之间的差异优势，让中国—东盟发展产业内贸易有了得天独厚的条件，尤其东盟一方多为发展中国家，与中国的比较优势有相似之处的特点下，资源密集型和劳动密集型的特征使得双方之间农产品贸易更应该被关注。而本书研究中国—东盟之间的农产品产业内贸易的发展，基于上述对该题目的讨论，现在为推进中国—东盟农产品产业内贸易水平提出以下几点建议。

1. 继续推进中国—东盟双边贸易发展

中国—东盟农产品产业内贸易的发展离不开双方之间双边国际贸易的发展。中国和东盟国家之间进行贸易合作具有得天独厚的优势，地理位置上相近，从资源禀赋来看，双方均属于资源丰富的国家，再加上双方在政治上友好等有利因素，中国与东盟之间是非常适宜发展国际贸易的，促进双方贸易的发展，双方就必须继续坚持合作不动摇，发挥中国—东盟自由贸易区的优势，同时紧跟中国"一带一路"倡议，抓住发展机遇，加快开拓市场，进一步地优化双边贸易环境，大力发展海运、航空运输，为贸易更加便利创造条件，消除阻碍贸易自由发展的可控因素。例如，不必要的关税壁垒等，促进中国—东盟贸易的发展，从而促进双方之间农产品产业内贸易的提高。中国一方应该持续进行改革，继续发挥国内劳动力便宜的优势，不断推进人口的自由流动，提高生产效率，尤其是通过人口自由流动为土地释放空间和机械化发展的可能性，降低农产品生产成本，再降低出口成本，提高我国农产品的国际竞争力，在与东盟各国进行农产品贸易时获得成本上的优势。同时发挥中国地大物博的特点，发展多样化农业生产，根据市场的有效需求来生产农产品；同时提高农产品加工业生产水平，提高农产品附加值，慢慢地实现品牌效应，保证中国对东盟国家农产品的出口。

2. 不断提高国内人均收入，缩小收入差距

人均收入差距过大会阻碍中国—东盟农产品产业内贸易水平的提高，因此不断缩减人均收入差距是提高中国—东盟发展农产品产业内贸易水平的有效途径。为了推动我国与东盟国家农产品产业内贸易的发展，应该着力于增加国民收入，提高国民的消费水平缩小与东盟国家之间的人均收入差距，为此，国家应该继续进行改革，不断释放国内潜在的市场潜力。由于中国的历史特殊性，中国市场经济起步晚，政府"这一只看得见的手"对经济发展有一定程度的干预，且在长期干预的情况下，导致国内近几年出现了效率低下，结构扭曲的现象，因此国家应该坚持市场经济的主导地位，减少干预，让市场主导经济发展，让市场以利益最大化的、寻求高效率的发展方式，避免资源浪费。而国家应该更好地进行宏观调控，放手让市场管理的同时，更加严厉地打击市场发展中不公平的情况，更好地发展公共服务，释放经济活力，改革户籍制度推动人口更加自由地流动到市场需要他们的地方，追求人均收入的均等化，让大城市更好地接纳外乡人，不以户籍为限制，为他们提供均等化的公共服务。同时保证人口大量流出地的留守居民健康生活，加大医疗、信息、基础设施的投入，有效引导留乡居民发挥当地的优势进行生产发展，同时鼓励适宜机械化发展农产品生产的地区引进人才；对人口流出地和人口流入地同时发力。首先，应该让信息

流入那些人口多的、旅游资源匮乏的地方，在土地、旅游等资源一定的情况下，减少人口更有利于提高当地居民的人均收入水平，还可以让土地、矿产、旅游等资源有机会实现被规模化、高效率的利用。对于人口流入地，取消户籍制度的限制，实现公共服务均等化，提高大城市的竞争力，更好地发挥劳动力便宜的优势，不断地积累资本，不断地促进国际贸易的发生；政府释放市场的活力，进行改革，让市场主导经济发展，中国经济会更上一层楼，国民人均收入水平一定会提高。

3. 合理引导外商直接投资

外商对东道国的直接投资包含的内容很复杂，对产业内贸易的影响是根据外商对东道国投资的类型和目的确定的。如果外商对东道国的投资目的是为了寻求效率，那么对产业内贸易水平的影响就是正向的；如果对东道国的投资目的是为了占领市场份额，那么该类型的投资将会对贸易产生替代作用，阻碍产业内贸易的发展。因此，为了提高中国—东盟农产品产业内贸易水平，国家可以通过合理合法的手段去引导外商对本国的投资，东盟一方在对我国进行外商直接投资时，关注那些对于农产品加工业和农业领域的外商直接投资，结合国内的需求特点，制定各项合理的政策，改善投资环境，扩大针对农业外商投资规模偏小的问题，我们应该进一步完善有关农业领域吸收外资的法律法规，对于农业领域利用外商直接投资应该在政策上给予适当的优惠。

4. 积极推进区域经济一体化，扩大市场规模

实证检验构建模型时考虑了区域经济一体化程度对中国—东盟农产品产业内贸易水平的影响。从上述分析也可得知，中国与东盟自由贸易区的正式成立和运行是区域经济一体化的宝贵成果。上述分析也表明，中国—东盟自由贸易区的建立与市场规模对于中国—东盟农产品产业内贸易水平提高具有积极的促进作用。随着区域经济一体化的发展，农产品贸易已经由国家保护变成了超国家的区域集团保护，农产品贸易自由化在很大程度上成为区域范围的自由化。区域经济一体化组织内各成员国间通过减免关税、削减贸易壁垒，促进了成员国农产品和生产要素的自由流动，产生贸易创造效果，并对于内部自由市场的扩大，成员国可以获取规模经济的利益，市场规模的扩大使企业生产可以在最小有效规模下进行，生产者能够在区域范围内延长他们的生产线，实现规模经济，从而提高成员国间的产业内贸易水平。例如，北美自由贸易区成立后，美国与加拿大农产品产业内贸易水平达到了大幅度提高。中国作为一个发展中的农业大国，有必要融入区域经济一体化的大潮中，尽可能多地与其他国家或地区建立区域经济一体化组织，并逐步提高区域一体化程度。随着中国与东盟自由贸易区建立，和"一带一路"倡议的不断推进和实施，中国和东盟区域经济一体化程度不断提高，经济合作不断加深，由此比较带来双方之间贸易的增长，对中国和东盟的农产品产业内贸易的提高也有着促进作用。

5. 发挥我国比较优势，提高农产品竞争力

农业属于特殊的产业，受制于土地、资源、生产工具等，因此要在有限的土地资源的

各类资源约束下，用最高效率的生产方式进行农业生产，才可以提高农产品的国际竞争力。根据国际贸易经典理论，要根据本国的比较优势进行生产和贸易，我国应该利用国土面积广阔、地形地貌众多、所属气候带较多的特点，挖掘各地生产农产品的比较优势，选择最适宜的方式进行生产，如广阔平原发展规模型农业、山地发展特色型农业，挖掘各地农产品生产的潜力，更好地从供给方面提升农产品质量，降低农产品生产成本，以不断扩大农产品出口，优化农产品出口结构。满足贸易伙伴的多样化需求，更好地发展产业内贸易。

第五节　黔东南州特色经济区建设研究[①]

目前，发展特色经济已经成为我国各省、市、县等各级区域发展共同关注的话题，特色商品、特色产业、特色资源都成了各地经济发展备受关注的热点。特色经济作为一种新型的区域发展模式，可以把丰富的资源优势转化为经济优势，有利于各地发挥比较优势，实现优势互补，有利于避免产业趋同，有利于增强区域竞争力。

贵州省委、省政府为打造东南部特色经济区制定了《东南部特色经济区"十二五"发展规划纲要》，对建设东南部特色经济区提出了指导意见。国发〔2012〕2号文件也提出要壮大特色优势产业，发挥资源优势，增强自我发展能力。

黔东南苗族侗族自治州属于中国西部老、少、边、贫地区，经济发展水平低，与其他省市的发达地区经济相比处于劣势。但该地区矿产、能源、生物、旅游等方面的资源很丰富，在培育特色优势产业，构建具有区域特色和比较优势的产业体系方面有着良好的条件。

本节的研究以区域经济学理论为指导，从定性和定量角度对黔东南州经济发展的现状及黔东南州的特点和资源优势进行系统的研究，在此基础上结合黔东南州实际提出建设黔东南州特色经济区的对策建议。

采用两种研究方法：①实地调查法：通过扎实深入的实地调研，采集有关黔东南地区经济现状的数据，解析制约黔东南州经济发展因素，找出黔东南州经济发展的特色资源优势。②定性分析与定量分析相结合：定性分析是运用归纳和演绎、分析与综合及抽象与概括等方法，对获得的各种有关黔东南州经济现状的材料进行思维加工，从而认识其本质和揭示内在规律。定量分析法可以使我们对黔东南州的经济资源优势认识更进一步，以便提出科学、有效的对策和建议。

一、特色经济理论

(一)特色经济的概念

特色经济就是以市场为导向，以经济效益为中心，以区域优势资源为依托，依靠科学

---

① 邱蓉. 贵州财经大学与贵州省科技厅软科学联合项目，编号为：黔科合 R 字【2012】LKC2033 号。

技术和资源的差异性，形成具有规模化、异质化的特色产业群，能将产前、产中、产后诸多环节连接起来，从而带动本行业本地区的发展，同时兼顾经济、社会、生态效益，最终能够成长为本地区经济新的增长点。

(二)特色经济的特征

特色经济必须具有较高科技含量的特点。特色经济只有在科学技术的支撑下才能有高起点，才能生产出具有高科技含量和高附加值的特色产品，才具有较强的市场竞争力，并能有效抵御面临的市场风险。

(1)特色经济具有有效市场规模优势。特色产品应具有有效的市场规模效益，能对市场产生较大的影响能力。在严格的检验、包装、加工与运输的技术要求基础上，能保证质量的一致性，能形成大批量的生产能力和市场供给能力。

(2)特色经济具有产业化的特征。按照市场机制形成特色产业群，由具有市场竞争优势的企业牵头，按照自愿互利原则，采取"基地+农户"的生产方式，按照统一标准要求，实行社会化服务、分工协作，使产、加、销、科、工、贸联结为一体，实现利益一体化经营。

(3)特色经济具有品牌优势。特色产品应实行标准化生产，以其优良的质量和完善的售后服务强化特色产品的品牌优势。

(4)特色经济是经济效益、生态效益、社会效益的统一。三者相互协调，任何一方的偏废都是不可持续的特色经济。

(5)发展特色经济具有动态性。随着经济、技术不断发展，市场不断变化，目前特色经济的优势可能逐步丧失，而被未来更高形式的特色经济所代替。

(三)特色经济的发展模式

发展特色经济的重点与核心问题是准确把握本地区的竞争优势，包括本地区的实际经济优势和潜在的经济优势。如果从宏观经济的角度去考察，地区实际经济优势的确定，就是资源配置合理的方向和途径的确定，而地区潜在的经济优势能否转化为地区的实际经济优势，还取决于它的利用和组合模式、程度等多种因素。因而可以把特色经济分为以下几种类型。

1. 市场导向型特色经济

在区域特色经济产业体系中，这种类型以第三产业作为经济的主导带动因素。要发展区域特色经济，必须逐步建立和完善专业市场。区域特色经济的形成与发展，以专业市场的培育与发展为主线，通过专业市场的推动或拉动，形成"专业市场+企业群"或"销售大军+企业群"的区域经济发展模式。"温州模式"就是典型的市场主导型特色经济发展模式。

2. 资源主导型特色经济

发展具有独特资源优势的产业经济。这些产业本身就具有"稀缺"的内涵，具有比较优势、规模效益。通过对资源的开发或深加工形成产业优势，以某一半成品或成品的基地化、专业化生产为基础，通过生产规模不断扩大，产品种类多样化，带动市场和相关行业的发展，形成产供销、贸工农一体化的产业链。中东的石油经济就属于这一范畴。

3. 科技主导型特色经济

这种模式以具有专业知识即领先技术水平的高科技人才为核心，以开发能够领导社会潮流、代表最先进的生产力的尖端科技产品为目标，属于知识密集型产业经济，处于这种模式中的产业为本地区经济的发展带来了巨大的贡献。例如，美国北卡罗来纳州的研究三角园区。

4. 乡村工业带动型特色经济

在区域特色经济产业体系中，以第二产业的发展作为主导带动因素，通过发展乡镇企业或个体私营企业，自愿接受城市工业的辐射，或者与城市大工业配套，或者接受城市的产业转移，以一种或一类产品为纽带，形成小规模、大群体的生产加工企业群，并向前、向后延伸，成为融工、贸为一体的产业经济体系，从而带动一方经济的发展。我国乡镇工业发展较好的模式之一的"苏南模式"就属于这一类型。其中，闻名全国的华西村就是在主动地接受上海、南京等大城市的辐射，与城市里的企业配套生产，发展工业，完成了最初的资本积累，从而带动了华西村经济的起飞。

5. 支柱产业带动型特色经济

选择那些具有广阔市场前景和技术进步能力的产业作为支柱产业。区域经济的发展可以选择几个支柱产业，围绕着支柱产业开展各项工作，把支柱产业做强做大。我国的成渝家电中心就属于这种类型。

6. 城市工业带动型特色经济

根据增长极理论，在大中城市积聚大量人才、资金，充分发挥城市的功能，从而带动周边地区的发展。通过城市的功能聚集适当的人口规模，依靠城市的工业带动西部农村的发展。尤其需要注意的是，大力发展从事特色农产品深加工的工业企业，带动农村产业结构的调整是很有必要的。

7. 品牌带动型特色经济

在本地区已有的特色产品品牌的基础之上，通过完善生产、营销过程，做强做大这一特色产品，进一步扩大特色产品的品牌优势，从而带动本地区经济的发展。例如，山东潍坊一年一度的风筝节，吸引了国内外众多的风筝爱好者，这将进一步促使潍坊的风筝走向世界，有利于提高潍坊的外在形象，同时以其完善的投资环境吸引更多国内外投资。

8. 农业综合开发带动型特色经济

农业综合开发带动型是以政府为农业生产发展创造良好环境为基础，在某一特定的区域内大力发展特色农产品的生产与深加工，延长农业的产业链，提高农业的比较效益，从而带动该地区经济的发展。例如，杭州萧山国家级现代农业开发区、陕西杨凌国家级农业高新示范区。

二、黔东南州的经济社会现状及其特色分析

黔东南州地理气候条件独特，自然条件优越，少数民族人口众多，民族风情浓郁，在农业产业、旅游资源、矿产资源等方面都很有特色。例如，在农业产业方面，有别具特色的榕江西瓜、从江椪柑、雷山银球茶、丹寨硒锌米、台江大板栗，以及藤菜、薇菜、竹笋、葛根、从江香猪、榕江香羊和黎平"小黄牛"等，还有很多极富地方特色的中药材。在旅游资源方面，有以凯里、麻江、台江、雷山为中心的苗族风情旅游区；以黎平、从江、榕江为代表的侗族风情旅游区；以国家级舞阳河、云台山风景名胜区为中心的自然生态旅游区。另外，黔东南州的民族民间节日达 160 多个，有"百节之乡""歌舞海洋"的美誉。在矿产资源方面，有大量的重晶石、玻璃用石英砂和锑矿等，其中重晶石储量占全国的60%以上，还有非常丰富的水能资源和森林资源等。

(一)社会现状

全州 2011 年年末常住人口 346 万人，比上年下降 0.72%。根据对凯里市城市居民抽样调查，城市居民人均可支配收入 16410 元，比上年实际增长 10.5%；全年城市居民人均消费支出 10523 元，与上年持平。城镇居民家庭恩格尔系数 42.3%，比上年上升 2.9 %。根据农村住户抽样调查，全州农民人均纯收入 3949 元，比上年实际增长 19.1%；农民人均生活消费支出 2594 元，比上年增长 47.0%。城乡居民居住面积增加，居住设施改善，拥有的耐用消费品不断增加。

2011 年年末全州从业人员 185.81 万人，比上年增加 0.11 万人。全州实现城镇新增就业 3.52 万人，失业人员再就业 6900 人，困难人员再就业 3759 人。同年年末城镇登记失业人员 10959 人，城镇登记失业率为 4.06%。

2011 年年末全州参加基本养老保险人数 13.37 万人。其中，参加养老保险的离退休人数 3.51 万人，发放离退休养老金 5.26 亿元；参加失业保险人数 5.11 万人；参加基本医疗保险人数 47.6 万人。其中，农民工参保人数 0.2 万人；参加生育保险人数 13.57 万人；全面推行新型农村合作医疗制度，全州参合人数达到 346.51 万人，新型农村合作医疗参合率 98.4%。全年政府发放城镇最低生活保障人数 5.02 万人，发放金额 1.24 亿元；发放农村最低生活保障人数 88.92 万人，发放金额 9.06 亿元。

（二）农业资源

黔东南州耕地面积较小，人均占有耕地低于全国平均水平。气候属亚热带湿润气候，冬无严寒，夏无酷暑，雨季明显，降水较多。生物资源品种多，价值高。全州森林面积188.73万公顷，活立木蓄积量10959.7万立方米，覆盖率达62.78%，有各类植物2000多种，药用野生植物400余种，盛产太子参、松茯苓、五倍子，天麻、杜仲等名贵药材驰名全国；有野生动物上千种，其中草鹗、麝羊、彪豹、毛冠鹿、娃娃鱼、中华鲟等10多种被列为国家重点保护动物。

2011年全年粮食种植面积30.56万公顷，比上年增长0.2%；油菜籽种植面积4.97万公顷，比上年增长2.3%；烤烟种植面积1.04万公顷，比上年降低1%；蔬菜种植面积7.49万公顷，比上年增长1%；药材种植面积1.13万公顷，比上年增长32.4%；绿肥播种面积4.78万公顷，与上年持平；年末茶园面积1.48万公顷，比上年增长9.5%；年末果园面积3.24万公顷，比上年增长5%。全年粮食总产量达到90.79万吨，受特大旱灾影响，比上年下降28.3%。主要经济作物油菜籽、蔬菜、药材、茶叶、水果产量不同程度增长，麻类、糖料、烤烟产量下降。全年完成营造林面积3.64万公顷，比上年增长10.6%。其中，人工造林面积1.87万公顷，封山育林面积1.18万公顷，完成中幼林抚育面积1.04万公顷。主要林产品油桐籽、油茶籽、五倍子、棕片、松脂、竹笋片、核桃、板栗产量比上年增加；生漆、乌桕籽、银杏、花椒产量不同程度下降，木材采伐量增长。肉类总产量16.85万吨，比上年增长0.3%。牛出栏12.01万头，与上年持平；猪出栏175.21万头，与上年持平；羊出栏14.98万只，比上年下降17.7%。全年水产品产量2.67万吨，比上年增长23.7%。

黔东南州农业经济全面发展，农、林、牧、渔各业均保持了持续发展，以从江椪柑，榕江西瓜、脐橙，台江、雷山金秋梨，从江、榕江、剑河香猪、香羊为代表的绿色产业、特色产业正在逐步形成。表4.28所示的是2011年贵州省各市（州、地）农、林、牧、渔业总产值。从表4.28中可以看出，黔东南州的农、林、牧、渔业的产值比重为51.6∶16.4∶28.4∶3.6,黔东南州在林业和渔业方面的产值在全省处于领先地位，林业总产值特别突出。具体到林产品，油桐籽、油茶籽、乌桕籽和五倍子都位居全省前列（表4.29）。从历年数据来看，农、林、牧、渔结构有了一定的调整，但种植业在第一产业的比重依然很大，农业产业结构并没有从根本上改变。

黔东南州具有发展中药产业得天独厚的资源优势和良好的生态环境条件。全州共有中药资源2799种（植物药2680种，动物药107种，矿物药12种），代表性的药材主要有何首乌、茯苓、淫羊藿、南沙参、南板蓝、钩藤、山慈姑、昆明山海棠、天冬、桔梗、山银花、百合、白及、枳实、川黄柏、厚朴、官桂、菊花、骨碎补、天花粉、樟脑、乌梢蛇等。以苗药、侗药为主的民族民间药有1000多种，代表性的药材主要有头花蓼、马鞭草、八爪金龙、土大黄、一支箭、一支黄花、九节茶、土茯苓、大血藤、云实、对叶莲、黑骨藤、四块瓦、盘龙参、千里光、马蹄金、木瓜、杠板归、紫珠等。

表 4.28   2011 年贵州省各市(州、地)农、林、牧、渔业总产值

市(州)名称	合计	农业/亿元	林业/亿元	牧业/亿元	渔业/亿元	农、林、牧、渔服务业/亿元	2011 年比2010 年增长/%
贵阳市	96.55	62.21	0.86	31.39	1.36	0.73	2.90
六盘水市	56.50	29.66	1.98	23.16	0.14	1.56	4.90
遵义市	253.39	152.05	12.23	81.08	4.47	3.56	1.90
安顺市	69.84	33.66	1.98	32.35	1.36	0.49	3.80
毕节市	209.45	126.31	4.79	72.95	1.31	4.09	2.50
铜仁市	167.30	93.72	4.36	59.85	3.89	5.48	2.90
黔西南州	96.25	48.27	5.30	37.05	4.11	1.52	1.50
黔东南州	133.71	67.27	21.37	37.04	4.81	3.22	4.20
黔南州	132.24	69.99	5.62	51.58	2.38	2.67	1.80

表 4.29   2011 年贵州省各市(州、地)主要林产品产量   (单位：吨)

市(州)名称	生漆	油桐籽	油茶籽	乌桕籽	五倍子	棕片	核桃	板栗
贵阳市	21	43	142	3	20	55	127	147
六盘水市	176	53	98	—	—	212	2642	531
遵义市	612	5242	8808	1269	720	1256	1275	2078
安顺市	13	4950	293	109	10	114	208	274
毕节市	700	119	9	3	36	108	9238	976
铜仁市	121	5346	1670	821	354	401	1014	1684
黔西南州	138	41617	3870	30	90	1693	940	7949
黔东南州	111	8448	7795	252	221	351	852	1934
黔南州	109	9951	481	—	173	340	1068	7080

(三)工业资源

黔东南州是自然资源富集的地区之一，能源、矿产资源得天独厚，资源优势突出。矿产资源种类繁多，储量丰富。已探明矿产有重晶石、汞、煤、铁、锰、锑等 47 种，特别是重晶石，保有储量占全国的 60%，金矿和石灰岩等矿产也极具优势。水能资源丰富，开发条件优越。水能蕴藏量 332 万千瓦，可开发的水能资源 244 万千瓦，河流天然落差大，全州农村小水电站装机容量达 16.32 万千瓦，凯里火电厂装机容量达 50 万千瓦时，2006 年全州年发电量 41.36 亿千瓦时。国家电网覆盖全州，已形成水火互济的发、输电力网络。

全州工业规模逐步扩大，拥有凯里电厂、施秉恒盛冶炼厂、全江化工公司、凯里铁路锌厂、凯晟铝业有限公司、岑巩国恒锰业有限公司、凯里中密度纤维板厂、凯里瑞安水泥

有限公司和阳光铝厂等一批骨干企业。

2011 年全州工业增加值完成 92.32 亿元，比上年增长 26.2%。其中，规模以上工业增加值完成 59.03 亿元，比上年增长 27.9%。从轻重工业来看，轻工业增加值增长 47.2%，重工业增加值增长 26.7%；从行业来看，电力、黑色金属冶炼及压延加工、非金属矿物采选、非金属矿物制品、化工和木材加工六大行业对工业增长的贡献率为 70.3%，如表 4.30 所示。

表 4.30　规模以上工业部分主要产品产量及增长速度

工业产品	产量	比上年增长/%
原煤/万吨	186.7	12.4
发电量/万千瓦时	393833.0	-14.7
饮料酒/千升	5460.0	23.1
纱/吨	4030.0	-24.3
布/万米	65.0	-94.8
人造板/万立方米	483455.0	-13.0
水泥/万吨	289.6	86.5
铁合金/吨	505042.0	25.4
工业硅/吨	80057.0	-27.1
氧化铝/吨	43463.0	10.8

矿产资源优势突出。黔东南州境内已探明储量的有煤、铁、铜、锑、汞、金、重晶石和水泥用灰岩等，以锑、汞、金、重晶石盛名。

黔东南州内已知能源矿产有煤、石油、天然气，煤属黔东南州内优势矿产，主要分布于凯里、麻江、天柱、丹寨，其次为黄平、从江、黎平、锦屏、剑河和施秉等地。

黔东南州内金属矿产较丰富，有铁、锰、钒、汞、金、银、铜、铅锌、锑、铝土矿、钨锡等 10 余种，其中金、汞、锑、铜、铅锌等金属矿在贵州省占有重要地位。铁矿属黔东南州内优势矿产，主要分布于凯里苦李井、棉席等地，其次分布于剑河、丹寨、黄平、麻江、镇远等地，近几年来开发利用较好。黔东南州内锰矿主要为风化淋滤型，目前在天柱、黎平和从江等地发现碳酸盐原生锰矿，找矿前景较大。钒矿属黔东南州内优势矿产，属沉积型矿产，含矿层位普遍发育，矿层厚度大，品位较高，找矿前景可观，可望成为黔东南州优势矿产，主要分布于镇远、三穗、岑巩、施秉、天柱、剑河、黄平、麻江等地，目前资源利用较少。铜铅锌多金属热液型矿是黔东南州内潜在的优势矿产之一，主要产于从江、凯里、镇远、台江、丹寨等地，其次分布于剑河、黄平、麻江等地，近几年来开发利用较好。热液型锑矿在黔东南州内具有潜在的找矿前景，主要分布于雷山雷公山区、榕江八蒙等地。热液型钨锡矿已知探明的仅有从江乌牙矿点一处，矿点规模较大，成矿地质条件有利，具有潜在的找矿前景，目前资源利用较少。铝土矿属黔东南州内优势矿产，主要分布于凯里鱼洞、黄平王家寨、从江贯洞等地，其次分布于麻江、天柱等地，近几年来勘察开发工作力度大，资源利用较好。金矿属黔东南州内优势矿产，主要分布于天柱、锦屏、从江、丹寨等地，近几年来勘察开发利用较好。黔东南州内目前评价的炼镁白云岩仅有凯里赖坡一处，矿石质量较好，资源量较大，目前资源未利用。

黔东南州内非金属矿产较丰富，有重晶石、磷、石灰石、白云石、硅石、含钾岩石、黏土、石膏、金刚石、水晶、大理石及饰面花岗石等10余种，其中重晶石、磷、石灰石、白云石、硅石、大理石及饰面花岗石在黔东南州经济建设中占有重要地位。黔东南州内磷矿属沉积型矿产，含矿层位普遍发育，找矿前景可观，主要分布于黄平、镇远、三穗、岑巩、施秉、麻江、黎平、丹寨等地，目前大部分资源尚未开发利用。重晶石属于黔东南州内优势矿产，累计探明储量占全省乃至全国的60%，目前保有储量仍在亿吨以上，主要有沉积型和热液型两种成因类型。沉积型主要分布于天柱大河边，储量巨大；热液型主要分布于黄平、镇远、施秉、麻江等地，目前热液型矿石大部分资源开发利用较好。硅石属于黔东南州内优势矿产，分布于黎平、从江、榕江、锦屏、剑河、雷山等地变质岩区，以及镇远、施秉、黄平、麻江等地沉积岩区，分布广，产地多，矿石质量好，储量较大，目前大部分资源得到较好开发利用。黔东南州内含钾岩石是目前尚未得到利用的重要矿产资源，属于沉积型矿产，主要分布于三穗、天柱、镇远等地，找矿前景很好。若能解决选矿及加工工艺，经济潜力巨大，目前资源未利用。饰面大理石、饰面花岗石属于黔东南州内特色矿产，分布于从江、台江、锦屏、剑河等地变质岩区。矿石储量较大，具有极大的开发潜力，目前资源利用较少。

(四)第三产业资源

2011年全年社会消费品零售总额144.83亿元，比上年增长19.8%。从行业来看，批发业零售额30.48亿元，比上年增长36%，零售行业零售额102.14亿元，比上年增长15.3%；住宿和餐饮业零售额12.2亿元，比上年增长23.3%。从地域来看，城镇消费品零售额110.7亿元，比上年增长20.4%；乡村消费品零售额34.13亿元，比上年增长18%。2011年全年外贸进出口总额完成4041万美元，比上年增长3.7倍。其中，出口4030万美元，进口11万美元。全年全州共签约项目887个，比上年增加646个；实施项目合同592个，比上年增加397个；协议签约资金4081.5亿元，实施项目到位资金412.81亿元。

根据旅游部门统计，2011年全年全州接待游客13.89万人次，比上年增长44%，其中，外国人10.45万人次，港、澳、台同胞3.44万人次；接待其他省区市游客2360.97万人次，比上年增长61.3%。实现旅游总收入187.29亿元，比上年增长76.9%。

2011年年末，全部金融机构存款余额562.64亿元，比年初增长19.8%；其中，储蓄存款余额352.77亿元，比年初增长28%；全部贷款余额353.43亿元，比年初增长21.5%；全年全州各类保险公司全部保费收入8.86亿元，比上年增长12.9%；全年全州各类赔付支出2.71亿元，比上年增长32.0%。

黔东南州旅游资源极为丰富，尤其以民族风情和自然生态显得更为突出。到目前为止，已开发的有国家级风景名胜区一处(舞阳河风景名胜区)、国家级历史文化名城一座(镇远县城)、国家级重点文物保护单位两处(青龙洞古建筑群、增冲鼓楼)、全国绘画艺术之乡

5个(黄平、剑河、麻江三个现代民间绘画乡、从江县小黄和雷山县郎德两个艺术之乡)、省级风景名胜区6处(岑巩龙鳌河景区、黎平八舟河景区、剑河风景名胜区、麻江下司风景区、镇远高过河风景区、榕江车江古榕树群景区)、省级历史文化名镇三座(黄平旧州镇、黎平德凤镇、雷山西江镇)、省级自然保护区一个(雷公山自然保护区)、省级重点文物保护单位32处、省级艺术之乡9个。在众多高品位的旅游资源中民族风情独具特色,至今以苗侗民族为主的少数民族一直保持着"唐朝发型、宋代服饰、明清建筑、魏晋遗风"的风格和习俗。民族民间节日丰富多彩,"大节三六九、小节天天有",被世界教科文组织确定为"返璞归真、回归自然"的旅游首选地之一。

（五）产业结构分析

一般而言,一国或地区产业结构层次的高低,决定着其经济能否实现稳定而高速的增长。如何从产业结构角度正确认识新形势下这种发展差距问题,促进民族地区经济的快速发展,进一步巩固和发展社会主义民族关系,是摆在我们面前的一个重大而又迫切需要解决的问题。

在区域经济与产业政策研究中,准确判断各次产业对经济增长的影响与贡献,是进一步分析产业结构存在的问题、提出优化产业结构之政策的根基。为此,我们将以调研获取的资料为基础,运用产业拉动率和产业贡献率两个测度指标,分析黔东南州各次产业对经济增长的影响与贡献状况并形成一些基本结论,以明确产业结构问题分析与政策研究的基本方向。图4.13和图4.14分别为近5年黔东南州三次产业生产总值和三次产业构成比例,可以计算出2008—2011年黔东南州GDP总值增速和第一、二、三产业的生产总值增速,如表4.31所示。

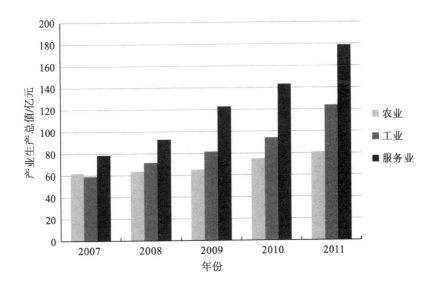

图4.13　2007—2011年黔东南州三次产业生产总值

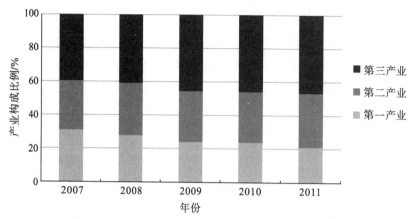

图 4.14　2007—2011 年黔东南州三次产业构成比例

表 4.31　2008—2011 年黔东南州 GDP 总量增速和各次产业生产总量　　（单位：%）

年份	GDP 总量	第一产业	第二产业	第三产业
2008	14.3	2.8	21.1	18.3
2009	18.3	2.4	14.2	32.4
2010	15.9	15.1	15.3	16.7
2011	22.7	7.9	31.5	24.8
平均增速	17.8	7.1	20.5	23.1

从产业拉动率来看，各次产业对经济增长的拉动呈现"三二一"格局，各次产业拉动均呈上升趋势，但第二、三产业的波动较大。产业拉动率是经济增长分析中经常使用的指标。我们用 Y 表示地区生产总值，t 表示年份，则第 t 年的经济增长率计算公式为

$$R_t = (Y_t - Y_{t-1}) / Y_{t-1}$$

由于国民经济可划分为第一、二、三产业，因此前述公式可变为

$$R_t = \sum_{i=1}^{3} (Y_{it} - Y_{i(t-1)}) / Y_{t-1}$$

其中，$R_{it} = (Y_{it} - Y_{i(t-1)}) / Y_{t-1}$，就是第 i 产业对经济增长率 R_t 的拉动率，简称第 i 产业拉动率。地区生产总值有现价和不变价之分，为准确计算产业拉动率我们采用不变价予以计算。根据黔东南州统计年鉴（2008—2012 年）的相关统计资料，2008—2011 年黔东南州的各次产业拉动率的计算结果（按 2007 年不变价格计算）如表 4.32 所示。

表 4.32　2008—2011 年黔东南州各次产业拉动率变化情况　　（单位：%）

年份	地区生产总值	第一产业	第二产业	第三产业
2008	14.31	0.88	6.25	7.18
2009	18.30	0.71	4.46	13.17
2010	15.88	3.66	4.60	7.62

续表

年份	地区生产总值	第一产业	第二产业	第三产业
2011	22.73	1.90	9.47	11.36
年平均	17.81	1.79	6.20	9.83

　　通过对表 4.32 中相关数据的分析，可以就黔东南州各次产业对经济增长的影响得出以下基本结论。

　　(1) 第三产业对经济增长的拉动最大，年均拉动率为 9.83%，2008 年时最低，为 7.18%，2011 年最高，为 11.36%。从总体上看，第三产业对经济增长的拉动呈上升趋势，由 2008 年的 7.18% 上升至 2011 年的 11.36%。

　　(2) 第二产业对经济增长的拉动次之，年均拉动率为 6.20%，2009 年最低，为 4.46%，2011 年最高，为 9.47%。从总体上看，第二产业对经济增长的拉动也呈上升趋势，由 2008 年的 6.25% 上升至 2011 年的 9.47%。

　　(3) 第一产业对经济增长的拉动最小，年均拉动率仅为 1.79%，2009 年最低，为 0.71%，2010 年最高，为 3.66%。从总体上看，第一产业对经济增长的拉动也呈上升趋势，由 2008 年的 0.88% 上升至 2011 年的 1.90%，但上升幅度不大。

　　因此，从整体意义上看，虽然黔东南州第二、三产业对经济增长的拉动比较大，但经济增长主要仍依赖于第三产业的拉动。

　　从产业贡献率来看，各次产业对经济增长的贡献呈现"三二一"格局，第二产业呈上升趋势，第一、三产业呈下降趋势。产业贡献率也是经济增长分析中经常使用的指标。我们将产业拉动率公式的两端同时除以 R_t，则有

$$1 = \sum_{i=1}^{3} (Y_{it} - Y_{i(t-1)}) / Y_{t-1} / R_t$$

其中，$P_{it} = [(Y_{it} - Y_{i(t-1)}) / Y_{t-1}] / R_t = R_{it} / R_t$ 就是第 i 产业对经济增长率的贡献率，简称第 i 产业贡献率，它是第 i 产业拉动率与地区生产总值增长率的比值。根据黔东南州统计年鉴 (2008—2012 年) 的相关统计资料，2008—2011 年黔东南州各次产业贡献率的计算结果 (按 2007 年不变价格计算) 如表 4.33 所示。

表 4.33　2008—2011 年黔东南州各次产业贡献率变化情况　　　　　　　　　(单位：%)

年份	地区生产总值	第一产业	第二产业	第三产业
2008	100.00	6.15	43.68	50.17
2009	100.00	3.88	24.37	71.95
2010	100.00	23.05	28.97	47.98
2011	100.00	8.36	41.66	49.98
年平均	100.00	10.36	34.67	55.02

　　通过对表 4.33 中相关数据的分析，可以得出与基于产业拉动率角度的基本结论相一致的判断。

　　(1) 第三产业对经济增长的贡献率最大，年均贡献率达到 55.02%，2009 年最高，达

71.95%，2010 年最低，也达到了 47.98%。总体来看，第三产业的贡献呈下降趋势，由 2008 年的 50.17%下降至 2011 年的 49.98%。

(2)第二产业对经济增长的贡献率次之，年均贡献率达 34.67%，2008 年最高，达到了 43.68%，2009 年最低，为 24.37%。总体来看，第二产业的贡献呈下降趋势，由 2008 年的 43.68%下降至 2011 年的 41.66%。

(3)第一产业对经济增长的贡献率最小，年均贡献率仅达到 10.36%，2009 年贡献率最低，为 3.88%，2010 年最高，达到 23.05%。总体来看，第一产业的贡献呈上升趋势，由 2008 年的 6.15%上升至 2011 年的 8.36%。整体而言，在 2008—2011 年，黔东南州的经济增长主要依靠第三产业。

三、建设黔东南州特色经济区的对策

(一)加强基础设施建设

基础设施是社会经济发展的瓶颈。首先，利用国家对西部大开发投入逐步加大和对基础设施进行改善的机会，通过政府积极、科学的规划和引导，全面建设道路交通物流、通信网络邮电、水电能源等基础设施。加快建设连通外界的高质量公路、铁路、航空，在区域内部建设起四通八达的道路交通网，建设以凯里为中心的轨道交通快速通道，建成黎平至洛香、思南至剑河、余庆至凯里、凯里至羊甲、三穗至黎平、凯里至雷山高速公路，实现"县县通高速公路"，建成三穗至施秉、榕江至荔波、凯里环城高速、凯里至昌明、剑河至榕江、剑河至黎平、天柱至湖南会同、黎平至湖南靖州、锦屏至湖南靖州等高速公路，构建全州骨架公路网。建成旅游公路，提高旅游景区景点的可达性。加强县级、重要旅游区、农村客运站和城市公交智能化建设，基本实现全部建制村通客运班车。改造清水江航运通道，打通出境水运通道；加快对教育、文化、卫生、广播、电视等社会性基础设施的发展；建设工业园区和贸易区，以吸引外资集聚，应该在外资到来前完善园区的各种基础设施，但是要避免重复建设。保持良好的生态环境也是十分重要的，要保护原始森林，避免水土流失；要积极治理城市污水、垃圾及空气污染，使雨水下河道，污水下管道，使饮用水达到国家标准。

(二)加快农业现代化发展

农业的产业化是指围绕一个或多个相关的农副产品项目，组织众多主体参与，进行生产加工、销售一体化的活动，并在发展的过程中逐渐形成一个新产业体系的过程。欠发达地区虽然农产品比较丰富，但是大多以传统农业为主，农业的产业化还没有形成规模。为实现农业产业化应采取以下措施。

1. 加大农业投入

农业产业化要建立在农业发展的基础上，发展农业首先要加大农业投入。农业投入涉及很多方面，如水利、农机、肥料、科技、土地等。

2. 加强科技兴农力度

必须逐步引进、推广、普及农业科学技术，不断加强农民的培训工作。

3. 推进农村市场网络化

市场作为实现商品价值的最终环节，是连接生产与流通的纽带和桥梁，没有完善的、健全的农村市场体系就不可能有市场农业，所以，应建立农业生产要素市场；建立以商业、外贸、加工企业为龙头的产供销、产加销、贸工农一体化服务组织。

4. 逐步完善社会化服务体系

社会化服务与市场农业密切相关，农业的社会化服务要为农业的各个方面提供服务，涉及农技推广、水利建设、农业机械、肥料、灾害防治、畜牧兽医等许多方面，是一个系统工程。建立农业生产的社会化服务体系是建设现代化农业的基本保障。

5. 农业组织创新

选择好产业化的组织方式，采取公司+农户+加工+企业和养殖场+农户+加工的组织形式，最终形成生产、加工、销售一体化的产业体系。

6. 搞好利益的分配

农户在产业体系中处于出售初级产品的环节，所以在进行利益分配时要对农户实行保护政策，为扶持农户生产，与之签订经济合作协议是分配利益时常常采用的方法。

7. 要明确各产业主体的职能和义务

政府部门对龙头企业和生产基地实施扶持，同时参与协调各服务主体与农户、龙头企业等的经济关系。各服务组织在提供服务的同时收取一定的报酬。农户、加工企业、运销企业是生产主体，相互之间的关系是交易的关系，利润由运销企业实现。中介组织对整个体系进行公证、约定及协调。

培育和引进一批农业产业化龙头企业，重点在果蔬、森工、水产、畜牧、肉禽、药材、烤烟和油茶8个领域打造龙头企业实现产值突破；积极探索农村集体和农户在当地资源开发项目中入股，增加农民财产性收入；实施农民创业促进工程，支持农民工返乡创业；整合黔东南州林业集团，加快国有林场开发，收购或入股集体林开发，加快集体林权流转。实施林下种植基地、林下养殖基地建设。

(三)打造能源、重化工业基地

黔东南州是资源丰富的地区，通过对特色产业的分析，可以确定黔东南州是贵州省重要的能源、重化工业基地。打造重化工业可以从以下几个方面入手。

1. 建产业链

黔东南州工业基础比较落后，企业生产要素集中度和关联度较差，工业产品成本高，市场竞争力比较弱。所以黔东南州在特色经济发展中，应着力结合资源、产业、技术、市场等条件，建立起有地域特色的产业链。要充分发挥比较优势，有意识地把支柱产业链条和优势产业的产品链条向关联产业和关联企业延伸辐射，精心构筑工业企业的产业群落，形成得天独厚的低成本优势，培育区域企业和产业经济竞争能力。重点产业链条是：构筑物流—商贸—旅游产业链、外向型加工产业链、农产品加工产业链、煤—电—磷—化产业链、矿—化—冶产业链、粮畜产品深加工产业链、医药生产—加工—销售产业链。

2. 大项目带动

大项目是投资的载体，如果没有项目特别是大项目的进入，经济发展就无从谈起，抓好大项目就是抓观念、抓结构调整、抓增加就业、抓富民增收，使项目建设推动区域经济特色经济的快速发展。应该做到积极配合中央、省属企业和部门做好重大基础设施、重大资源调配和区域发展重大项目推进。当前重点整合重晶石、钒等矿产资源，避免"散、零、小"的破坏性开采，重点抓好氢氧化铝项目、氧化铝项目、电解铝项目、铝加工项目，电冶炉余热发电项目；多晶硅生产项目；太阳能电池生产及相关组件制造项目等项目，加快天柱钡化工基地建设，力争形成国内最大、最强的钡盐生产研发基地。

3. 工业园区的建设

工业园区是特色产业的载体，它能使产业、要素和人口在一定地域空间内聚集，壮大特色产业的规模，增强市场的竞争力和抗风险能力。采取与东、中部地区合作共建产业园区，对东、中部地区部分产业进行产业转移帮扶，围绕凯里经济开发区、丹寨金钟产业园区、洛贯产业园区、炉碧产业园区等工业园区，积极争取将凯里经济开发区升级为国家级经济开发区。按照省级经济开发区的标准推进各县产业园区建设。围绕黔东南州铝、钡、钒、硅石等重点资源，与东、中部地区合作共建产业园区。重点将炉山工业园区打造成煤电铝建材一体化示范基地和黔东南州重要铝加工基地、天柱打造成中国钡化工示范基地、施秉恒盛打造成国际热电联产硅系一体化新型工业化产业基地、丹寨打造成西部机械装备制造基地、黔东南州打造成西南钒资源深加工示范基地。

具体可以从以下几个方面入手。

一是编制好园区规划。在对现存的块状特色经济区做深入调查研究的基础上，明确园区的总体布局、产业发展目标和各个专项规划。

二是对园区内的企业在土地价格、税费减免、融资、基础设施配套等方面制定一系列优势的政策措施。

三是做好特色工业园区信息化、金融服务、物流配送、检验检测、环境保护、人员培训等工作。

四是推进园区基础设施建设。政府要每年安排一定的专项资金用于产业基地、特色园区基础设施建设的补助，鼓励引导民间资金和外资参与园区开发建设，开辟多元化投资新路子。

五是使特色产业在园区内实现"柔性"聚集，使企业获得降低交易成本、增强创新功能等集聚效应。

4. 注重经济发展与环境保护并重

要发展重、化工业基地，必然要面临经济发展与环境保护的问题。黔东南州生态环境脆弱，生态环境建设任务十分艰巨。实现生态环境根本改善，必须坚持以人为本，树立科学的发展观，统筹人与自然和谐发展。重点搞好国土整治、退耕还林、天然林保护和水资源保护区生态环境建设；抓好污染防治、探索生态保护与经济发展相协调的机制和途径，采取多种有效措施增加投入。做好城市供水水源区的保护，把水源区建设成一个生态环境良好、水质优良，稳定地为城市提供水源，经济、社会、环境协调发展的新区域，是保护区建设的基本方针。可以采取的措施有：把城市供水工程涉及的水源区范围全部列入重要的水资源保护区，在加快实施工程建设的同时，同步展开设立水资源保护区立法和建设工作；切实加强以水源涵养林建设、水土流失防治、环境综合整治、替代能源为主的生态环境建设；实行水价改革，把水源涵养、保护区建设、管理费用，纳入最终参评"自来水"的成本；大力发展生态农业和循环经济。积极探索建立生态农业经济发展模式，加大生态技术支持和示范。积极争取省、市生态扶贫资金，引进、推广生物工程、生态农业技术和循环产业技术。

(四)发展特色旅游，带动第三产业发展

黔东南州有自然、民族、人文旅游内涵丰富而特色鲜明的资源优势，应系统地挖掘、整理、融合、打造具有民族特征的旅游产品。

1. 构筑特色旅游路线

一是镇远—舞阳河旅游区。加快航运设施建设，争取实现全线通游(航)；基本完成镇远古城、旧州古镇保护和建设；全面开发镇远芽溪新区；建设高碑苗侗风情小镇和白秧坪林场国际狩猎场项目；加快云台山开发，完善观光索道等旅游配套设施。

二是环雷公山景区。主要抓好南花、郎德上寨、掌坳、新桥、乌东等民族村寨的拓展提升工程，通过完善旅游步道、风貌改造、配套服务等手段实施"一村一品"的主题打造；建设西江营上旅游文化产业园和服务集散地，开发雷公坪生态旅游。

三是以黎平为核心的侗族文化旅游区。基本建成肇兴"一山八寨"、三宝、岜沙、小黄、占里、增冲、隆里精品景点，形成侗族文化和生态旅游精品线。

四是苗侗文化旅游绿色通道。以榕江小丹江为节点，建设雷公山环线苗族文化旅游区与黎从榕侗族文化旅游区的绿色旅游通道，完善旅游驿站、旅游露营基地、道路标识系统等，形成苗侗文化旅游精品线和示范区。

2. 拓宽多元化投资渠道，加快旅游基础设施建设

政府可以进一步加大对基础设施建设的投入，还可以采用公共物品的私人供给方式，在旅游基础设施建设投资上向社会全面开放，吸引社会资金进入，为外资进入基础设施建设提供优惠政策和良好的行政服务。

3. 多方联动，加强宣传促销力度

旅游业的发展，是在人们旺盛的旅游需求的推动下兴盛起来的。要加强宣传促销黔东南州的旅游产品，如银饰、刺绣、蜡染、石砚、泥哨、竹编、茶、酒、鸭等特色旅游商品，提高产品的吸引力和知名度，引导旅游者的消费观念偏好。旅游宣传促销需要政府主管部门和旅游企业共同参与，从旅游地形象、旅游产品、住宿提供和咨询，以及宣传媒体、宣传形式、宣传手段等方面统筹规划、分步实施，逐步增加旅游促销费用。旅游促销的内容和形式要有创新，要运用整合营销、网络营销等的理念和技术，突出形象、突出产品、突出沟通；注重国际国内市场相结合，远近客源市场相结合。

4. 加强环境保护，实现旅游业可持续发展

在进行旅游业开发过程中，保证环境保护配套项目的执行。在经营过程中严格执行环保制度，加强对游客的教育与管理，尽可能降低对旅游区生态环境的破坏程度。

（五）培育特色品牌

品牌战略可以使欠发达地区摆脱不合理的社会分工。市场经济是一种开放性的，品牌是高质量、高信誉、高效益、高市场占有率的集中表现，它不仅是一个企业的标识，同时也是一个地区、一个国家甚至一个民族的标识。在区域经济发展中，实施品牌战略具有极其重要的作用：优化产业结构，促进资源合理配置；形成新的经济增长点，推动区域特色经济发展；树立区域形象，提高区域知名度。所以，实施品牌战略，也是培育特色产业核心竞争力的一个关键环节。

对于培育品牌可以从以下几个方面寻找对策。

一是宣传推荐。政府举办各种特色产品宣传会、推荐会和经验交流会，或者通过网络系统和新闻媒体对特色产品和产业及企业进行大力宣传，以此逐步形成区域的品牌。

二是提升品牌的质量。一个成功的品牌就是靠长期的质量信誉积淀起来的，品牌质量关系到企业的生死存亡，必须无时无刻采取措施来提高自己的品牌质量，以求得顾客的进一步认可。

三是提升品牌的规模能力。品牌的价值提升，除了其内涵不断提升之外，还有很重要的途径是规模扩张带来的结果。提升品牌的规模有两个途径：一个是通过企业的资本扩张；另一个是扩大已有的生产规模和市场规模。

四是提升品牌的产品开发能力和技术创新能力。提高领导对技术创新重要性的认识，建立有效的投资机制、调整投资政策取向，加大技术创新投资的比重，充分发挥企业科技创新与产、学、研联合协同作用，形成科技创新合力。

五是以品牌经营为主。品牌的成长分为创立品牌、经营品牌和买卖品牌三个阶段，欠发达地区应以经营品牌为主，建立一个结构合理、功能齐全、精干高效的品牌营销管理的专业机构。例如，多家同类企业设立品牌公司或品牌部等。

六是培育良好的环境。无论是地区的品牌战略还是一个企业的品牌战略，都需要企业内在的动力和优良的外部环境。

黔东南州特色产业还处于起步阶段，规模小，带动能力还不强，抗风险能力差，市场竞争能力弱。龙头企业将生产、加工、包装、销售等环节有机联结在一起形成一个完整的产业链条，提高了特色产业的集约化程度，使特色产品多层次增值，提高了特色产业的附加值和特色经济的比较效益。龙头企业有能力引进和推广实用技术，提高特色产品的科技含量。龙头企业能够打开特色产品的市场。所以，要大力培育龙头企业，促进特色经济的发展。

对龙头企业的培育主要做以下几点。

(1)建立各种类型的中介服务机构，联结市场和各个产业链节点，如培训技术服务部门或专业协会。

(2)加大龙头企业的技术创新。一方面引进国内外新技术、新工艺、新设备；另一方面，挂靠大专院校，开展科技攻关。

(3)采取对龙头企业政府贴息贷款，实行市场准入制度，建立"绿色通道"等为企业提供良好的发展空间。

(4)加大宣传，实现龙头企业的品牌效应。

黔东南州应精心打造"优质烤烟"品牌、绿色生态食品品牌、畜牧业品牌，着力打造酒类、茶叶、蓝莓、猕猴桃、油茶、板栗、药材等优势产业和品牌产品。大力发展太子参、茯苓等中药材基地建设，打造苗药民族品牌。做大做强"原生态黔东南州"文化旅游品牌。

参 考 文 献

[1] 周洁. 中国农业供给侧结构性改革研究. 云南农业大学, 2017.

[2] G·多西, C·费里曼, R·纳尔逊, 等. 技术进步与经济理论. 钟学义, 译. 北京：经济科学出版社. 1992.

[3] 苏剑. 供给管理政策及其在调节短期经济波动中的应用. 经济学动态, 2008(06)：18-22.

[4] 贾康. 注重通过经济手段促进结构优化调整. 人民日报, 2010(7).

[5] 张宏斌. 金融是农业供给侧改革的"加速器". 金融时报, 2015(9).

[6] 刘迁迁. 深化金融服务 推动农业供给侧改革. 中国城乡金融报, 2016(A03).

[7] 刘妍杉. 关于对粮食供给侧结构性改革的几点思考. 中国粮食经济, 2016(02)：34-36.

[8] 程国强. 农业供给侧改革的问题与思路. 中国棉麻产业经济研究, 2016(04)：10-13.

[9] 许瑞泉. 经济新常态下我国农业供给侧结构性改革路径. 甘肃社会科学, 2016(06)：178-183.

[10] 和龙, 葛新权, 刘延平. 我国农业供给侧结构性改革：机遇、挑战及对策. 农村经济, 2016(07)：29-33.

[11] 于法稳. 基于资源视角的农业供给侧结构性改革的路径研究. 中国农业资源与区划, 2017, 38(06)：1-6, 44.

[12] 韩俊. 农业供给侧改革要求提高粮食产能. 农村工作通信，2016(03)：42.

[13] 董鸿鹏. 辽宁省农业信息化水平测度及对农户行为影响研究. 沈阳农业大学，2013.

[14] 李优柱，易新福. 农业信息化投入对农业产出贡献率评价研究. 科技进步与对策，2012.

[15] 赵海燕，戴明阳. 基于柯布-道格拉斯生产函数的农业信息化贡献实证分析. 江西农业大学学报(社会科学版)，2009(3)152-153.

[16] 蒋洪杰，王延利. 论现代农业信息化的必要性. 创新科技，2013.

[17] 李军. 吉林省农业机械化发展形势浅析与展望. 农技使用与维修，2011.

[18] 王维新. "互联网+"教学点：新城镇化进程中的义务教育均衡发展实践. 中国电化教育，2016.

[19] 王健. 以农技创新为基础全面提升大宗农产品竞争力——以莫合烟浸出液防止蚜虫技术为例. 北京：商务印书馆，2013.

[20] 赵卫利. 国外农业信息化发展现状及启示. 世界农业，2011.

[21] 周蕾. 宁夏农业信息化发展水平评价指标体系的构建. 图书馆理论与实践，2010.

[22] 徐青青. 民族地区农业信息化水平测度及实证分析——以广西壮族自治区为例. 中国民族大学，2012.

[23] Haythornthwaite C. Articulating divides in distributed knowledge practice. Information，Communication & Society，2006(6).

[24] Dawes S S，Pardo T A，and Cresswell A M. Designing electronic information access programs：holistic approach. Government Information Quarterly. 2004：3-23.

[25] Tomaszewskia M A. Determining farm effects attributable to the introduction and use of ad airy management information system in the Netherlands. Agricultural Economics. 2000：79-86.

[26] Lee Hur-Li. Information spaces and collection：Implications for organization. Library& Information Science Research. 2003：419-436.

[27] Pkoniger，Kjanowitz. Drowning in. information，but thirsty for knowledge. International Journal of Information Management. 1995：5-16.

[28] Hurteau M，Houle S，Mongiat S. How legitimate and justified are judgments in program evaluation. Evaluation，2009(15)：307-319.

[29] Womack R. Information intermediaries and optimal information distribution. Library and Information Science Research，2002，24(2)：129-155.

[30] Weiss A，Crowder L V，M. Bernardi. Communicating agrometeorological information to farming communities. Agricultural and Forest Meteorology，2000：185-196.

[31] 马艺. 以信息化推进贵州农业跨越发展的刍议. 贵州商业高等专科学校学报，2009，22(01)：28-30.

[32] 金明亮. 用信息化带动贵州农业产业化. 理论与当代，2004(2)：17-19.

[33] 刘栋栋. 贵州省农业信息化水平分析. 第十五届中国科协年会第10分会场：信息化与农业现代化研讨会论文集. 2013.

[34] 刘小平. 贫困地区农业信息化的难点、重点和发展方向. 贵州工业大学学报：社会科学版，2004，6(4)：34-36.

[35] 李思. 凉山州农业信息化水平的测度及分析. 西昌学院学报(自然科学版)，2009，23(3)：87-89.

[36] Welfens P J J. Interneteconomics. net M. New York：Springer-Verlag Heidlberg. 2002，78-110.

[37] 朱炎亮. 信息化水平对海南经济增长影响的实证分析. 华南热带农业大学，2007.

[38] 大卫·李嘉图. 政治经济学及赋税原理. 郭大力译. 南京：译林出版社，2014.

[39] Linder S B. An essay on trade and transformation. Journal of Political Economy，1961(1)：171-172.

[40] 马歇尔. 经济学原理. 下卷. 北京：商务印书馆，2011.

[41] Balassa B，Bauwens L. The determinants of intra-European trade in manufactured goods. European Economic Review，1988，

32(7)：1421-1437.

[42]Grubel H G，Lloyd P J. Intra-industry trade：the theory and measurement of international trade in differentiated products. The
Economic Journal，1975.

[43] 亚当·斯密. 国富论. 王勋, 纪飞, 等编译. 北京：清华大学出版社，2010.

[44] Verdoorn P J. The Intra-block of Benelux, in Robinson, E. A. G(ed.), The Economic Results of National Scale, Macmillan,
1960.

[45] Michaely M. Concentration in international trade. Amsterdam：North-Holland Publish Company. 1962.

[46] Balassa B. Tariff reductions and trade in manufacture among industrial countries. American Economic Review, 1966(1).

[47] Luthje T，Servais.Firms' international sourcing and intra-industry trade. 2005.

[48] Fukao K，Ishido H，Ito K. Vertical intra-industry trade and foreign direct investment in East Asia. Journal of the Japanese &
International Economies，2003，17(4)：468-506.

[49] Egger H etc. Intra-industry trade with multinational firms：theory, measurement and determinants. European Economic Review,
2007(01).

[50] Fung K C，Maechler A M. The impact of intra-industry trade on the environment// WTO and World Trade. 2000.

[51] Qasmi B A，Fausti S W. NAFTA intra-industry trade in agricultural food products. Agribusiness，2010，17(2)：255-271.

[52] Bojnec S, Ferto I. Classifying trade flow in agri-food products between Hungary and Slovenia. Studies in Agricultural Economics,
2005：17-35.

[53] Darja M,Turk J,Chevassus-Lozza E . Agri-food trade analysis：comparison of Slovenia with the nine new member states. Journal
of Central European Agriculture，2007，7(3):401-408.

[54] Rasekhi S. The study of intra-industry trade in agricultural products of Iran. American-Eurasian Journal of Agriculture&Environmental,
2008(2).

[55] Berkum V. Patterns of intra-industry trade and foreign direct investment in agri-food products：implications for East-West
integration. MOCT-MOST，1999(9).

[56] Ferto I. Vertical and horizontal intra-industry trade in milk products in the EU. Institute of Economics Hungarian Academy of
Sciences，2005(381).

[57] Ferto I，Hubbard L J. Intra- industry trade in agri- food products between hungary and EU. Paper Prepared for Presentation at the
Annual Meeting of the American Agricultural Economics Association，2001.

[58] 张烨,王珍珍. 中国1999—2004年产业内贸易发展实证分析——产品内分工的一个视角. 云南财经大学学报,2007,23(3)：
63-69.

[59] 仇怡, 吴建军. 中国产业内贸易状况的实证研究：1980—2006. 当代经济管理，2008(06)：60-64.

[60] 喻志军, 姜万军. 产业内贸易现状的实证分析. 统计研究，2008，25(6)：35-41.

[61] 赵志刚. 中国制造业对不同类型经济体的行业贸易. 中国软科学，2003(3)：45-50.

[62] 王云飞. 我国与主要贸易伙伴产业内贸易的相关性分析. 世界经济研究，2005(10)：47-55.

[63] 石静，王鹏. 水平和垂直产业内贸易的实证研究：基于国家特征的视角. 世界经济研究，2008(04)：39-43，88.

[64] 张彬,孙孟. 国家特征视角下中国产业内贸易决定因素实证研究——基于2000—2007年面板数据的分析. 世界经济研究，
2009(05)：12-18，87.

[65] 马剑飞，朱红磊，许罗丹. 对中国产业内贸易决定因素的经验研究. 世界经济，2002(9)：22-26.

[66] 陈迅，李维，王珍. 我国产业内贸易影响因素实证分析. 世界经济研究，2004(6)：48-54.

[67] 刘诚. 中日两国双边产业内贸易发展现状研究. 现代日本经济, 2004 (04): 44-48.

[68] 陈李莉. 中日两国产业内贸易及其影响因素分析. 亚太经济, 2006 (05): 72-75.

[69] 范爱军, 林琳. 中日两国产业内贸易的实证研究. 国际贸易问题, 2006 (5): 36-42.

[70] 董家栋, 刘钧霆. 中日制造业产业内贸易发展态势的实证研究. 国际贸易问题, 2006 (01): 5-9.

[71] 崔日明, 陈付愉. 中日服务业产业内贸易研究. 国际经贸探索, 2008 (08): 51-55.

[72] 林琳. 中美产业内贸易研究. 国际贸易问题, 2006 (01): 33-39.

[73] 韦倩青, 韦倩虹. 中美工业制成品产业内贸易及其对中国经济的影响. 经济问题探索, 2007 (6): 40-44.

[74] 冯耀祥. 中美产业内贸易结构分析. 当代财经, 2009 (06): 102-106.

[75] 柳剑平, 张兴泉. 产业内贸易、调整成本与中美贸易摩擦. 经济评论, 2009 (04): 114-119.

[76] 张昱, 李玉霞. 中国对欧盟商品贸易研究——对双边产业内贸易水平的实证分析. 当代财经, 2006 (9): 95-98.

[77] 许陈生, 邓淇中. 中国与欧盟制成品产业内贸易及其影响因素. 国际贸易问题, 2007 (7): 45-49.

[78] 邵玲, 谢建国. 中欧制成品产业内贸易影响因素实证分析. 国际贸易问题, 2008 (4): 43-48.

[79] 王娟. 中国——东盟国家产业内贸易进一步发展的影响因素分析. 学术论坛, 2005 (08): 124-128.

[80] 汤海燕, 史智宇, 周甫军. 影响中国与东盟产业内贸易发展因素解析. 当代财经, 2003 (12): 89-91.

[81] 覃平, 何灵. 中国——东盟产业内贸易发展的影响因素——基于引力模型的实证分析. 经济研究导刊, 2009 (03): 196-197.

[82] 罗余才. 我国农产品贸易中的产业内贸易. 农村经济, 2002 (09): 10-12.

[83] 宋玉华, 刘春香. 我国农业产业内贸易的实证研究. 中国农村经济, 2004 (02): 30-37.

[84] 李佳佳. 中国农产品产业内贸易的实证研究. 中国政法大学, 2009.

[85] 范巧娟, 李淑贞. 中国与东盟农产品产业内贸易实证研究. 世界农业, 2012 (06): 67-70.

[86] Linder S. An Essay on Trade and Transformation. Uppsal Almquist Wicksell, 1961: 49-63.

[87] Balassa B, Bauwens L. Intra-industry specialization in a multi-country and multi-industry framework. The Economic Journal, 1987.

[88] Falvey D, Rodney E. Commercial policy and intra-industry trade. Journal of International Economics, 1981.

[89] Greenaway D, Milner C. The economics of intra-industry trade M. B. New York, 1986.

[90] Krugman P R. Increasing returns, monopolistic competition, and international trade. Journal of International Economics, 1979.

[91] Lancaster K. Intra-industry trade under perfect monopolistic competition. Journal of International Economics, 1980.

[92] Falvey D, Kierzkowski H. Product quality, intra-industry trade and (im) perfect competition. Protection and Competition in International Trade: Essays in Honor of W. M. Corden, 1987.

[93] Balassa B, Bauwens L. Intra-industry specialisation in a multi-country and multi-industry framework. Economic Journal, 1987, 97 (388): 923-939.

[94] Grubel H G, Lloyd P J. The empirical measurement of intra-industry trade. The Economic Record, 1971.

[95] Greenaway D, Milner C. On the measurement of intra-industry trade. The Economic Journal, 1983.

[96] Loertscher R, Wolter F. Determinants of intra-industry trade: among countries and across industries. Weltwirtschaftliches Archiv, 1980.

[97] Balassa B. Intra-industry specialization: a cross-country analysis. European Economic Review, 1986.

第五章 贵州乡村振兴之人民富裕探索

邱 蓉

第一节 城镇化进程中农村失地妇女就业调查
——以贵安新区为例[①]

一、问题的提出

(一)人数众多

贵州城镇化的进程客观上要求关注农村失地妇女的就业问题。随着城镇化的推进,城镇人口迅速增加。2014年全省城镇人口为1403.57万人,比2010年增加227.32万人,城镇化率由2010年的33.81%提高到2014年的40.01%,2011—2014年年均提高1.55个百分点。按此速度计算,到"十三五"规划末,贵州新增城镇人口为625万人,以每三口之家一个女性劳动力初步估算,则因城镇化需要解决的农村女性就业近210万人,每年近20万人。

(二)失地农村女性就业受到双重挤压

失去了土地,意味着失去了社会保障;失去了工作,就失去了收入来源。同时,由于农村女性自身的一些弱质性,不容易被城市接纳,融入城市的难度非常大。因此,失地农村女性处于既不再是农民,也不能成为市民的尴尬夹层。

课题组选择贵安新区马场的平寨、破塘和坤山三个村民小组近200农户,通过入户走访、问卷调查、实地座谈,了解失地农村女性年龄、受教育程度、家庭婚姻、收入等基本情况,分析其就业动力、就业意愿和就业约束条件。就贵安新区调研的情况来看,失地农村女性就业呈现出的特征和矛盾具有普遍意义。贵安新区、小河大寨、清镇百花社区的经验具有实践意义,但是仍需创新。

---

①民盟贵州省委2016年委托调研课题系列研究成果之一。

二、贵州失地农村女性就业特征

(一)受教育程度相对低

受诸多社会因素的影响,相比男孩来说,对农村女孩的教育关注度更少,勉强接受学校义务教育之后就辍学了,有些甚至连义务教育尚不能很好地完成。由于农村提供职业教育的条件受限,或者受"男主外,女主内"这一观念的影响,女孩辍学后接受职业教育的情况更是少见。因此女孩受教育的程度相对要低些。由于进城务工的一般属于受教育程度相对高的,如果考虑留守务农的女性,则受教育程度更不容乐观。对贵安新区的调查印证了上述观点。受访对象中,近70%为小学、初中毕业,15.5%为文盲或半文盲,受过中职以上教育的不足7%。

(二)择业弹性小

由于先天的生理特点和身体素质不同,以及受教育程度的差异,失地的农村女性职业选择范围较窄。女性农民工由于文化程度低,没有专业技能,缺乏竞争力,多数从事着技术性不高、简单重复的操作性工作[1]。她们主要集中于加工制造业(如纺织、服装、印刷、食品加工、玩具、电子等劳动密集型轻工业)或服务业(如家政服务、餐饮、娱乐、休闲服务员、售货员等),其向上层职业流动的机会远小于男性。从她们所从事的轻工业来看,通常工作强度大、工作环境差,工资福利与劳动付出不成比例[2]。

(三)贵安新区失地农村妇女就业呈现明显的年龄分层

走访平寨、破塘和坤山三个村民组近200农户家庭,发现失地农村妇女就业呈现明显的年龄分层。其中,年龄在60岁以上的,主要在家从事家务劳动,或者房前屋后的院坝种点果蔬供家庭自用;年龄在35~60岁的,或者在家帮助抚养孙儿,或者在家从事餐饮住宿业,极少数进入企业和市政保洁,偶发性地参加市政绿化工作;年龄在30岁以下已婚的进入本地企业(如富士康)务工,未婚的基本跨地区外出务工。

(四)就业收入普遍偏低,工作量不饱满

就业收入与年龄基本呈负相关,年龄越大,收入越低。例如,保洁工作收入每月2000元左右,电子加工类企业的工作每月收入为3000~3500元,跨地区务工收入高于本地就业收入,每月为3500~4000元。本地就业的工作量不饱满,特别是在家从事餐饮住宿业,在夏天旅游旺季,除周末和节假日外,其他时间游人稀少。市政绿化工作也是偶发性的,用她们的话来说:"工作就像过节一样"[3]。

三、农村失地妇女就业需要面对的矛盾

(一)普遍受教育程度较低与企业用工需求之间的矛盾

受访对象绝大部分是小学、初中毕业,高中毕业和接受中职教育的特别少,文盲主要集中在 60 岁以上的妇女,个别 30 岁左右的妇女也没有接受过教育。

三个村民小组妇女的受教育程度如表 5.1 所示。

表 5.1　三个村民小组妇女的受教育程度

受教育程度	人数	占比/%
文盲	20	15.5
小学	52	40.3
初中	36	27.9
高中	13	10.0
中职	5	3.8
大学	3	2.5
总计	129	100

贵安新区的产业定位于大数据产业、高端装备制造产业、生物医药产业、大健康产业、电商产业等,目前引进的企业,如高通、富士康、微软、IBM、三大通信运营商、华为、浪潮、三一重工、中德西格姆、联影医疗、华大基因、中金数据、福爱电子等,科技含量高,对劳动力的受教育程度要求较高。而贵安新区的劳动力特别是妇女受教育程度较低,不能满足企业的用工要求。走访中企业反映,本地劳动力即使是年轻人,与外地劳动力相比,由于受教育程度较低,对新知识的接受能力较弱,岗位培训时间长、效果差,劳动技能的掌握普遍偏慢。

(二)原有劳动技能与区域产业结构调整的矛盾

原有的务农或外出务工积累的劳动技能,不能满足当地引进企业的需要。失地农村妇女认为自己够不着那些"高大上",同时又认为企业"占了我们的田土"不安排工作是不合理的。企业则认为,产业结构调整升级是经济发展的必然选择,不能因为就业问题"削足适履"。

失地农村妇女劳动技能与贵安新区产业规划如表 5.2 所示。

表 5.2　失地农村妇女劳动技能与贵安新区产业规划

劳动技能	产业规划	产品类别
传统耕种	夏云现代制造产业园区	航空航天、汽车零部件
餐饮住宿	清镇都市工业园区	生物医药、现代商贸物流
绿化	石板特色轻工园区	汽车贸易、家居批发
刺绣	乐平特色装备产业园区	农用机械、电力电器
保洁	湖潮高端制造产业园区	环保设备、新一代网络技术
驾驶	蔡官特色轻工产业园区	医疗设备、民族工艺产品
电工	马场先进制造与创新产业园区	新能源汽车开发、电子信息

(三)社会分工和家庭分工的矛盾

农村失地妇女承受着社会和家庭的双重压力。在失去土地之后,不仅承受着巨大的就业压力,而且还要承担沉重的家庭责任。许多女性农民工在进城务工后,其经济地位和社会地位有了很大程度的提高。同时,还要担负起繁重的家务劳动,以及生育、抚养子女或照顾老人的责任。若将女性农民工分为未婚和已婚两类,也表现出类似的特点。对于未婚女性,其在家庭子女中的排序、家庭责任的大小、家庭的经济境况等方面,影响着其对于家庭的责任与义务,这在很大程度上也决定了其外出务工的自我选择度的高低。已婚妇女随着其生育行为的发生会暂时退出劳动力市场,但孩子稍大些后,她们往往将孩子托付给老人,自己外出务工,尤其是丈夫也在外务工,其流动性隐含着家庭选择的因素。为了解决社会分工和家庭分工的矛盾,失地的农村已婚女性更愿意选择离家近、时间弹性较大的工作。

(四)农耕经济意识与现代市场经济要求的矛盾

传统农耕社会,生产周期与自然周期一致,生产方法和生产经验来自家庭代际传承,生产效率低,受自然的影响较大,生活节奏慢,工作时间弹性大,衍生出农耕社会自然性、封闭性、温和性、稳定性的特点。因此农耕社会村民注重构建亲缘和地缘关系,良好的亲缘地缘关系是农耕社会的安全网,这样就衍生出了农耕社会的又一个文化特点:礼俗性。本村、血亲、姻亲,甚至邻近村庄,谁家婚丧嫁娶、年头节尾不仅要随礼,而且要"站人头"。市场经济的特征是科学性、规范性、专业性和开放性,以价格机制和竞争机制为特征。企业为了应对激烈的市场竞争,必然引进技术从而提高产品质量、控制成本、提高劳动生产率。机器大工业生产对工作时间、分工协作要求严格。企业需要从广泛市场招募具有一定技术的劳动力,而不是特定的某个区域市场;需要的劳动时间弹性小,而不是"随时请假走亲戚"的劳动力。

四、贵州前期的经验

(一)小河大寨村：村集体经济带动

工业化、城镇化是贵州经济社会发展的必然趋势。在城镇化进程中，作为城市扩张的前沿阵地的城乡接合部，必然会有许多农民失去赖以生存的土地。没有了土地，农民就业、养老、生计等一系列问题该怎么办？探索创建适应新形势需要的农村经济发展新模式成为必然。

让失地村民变公司股东，成为小河区大寨村破解失地村民生计问题的路径选择。将村集体资产股份量化，就是将村集体的资产、资金、资源量化到每个村民，让个人成为企业或开发项目的股东，使传统的农业生产向工业生产、现代农业开发方向发展，有效地解决"分光""用光"的短期行为，为村民的生活提供长远保障。这对克服城郊村长期以来村民自治权与经济决策权合二为一的管理模式，以及频繁的换届选举、导致农村集体经济发展稳定性和长远性难以保证等问题，均是有益的尝试。目前，村级集体经济普遍"空壳"化，有的村资产被分光卖净。大寨村集体资产股份量化将村民变股东的模式，对破解当前农村传统管理模式下的村企不分、所有权与经营权不分、农村集体经济难以对接市场等问题有很好的借鉴意义。昔日的大寨村已经成为今日的城区，大寨村村民是城市外延式扩张中首先被影响的人群，他们融入城市生活不是窘迫和尴尬的，而是创新村集体经济发展模式，为失地村民体面自豪地融入城市生活提供了可能性。

(二)清镇百花社区：创业就业并举

一是抓宣传，提高失地农民创业愿望。通过加大对失地农民创业奖励扶持政策的宣传力度，开展创业奖励扶持政策"进村、进网格"宣传活动，将最新的创业奖励扶持政策免费发放到每一位失地农民手中，引导、帮助他们用好手中的征地拆迁费，找到适合自己的创业增收门路，增强自身"造血功能"，快速致富奔小康。2013年度，社区已有66户失地农民进行自主创业，有效地解决了100余人的就业问题，为社区实体经济建设注入了新鲜血液。

二是抓培训，提高失地农民就业技能。社区积极与市人力资源和社会保障局对接，组织辖区失地农民参加各项就业技能培训，努力提高他们的就业技能，积极与辖区企业对接，寻找就业岗位，增加他们的就业机会。同时社区还主动与市总工会对接，了解不同时期工会组织开展的各项就业技能培训，有选择地组织失地农民参加培训，借助工会组织平台，推荐失地农民就业。为提高辖区失地农民工抗失业的能力，社区要求辖区吸纳当地失地农民工较多的企业(如联塑建材公司)开展在岗农民工技能提升培训，提升在岗农民工的技能水平，增强他们的抗失业能力。目前社区已组织开展各种劳动技能培训5次，培训人数达200余人次。

三是抓服务，提高失地农民转移就业率。社区通过设立便民服务综合窗口，打造就业服务平台，建立网格劳动就业保障服务队，深入各村(居)、网格开展劳动就业保障服务。建立失地农民基础台账，指定专人负责，跟踪服务，及时了解就业情况，对未就业的农民，及时走访，了解情况，开展"一帮一"援助，综合运用职业介绍、就业培训、公益性岗位和其他劳动保障相关服务措施，让失地农民尽快就业，提高失地农民转移就业率，增加失地农民收入。2013年度，社区已完成失地农民就近转移就业200余人，介绍5人成功进入富士康集团工作。

四是抓扶持，提高贫困农民生活水平。社区充分利用驻村挂帮工作队力量，深入村(居)、网格了解贫困失地农民生活情况，建立贫困失地农民台账，拟定帮扶措施，协调企业、单位帮扶资金，加大对贫困失地农民的帮扶力度。通过走访、交谈，帮助贫困失地农民寻找致富路径，提供资金帮扶，增加贫困失地农民的"造血功能"，让他们尽快摆脱贫困，提高他们的生活水平，确保他们能与大多数人同步迈入小康。目前社区通过各种途径，已争取到企业、单位、个人帮扶资金上万元，成功对20余户贫困失地农民进行帮扶，有效地提高了辖区贫困失地农民的生活水平。

(三)贵安新区

整村推进。贵安新区的马场镇根据该地离贵安中心较为便利的交通条件，整洁村容，从饮食、环境中确立特色，推出乡村旅游，从而带动失地农民就业，失地农村女性在其中主要从事餐饮、住宿服务。

科技扶贫。贵安新区失地的年轻女性，由于对新知识的接受能力稍强，通过培训进入贵安新区引进的富士康等企业就业，或者进入当地高端餐饮、住宿等服务行业。年龄较大的女性通过培训从事市政绿化、保洁等工作。此外，还有一些女性通过刺绣培训可居家就业。调查发现，失地农村女性特别是有了孩子的女性，更倾向区域内就业，甚至愿意接受相对稍低的劳动报酬。

(四)经验评价

无论是小河大寨以村集体经济带动就业，还是清镇百化社区以创业带动就业，抑或是贵安新区科技扶贫整村推进，使就业问题得到解决，都要有两个硬条件。首先是要有业，即区域内要有能够吸纳就业的企业、产业；其次是要有人，即能够提供企业所需要的具有相应劳动技能的劳动力。因此失地农村妇女的就业主要从"业"和"人"两个方面着手。

五、政策建议

紧扣贵州省大扶贫、大数据、大生态的发展战略。依托大扶贫，利用好大数据、大生态下的大健康、大旅游，从整村推进、业态构建、科技扶贫、劳务输出、合作组织等扶贫手段中寻找就业思路。

(一)管理下沉到村委或社区,建档立卡进行就业管理

"培训一人、就业一人、脱贫一户、致富一家"目标。为准确掌握农村妇女的就业情况,加强对劳动力培训转移就业和加强转移就业脱贫工作,需要对农村失地妇女就业进行建档立卡管理。通过建档立卡,一是鼓励建档立卡妇女自主创业,以创业带动就业,使其实现"一人就业,全家脱贫"的目标。并为其提供政策咨询、申请受理、初审调查、评估项目、贷款推荐、担保贷款、税费减免、城镇居民医疗保险等扶持政策,鼓励她们积极创业。二是对建档立卡妇女参加职业技能培训给予支持。

(二)短期注重技能培训、长期注重学历和职业教育

着力于短期,着眼于长期。在人力资本理论中,人力资本的构成要素包括教育、保健、培训及其他。通过培训和教育,提高择业弹性。受教育层次越高,对新知识的接受能力越强,劳动技能的掌握就越快,择业的弹性就越大[4]。"十三五"规划及更长时期,延伸到失地女性代际就业,要从根本上解决就业问题,仍然需要通过教育提高失地女性的受教育程度和职业技能,提高其择业弹性,利用好政府义务教育政策和扶贫政策,加大教育培训投入,不仅对培训教育对象而且对基层政府,建立培训教育的考评机制,前置性地把政府从"找工作"的微观事务中解放出来。培训是短期的,教育是长期的,需要政府体现足够的耐心,长短期效应相结合,引导农户家庭重视短期技能培训,重视对子女教育的投入,尤其是改变过去对女孩教育的忽视思想。

(三)政府做好就业保障和劳务中介培育

土地对农村居民而言,具有双重保障功能。农村社会保障制度的缺位及农民再就业能力偏低,失去了土地意味着他们失去了世代赖以生存的基础,也失去了以土地为基础的诸多权益,这就使得本来人地矛盾就很突出的中国农村面临更多不稳定因素。此外,农村素有劳动力市场的"蓄水池"之说,随着劳动力市场越来越开放,产业间收入差异决定农民可以在进入其他产业就业或返回农业生产中进行选择,这实际上是为农民创造了一个可以预期的"保障线"。失地以后,农民就丧失了这道"保障线",不得不进入其他产业寻找就业机会。因此从理论上讲,农民在征地中失去的这种选择权也应该得到相应的补偿。特别是失地妇女,受失地、农村性别歧视等因素,失去土地后压力更大。单个妇女不仅在就业中的工资谈判能力弱,而且间断性就业导致社会保障不连续。因此,政府需要从工资保障机制、医疗保险、生育保险、工伤保险、养老保险、失业保险等方面构筑失地妇女保障体系,促进农村失地妇女就业[5]。

另外,培育职业中介机构,设立由政府部门主管的职业中介机构,免费为农村劳动力提供就业信息服务,特别要为失地农村妇女设立专门的就业信息服务窗口。规范经营性职业中介组织,并强制性要求该类组织对失地农村妇女的就业信息服务有一定的优惠和特殊

活动[6]。发挥妇联在解决农村失地妇女就业方面的作用,妇联以往的工作重点是计划生育,实施全面二孩政策之后,妇联计划生育的压力减轻了,可以发挥密切联系区内妇女的优势,助力政府其他部门,帮助她们落实和解决就业中面临的社会问题,及时发现失地农村妇女就业的变化和需求,对她们予以就业指导,帮助她们就业和创业。

(四)产业带动就业

产业既是经济增长的基础,也是稳定就业的依托。没有产业,就业无从谈起。无论是农地流转规模经营,还是工业、服务业在产业规划的指引下,都要合理组织域内生产要素,使龙头企业、集体经济、个人创业多方聚力,依托产业发展,长效解决农村失地妇女就业问题。

1. 产业规划注重长短期相结合

贵州省计划通过 5～10 年的努力,把贵安新区打造成为内陆开放型经济新高地、创新发展试验区、高端服务业聚集区、国际休闲度假旅游区、生态文明建设引领区。定位高端的产业规划当前对低端劳动力的吸纳能力是有限的。因此需要在长期规划中考虑中短期规划,特别是根据贵州实际的生产要素状况,在注重产业成长性和联动性的前提下,考虑产业对就业的吸纳能力,避免出现"飞地"现象。"飞地"指的是虽然位于当地,但是与当地产业关联度差、与当地生产要素匹配度低、对当地劳动力吸纳少的企业或企业聚集地。实践表明,"飞地"因为带动本地经济的能力差,始终也不能成为地区经济增长极。

2. 做实村集体经济,向集体经济要就业

以返乡农民工、村里致富能手为主,有组织地做实村集体经济,坚持产业特色化、载体园区化、经营组织化、技能专业化,适度扩大产业发展规模,增强产业扶贫针对性,提升产业市场竞争力和发展动能,提高产业发展质量水平,加快产业脱贫步伐。实现自发就业与政府引导就业相结合,随机就业向定向就业转变,大力推动村集体经济,创新建立以村集体资产经营管理公司为主,村级农业合作社、股份合作社、联合社并存的村级集体经济组织形式,创新发展产业带动、服务创收、乡村旅游、资产运营、招商引资等多种发展模式,激发村级集体经济内生活力,创新多元投入、监管激励、风险防范、利益分配保障机制,促进村级集体经济健康发展,壮大农村集体经济,抓住农村失地妇女家门口就近就业的偏好,向村集体经济要就业。

3. 立足本土企业,"谁用地,谁安置",实现就地转移就业

在招商引资中,不仅要把好环境关,还要把好就业关。政府提供基础设施、税收优惠,转变政府职能,由管制型政府向服务型政府转变,在为域内企业做好服务的同时,也要鼓励企业在用工时吸纳当地农村失地妇女,帮助她们就业[7]。

政府可以考虑设立就业专项资金,对接纳失地妇女就业的企业给予补助或补贴、在

社保上适当减免。签订一年以上劳动合同并为其缴纳社会保险的，每吸收一名失地妇女给予适当补助，所需资金由区财政就业专项资金中列支。例如，企业组织符合条件的失地妇女按国家有关规定参加新型学徒制培训和技师培训，给予企业一定标准的职业培训补贴。又如，企业接收失地妇女就业，并签订至少一年劳动合同的，依法参加失业保险并足额缴纳失业保险费，按照企业及其职工上年度实际缴纳失业保险费总额的不同标准给予稳岗补贴。

对接纳失地妇女就业的企业给予扶持。在区内创办劳动密集型小企业，当年新招用失地妇女人数占在职职工总数一定比例以上，并与其签订一年以上劳动合同的，给予一定数额的创业担保贷款扶持，或者给予贷款贴息。

4. 鼓励农村失地妇女积极创业，以创业带就业

马场镇平寨村村民组积极利用政府的扶持政策，开发乡村旅游，带动餐饮住宿、垂钓等，失地妇女在其中从事厨师、服务员、住宿保洁员等工作。但是一年之中的绝大部分时间处于隐形失业状态。走访发现，寨子中的宾馆即使在夏天旅游旺季也不能满员，游客白天在村子里走走看看，吃完晚饭就回城区住宿，待不住、留不下。游客反映，白天乡村美景美食，晚上除了看电视，没有其他娱乐活动，单调无趣。增加乡村旅游的文化元素，如电影院、健身房、卡拉 OK、阅览室等，一方面可以丰富村民的文化生活，另一方面也可以使游客不仅能够吃得香、看得美，而且能够留得下，乡村旅游才可能带给农村失地妇女更多的就业岗位。

(五)放眼省内，面向全国，实现跨地区有组织劳务输出

运用好经济合作组织、劳务输出的扶贫政策。根据市场要求、本地区地理和历史条件，确定优势产业和拳头产品。运用经济合作组织，从产品生产、加工到市场推广、销售等，特别是运用好大数据、大生态战略下的大健康、大旅游思路，主推绿色产品和旅游业。失地农村女性就业仍需注意发挥女性情感就业的特质。情感互动会有两种状态：深层状态与表层状态。前者会达到雇主所需和自身情绪状态一致，较为理想；后者是按照要求表现的，但并不与自身情绪一致。普遍来说，表层状态是经常表现出来的，对于家政从业人员而言，虽然女性在情感就业方面具有优势，但一般情况下难以达到深层状态，而总是长时间表现表层状态也是不可能的。因此深层状态和表层状态的把握需要培训和学习。在城市家庭规模小、老年人口比重逐渐攀升的趋势下，发挥女性就业特征，进行家政护理、旅游服务等方面的培训，利用大数据进行市场推广，创立品牌，实现跨地区劳务输出。

当前，贵州扶贫任务艰巨，一些地区实行搬迁扶贫，其中比较困难的是就业安置。上述通过培训和教育提高劳动者劳动技能，构建乡村旅游等新产业、新业态，以产业带动就业、就地转移就业和有组织输出劳动力的就业思路可能也会对小城镇移民就业安置有些帮助。

第二节　城乡统筹养老与城镇化发展

　　人口红利的逐渐消退和人口老龄化趋势的逐渐加强,对国家和地区而言,既是挑战也是机遇。它要求各地调整产业结构和经济发展模式,由劳动密集型向技术、管理创新型转变。了解贵阳市人口年龄、知识结构及其变动趋势,深入探讨家庭分散养老模式向机构集中养老模式转变的必要性和可能性,符合贵阳市"走科学发展路、建生态文明市" 的总体设计意图,可以为贵阳市养老产业的发展和"城镇化带动"开辟出新的途径。

　　本节总体上采用实证分析的研究方法。第一部分主要依据贵州、贵阳市人口统计年鉴及人口普查基本信息,整理获取按类别归纳的贵阳市老龄人口当前数据和可预测数据,推算贵阳市老年人口及人口老龄化动态变化趋势。第二部分拟通过问卷调查的方式,分别选择若干样本村镇和样本社区,入户调查农村及城市社区家庭养老和社区养老的现状、居民的养老意愿,分析机构养老的必要性。第三部分采用典型案例分析方法与 SWOT 分析方法相结合,联系协调民政机关,选择几个典型养老机构,走访调查,分析机构养老的优劣势,以及其在人口老龄化阶段所面临的机遇和挑战。养老机构的扩张,必然要求土地、资金、基础设施、技术、人力资源等生产要素的参与,分析一定机构覆盖率条件下要素投入的城镇化效应。第四部分主要采用因子分析的数理模型分析方法,罗列引致效应的始发元素,按权重选取变量作为因子,展开相关性分析。第五部分的对策建议注重实际可操作性。

一、基础理论

(一)人口老龄化概念界定

　　人口老龄化是指在某一个人口总体中老年人口的比重逐渐增加的过程,特别是指年龄结构类型已属年老型的人口中老年人口比重持续上升的过程。根据联合国人口老龄化的标准,一个国家 60 岁及以上的老年人口占人口总数的比例超过 10%,或者 65 岁及以上的老年人口占总人口的比例高于 7%,这个国家或地区就进入了老年型社会或老年型国家。改革开放以来,随着国民经济的蓬勃发展,人民生活水平逐步提高,医疗卫生条件的极大改善和国家计划生育政策的实施,老年人口比重逐年增加,第六次人口普查显示,我国总人口已达 13.39 亿,60 岁及以上人口占全国总人口的 13.26%。由此可见,我国已经进入老龄化社会,养老日益成为关乎家庭与社会和谐的大事。

(二)城镇化概念界定

　　城镇化是指农村人口转化为城镇人口的过程,第二、三产业不断向城镇聚集,从而使城镇数量增加、规模扩大。然而城镇化的进程必然引起社会结构的急剧转型,并将影响人们的价值观及其文化、生活方式，进而会影响养老保障方式。贵州是一个农村人口占多数的省份，一方面城镇化进程快，另一方面农村老龄化趋势越来越明显。认清城镇化进程下的农村养老压力，对于解决贵州养老问题意义重大。

(三)国内外研究现状

我国自 1999 年总体上进入老龄化社会，虽然各地区在老龄化程度、进入老龄化的时间进程上各有不同，但从整体来看，老龄化趋势在加强和加速，已有的研究大体分为以下三个阶段。一是 20 世纪 90 年代末大批城市职工下岗，这一阶段集中研究下岗职工的养老保险金从企业剥离，进入社会化机构管理的操作性问题，进而引起对在岗职工养老金的缴纳、转移的关注。二是 2003 年前后，农村剩余劳动力大规模转移后，尤其是近来农村老龄化和空巢现象更引发了人们对农村养老的空前担忧。三是城市"421"的倒三角家庭模式逐渐呈现，养老问题也逐渐成为各界讨论的焦点，讨论的内容包括养老保险金的来源和支付保障、养老模式比较、人口老龄化趋势、贵州城镇化的条件等。将三个阶段结合起来，分析人口老龄化、养老机构建设与贵州城镇化互动关系的，据目前已掌握的资料来看，还非常少。同时期国外的相关研究已走在了我国的前面，东方国家如日本、新加坡等，在养老保障方面已取得极大成果；西方国家如法国和瑞典，早在 19 世纪中叶就进入了老龄化社会。因此发达国家在解决老龄化问题方面的研究相当深入，对我国有较强的借鉴意义。

二、城镇化背景下贵阳市人口老龄化基本情况

据 2010 年第六次人口普查数据显示，贵州省城镇化率为 33.81%，城镇化的推进对老年人口的养老保障产生了广泛而深远的影响。伴随着城镇化进程，家庭传统结构受到冲击，逐渐小型化，养老功能日益衰弱；同时城镇化的发展使得人们的生活质量和生活水平不断提高，而且人们的预期寿命不断提高，又加速了人口的高龄化。截至 2010 年年底，贵阳市总人口为 364 万人，其中 60 岁以上的有 49.71 万人，占全市总人口的 13.7%，65 岁以上的有 34.48 万人，占全市总人口的 9%。到 2015 年全市 60 岁及以上老年人将达 77.89 万人，占总人口的 15.88%，65 岁以上老年人将达 48.33 万人，占总人口的 10.69%。伴随着人口老龄化的加剧，贵阳市人口老龄化呈现以下几方面特点。

(一)老年人口规模大，发展速度快

由 2010 年的数据可以看到，贵阳市老年人口占全市人口比重较大，随着经济的发展、医疗改善和计划生育等各项因素的影响，这一形式必将越来越严峻。同时，贵阳市进入人口老龄化的时间虽然比发达地区稍晚，但是老龄化发展的速度大大快于世界平均水平，同时也快于全国水平。法国、瑞典、美国、德国、英国等国家走完这一历程所花的时间为45～120 年，据有关资料显示，法国这一过程用了 115 年，英国用了 80 年，美国用了 60

年，连老龄人口发展速度最快的日本也用了 25 年。我国社会进入人口老年化速度加快，初步推算，我国大约为 18 年，贵阳市大约为 16 年。

（二）贵阳市人口老龄化呈现了未富先老的特点

作为西部一个欠发达地区的省会，2009 年贵阳市国民经济和社会发展统计公报显示，全市人均国内生产总值为 22832 元，按年末汇率折算，约合 3344 美元，远远低于发达国家人均 5000 美元的最低指标。同时，我国的工资总量只占 GDP 的 13%左右，约是世界平均水平的四分之一，当老龄化到来时，个人养老能力可想而知。这说明经济发展水平与人口老龄化程度不相适应，明显呈现了"未富先老"的特点。

（三）贵阳市的高龄化现象严重且性别比例逐渐递增

高龄化是指年龄在 80 岁及以上的高龄老年人占全体老年人口的比例趋于上升的过程。2005 年贵阳市 1%人口抽样调查结果显示，80 岁及以上的老年人为 3.88 万人，占到了老年人总数的 9.9%；2009 年贵阳市高龄人口为 4.64 万人，占到了老年人总数的 9.7%。同时，随着年龄的增长，源于男女自身的生理机制，将使男女性别比例不断增大，老年女性人口逐渐多于老年男性人口，意味着随着年龄的增长，越来越多的女性老年人陷入了失去配偶的困境。随着城镇化的推进，农村人口转化为城镇人口，老年人逐渐向城镇靠拢并且高龄化趋势日益严重，城市的养老压力越来越大，当家庭传统养老和社区养老无法满足养老需求时，机构养老的重要作用将日益凸显。

（四）贫困、病残、空巢老年人比例高

根据贵阳市老年学学会课题组 2006 年的调查结果显示，云岩区每月收入在 300 元以下的老年人占被调查老年人的 16.9%，患有各种疾病的老年人占被调查老年人的 18.7%；南明区每月收入在 300 元以下的老年人占被调查老年人的 17.57%，常年患有各种疾病的老年人占被调查老年人的 27.03%。而贵阳市其他地方的贫困老年人口比例会更高。随着社会的进步和人们居住方式的改变，空巢老年人的比例也出现了大幅度的提高，据调查，云岩区空巢老人占全区 60 岁以上老年人的 37%，南明区空巢老人占全区 60 岁以上老年人的 29.11%，这就意味着有近三分之一的老年人是与子女分开居住的。

从上述分析可以看出，今后一段相当长的时期内，人口老龄化的问题会日趋严重，老年人口比重的日益增大将会给经济发展、产业结构、文化形态、社会发展等带来一系列的变化，如何面对迅猛而来的老龄化问题已成为全社会共同关注的焦点。党的十八大报告中一个突出的特点就是更加注重民生，报告明确指出，"实现基础养老金全国统筹，建立兼顾各类人员的社会保障待遇确定机制和正常调整机制"，为搞好社会养老工作指明了方向。在构建和谐社会的大背景下，养老工作必须以十八大精神为指导，在因地制宜、扬长避短和发挥各种优势的基础上探索解决养老问题的有效途径。

三、贵阳市养老方式现状分析

迅猛而来的老龄化问题已成为全社会共同聚焦的热点。我国目前的养老模式以家庭养老为主、社区养老为托、补充机构养老[8]。家庭养老是指子女和老年人生活在一起，子女向老年人提供衣、食、住条件并照料老年人日常生活的一种养老方式。然而，随着我国经济体制的改革，特别是计划生育相关政策的出台及逐步落实，使传统的大家庭向现代"421"的倒三角家庭模式逐渐过渡[9]。家庭规模的小型化及结构的简单化，降低了家庭养老的基本功能，而且也加重了年轻夫妇的经济负担和心理负担。来自家庭的照护已明显不能满足老年人日渐增长的需求。一方面，受社会生活环境的影响，年轻人的生活观念发生了很大变化，愿意离开父母独立生活；另一方面，老年人或即将退休的准老年人的家庭生活观念也发生了很大变化，为了子女的事业或家庭的和谐稳定，也为了避免家庭矛盾，他们纷纷选择与子女分开居住。由于家庭规模和结构发生了很大改变，来自家庭的温暖日渐减少，老年人的生活并不幸福，情感往往得不到慰藉，身心孤独。

社区养老也存在诸多矛盾和问题。社区养老是指以社区为依托向需要帮助的老年人提供服务，是一种介于家庭养老及机构养老之间的养老模式。在我国，一个正常的社区机制尚未建立，社区自身在管理、运作、服务方面还不完善，如社区内部治理、社区便民服务设施既不完善也不到位。作为一种新型的养老模式，社区居家养老服务还只能停留在满足老年人基本需求的层面。依托于社区而开展的社区养老虽在一定程度上能够缓解人口老龄化的压力，提供养老的支持，弥补家庭和社会养老的不足，但其在满足老年人个性化需求方面还存在明显欠缺。因此，在家庭养老和社区养老的基础上发展机构养老模式已成为当前解决养老问题的又一主要途径[10]。

机构养老在发挥养老服务方面有无可比拟的优势。机构养老能够为老年人提供量身定制的个性化服务，满足老年人个性化需求，丰富老年人的精神文化生活，提高老年人的晚年生活质量[11]。机构养老依据其规模大小的不同，可以有效地节约社会养老的成本，养老院、敬老院、老年公寓、福利院、老年护理院针对老年群体，满足老年人所需，集约化经营管理，一方面节约了投资和管理成本，提高了资源的利用率，另一方面也节省了入住老年人的花费。机构养老能有效地缓解老年人的精神空虚，许多老年人居住在一起，相互之间没有代际、言语的隔阂，可以聊天话家常，可以娱乐扭秧歌，可以互帮互助，共同寻找心灵慰藉；社会团体、大学生群体、公益性组织和个人定期或不定期地到养老机构进行志愿服务、慰问演出，能够给老年人送去关怀和温暖，使老年人得到心灵抚慰，笑对晚年生活。同时机构养老能够有效地吸收社会闲散资本，动员社会力量关注、关爱老龄群体，推动老龄产业，拉动老年消费，培育老年市场，有利于促进经济发展和社会和谐。

（一）农村家庭养老的现状

我国是一个农村人口占绝大多数的国家，大多数农村还是依靠土地和家庭作为养老的主要方式，辅以集体供养和国家救济。贵阳市农村居民养老是以家庭养老为主，辅以少数集体养老、储蓄养老、征地补偿养老、房屋出租养老、困难救助和低保养老。根据抽样调查资料的分析，靠子女赡养的家庭养老模式占绝大多数。

贵阳市农村养老模式调查情况如表 5.3 所示。

表 5.3　贵阳市农村养老模式调查情况

抽查户数	有效户数	养老模式							
		子女	占比%	储蓄	占比%	房租	占比%	集体	占比%
821	647	408	61.3	105	16.2	81	12.5	53	8.2

从贵阳市农村的基本情况和农民的收入来看，贵阳市 2008 年年末总人口为 363.93 万人，其中农业人口为 182.5 万人，占全市总人口的 50.15%。全市第一产业增加值为 47.21 亿元，占全市国内生产总值的 5.8%，全市 2008 年城镇居民年人均可支配收入为 13817 元，农村居民人均纯收入为 4818 元，仅占城市居民可支配人均收入的 34.8%。大批青壮年劳动力背井离乡外出打工，老人儿童留守农村，依靠土地和子女供养维持生活；部分农村存在着政府救助分配不公现象，普遍存在的一个主要矛盾就是低保分配，真正贫穷的未能享受低保，权力滥用现象严重，造成低收入人群(如丧偶、孤寡老人)难以享受国家低保待遇，生活困难；同时，早已存在的医疗卫生水平低、社区建设不完善等情况，造成家庭养老往往心有余而力不足，因此养老的水平相当低下[12]。

(二)城市家庭分散养老、社区养老现状及其存在的问题

1. 贵阳市家庭分散养老、社区养老现状

我国的人口老龄化是伴随着工业化、城市化的发展水平低、经济不发达的情况到来的，贵阳市作为贵州省的省会，在 2006 年正式进入人口老龄化社会，随着经济的发展与城市化进程的不断加剧，传统的家庭养老因家庭结构的变化，使核心家庭增多、家庭规模缩小，不仅照顾老年人的家庭成员资源不足，而且现代年轻人更多地追求自我发展、自我价值的实现，导致空巢家庭显著增加且空巢期延长，这些变化导致家庭养老的功能弱化。目前，中国社会科学院人口与劳动经济研究所研究员王跃生发布了一份调查报告，调查显示在老年人的居住方式上，城市父母独居的比例最大，占46.22%，对低龄老年人来说，当子女均结婚之后，单独居住往往是其主动选择；在经济来源上，靠退休金生活的老年人达到 75%，依赖子女者仅占 9.67%。由此可见，只有少部分老年人选择和子女住在一起。

目前，传统的家庭养老已经不能适应形势的发展，而社区养老的迅速成长，有效地实现了家庭养老和社区照顾的最佳结合。贵阳市社区居家养老在社区建立养老服务点，为居住家中的老年人开展社会化服务。其主要内容有家政服务、医疗保健、心理慰藉、提供娱乐场地设施、老年人维权等，以保证老年人的晚年生活质量。

第一，政策支持。贵阳市《关于实施"老有所养"行动计划(2008—2012 年)的意见》

(筑党发〔2008〕27 号)明确指出：优先发展社区养老服务。此外，在《关于印发贵阳市公益性岗位管理办法的通知》(筑府办发〔2009〕97 号文件)中，民政部要求 2010 年在每个社区服务站设置 3～5 个公益性岗位，组织低保人员和其他劳动者在社区公益性岗位上具体从事社区公益性养老服务工作。这些政策的颁布实施为居家养老社区服务的积极广泛推广奠定了政策基础。

第二，市内各辖区纷纷结合自身实际情况开展各具特色的为老服务。南明区广泛开展的"晚霞彩带"活动，云岩区宅吉办事处实行针对 80 岁以上老人的"爱心电话 6608999"服务，云岩区中北办事处以"走进来走出去"为主要方式，为缺乏生活自理能力和行动不便的老人提供上门服务。

第三，城市社区卫生服务网建设已初具规模。贵阳市全市共 3158 个社区卫生服务中心，其中市级 9 个，县级 17 个，社区 1325 个，村 1797 个，覆盖率达 90% 以上，社区卫生服务中心和社区卫生服务站坚持开展为 60 岁老年人提供预防、医疗、护理和康复等方便老年人的服务工作，并对 60 岁以上的老年人建立了健康档案；为 70 岁以上的老年人提供优先就诊、免挂号等优惠政策，全面普及健康知识，提高老年人的健康指数。

第四，城镇老年人最低生活保障制度，按照"应保尽保、分类施保"的原则，优先落实符合条件的老年人享受最低生活保障制度。发展老年人慈善事业，倡导多种形式的扶老助困送温暖活动，使贫困老年人基本达到了"老有所养，老有所医"。

第五，推动老年教育的健康发展，广泛开展文体活动，丰富老年人的精神生活。鼓励和倡导老年人"老有所为"。目前贵阳市各辖区积极开展老年教育，全市共有老年大学 204 所，入学率达 4.28%。此外，全市设有多处老年活动中心和老年人活动室，共有 458 个户外活动点，文体组织健全，有丰富的书法、摄影、舞蹈、老年艺术团等，充实了老年人的精神生活。

第六，积极开展老年人权益保护，加强老年人维权体系和队伍建设。贵阳市由司法、公安、民政、劳动等部门组成的老年维权工作网络也初步形成。这些法律服务机构负责接待老年人来访、处理老年人来信、受理侵害老年人合法权益的案件，开展老年人法律宣传，对老年人给予全免或减免诉讼等法律援助。

2. 贵阳市社区养老存在的问题

贵阳市的城市社区居家养老取得的成效是显著的，但由于社区养老模式产生的时间尚短，在建设的过程中存在很多问题，不能满足老年人多方面的需求，具体表现如下。

首先，社区养老社会化程度不够。社区老年设施由国家、集体包办，民政部门直办、直管的做法还没有根本改变。福利机构的服务对象仍以传统的社会救助对象为主，能够承担居家养老服务的民间机构和团体组织发展滞后。社区的养老救助信息系统没有有效建立，社区养老产业及资源无论是有偿、低偿，还是无偿的整合发展不够，难以满足老年人的就医、就餐、家政等服务需要。以南明区为例，其老龄工作的覆盖面广，工作开展主要在老龄委，各级党政领导也很重视，但是各地发展很不平衡，社会力量、民间组织未被动员起来，工作力量薄弱。

其次，资金来源不足。我国的老龄化属于"未富先老"，目前制约居家养老事业发展的最大问题就是资金问题。贵阳的居家养老主要是靠政府和民政部门的投入，其投入受经济发展的制约，是有限的。而民政部门的投入主要依靠福利彩票，而彩票的收益本来就有不确定性，加之配套不到位，使得居家养老的发展受阻，不能让广大的老年人从中受益，影响他们参加的积极性，像贵阳碧海花园投资 3000 万元打造社区居家养老的只能是少数。南明区在 2006—2009 年财政投入老龄事业经费共 252 万元，但对于日趋庞大的老年人口也只能是杯水车薪，财源不足将必然制约贵阳市居家养老事业的发展。

最后，服务内容单一、专业化程度低也是制约社区养老发展的一个重要因素。目前老年人所需要的服务项目增多，已不仅仅是简单的家政服务和护理服务，他们更需要的是精神上的满足，并且服务人员也基本上是"4050"的下岗人员和外来女工，文化水平较低，大部分人员都没有经过系统的专业培训，缺少知识化、年轻化、技能化、标准化的专业服务人才。

3. 老年人口及其家属养老意愿调查

养老意愿选择包括老年人对居住方式、居住场所等方面的选择，影响选择的因素是多方面的，受到老年人经济收入、住房、家庭代际关系等多种因素的影响，如表 5.4 所示。

表 5.4　养老意愿选择的影响因素

居住方式		居住场所	
与子女居住	未与子女居住	在家养老	在养老院养老
生活有人照顾	分开居住自由	有子女照顾	可以接触更多老年人
热闹，不孤独	子女无时间照顾	享受天伦之乐	减轻子女负担
生活丰富	怕给子女添麻烦	没钱支付养老院费用	在家没人照顾
开销少	子女不在本地	子女反对和需要帮助	避免与子女之间的矛盾
没有好处	子女住房紧张	怕别人说闲话	其他
其他	子女不愿意	其他	其他

以上数据来源于 2008 年 1 月贵州财经学院韦璞博士主持的"贵阳市城乡老年人生活状况调查"，调查采用了选点多阶段抽样方法。首先，在贵阳市辖区 11 个区(县、市)选取南明区、云岩区、花溪区、乌当区和修文县作为调查区域，每个区随机选取两个街道(乡、镇)，得到 12 个街道(乡、镇)(由于南明区和云岩区人口比重较高，因此云岩区选取了 4 个街道)；其次，在抽中的每个街道(乡、镇)中再随机抽出 1 个居委会或村委会；最后，在每个居委会或村委会抽取 50 名 60 岁及以上不同家庭的老年人，得到 600 名调查对象(若所抽查对象中居委会或村委会老年人数达不到 100 人以上，则另抽查其他居委会或村委会)。资料收集采取调查员入户询问，当场代填调查问卷的方式进行，因此，获取的调查数据质量较为可靠。研究结果表明：选择居家养老的老年人占绝大多数，高龄、丧偶、农村老年人选择机构养老的相对较多，高收入老年人大多选择居家养老，子女关系与老年人的精神状况也影响着养老方式的选择。

我国目前的养老模式基本是家庭养老，机构养老带有浓厚的"救济"性质，但随着社会的不断发展，家庭养老功能不断地削弱，社区养老是介于家庭养老和机构养老之间的新产物。然而由于这种模式将养老的重心放在力量薄弱的社区，并且官办色彩无形中阻碍了商业机构的进入，因而规模小、缺乏竞争，其发展的可持续性非常可疑[13]。利用 SWOT 分析法分析机构养老方式：从优势的角度看，机构养老在老年人身心健康方面能充分发挥自身的多种优势，形成、建构和发展自身的特色；从劣势的角度看，在具体应用中同样面临着许多的困难、矛盾和问题；从机遇的角度看，新时期的养老工作必须善于抓住历史机遇，充分利用各种有利条件，抓住中央和社会各界充分重视养老工作的有利契机，促进我国养老事业的发展；从威胁的角度看，养老社会服务部门在具体选择养老方式时，必须革除保守和习惯势力的威胁，实现以开放促发展，排除阻碍老年人自然、正常、健康生活的各种干扰及其不利因素的消极影响，如表 5.5 所示。

表 5.5　机构养老 SWOT 分析

优势 (Strength)	劣势 (Weakness)	机遇 (Opportunity)	威胁 (Threat)
同龄娱乐	资金投入	政府重视	适用范围
医疗照顾	疾病传染	社会支持	机构定位
专项服务	美德弘扬	特殊照顾	统一管理
心理健康	监督机制	老龄产业 ……	权益维护
缓解子女压力 ……	服务层次 ……		行业竞争 ……

党的十七届五中全会在"十二五"规划建议中明确提出了"积极应对人口老龄化，注重发挥家庭和社区功能，优先发展社会养老服务，培育壮大老龄服务事业和产业"的要求。机构养老服务作为养老服务体系的重要组成部分，在养老服务体系中扮演着不可替代的角色。从长远来看，无论是农村还是城市，机构养老必将取代家庭养老和社区养老。

四、机构集中养老的直接经济效应

国家对养老服务体系的定位是，机构养老具有"支撑"地位而不仅仅是"补充"，这个定位是富有远见的。中国社会的急剧变迁导致社会化养老服务的需求量将逐步增大，并且多层次、多元化的机构养老市场也在逐步扩大。积极应对人口老龄化挑战，优先发展社会养老服务，推进老龄服务事业和产业发展是一项社会系统工程。据测算，老年人口消费规模到 2020 年将接近 4.3 万亿元，到 2030 年将达到 13 万亿元。老年人口消费占总消费的比重将由 2000 年的 9.67%上升到 2020 年的 15.43%，到 2050 年将达到 28.29%。无论是规模还是所占比重，人口老龄化对我国未来经济社会发展的影响将是巨大的。面对这样一个巨大的市场，大力推动老龄产业快速发展的意义重大，且影响深远。

（一）当前贵阳养老机构运营状况

为努力实现"老有所养"，贵阳市充分发挥政府主导作用，加大资金投入和扶持引导力度，搭建为老服务平台，通过出台《关于实施"老有所养"行动计划(2008—2012 年)的意见》等系列政策法规，落实养老服务机构用地、水电等一系列优惠扶持政策，在全市营造出为老服务的良好环境和氛围，加之社会力量的广泛参与，全社会为老年人服务的工作体系基本建成。2008年以来，在市民政部门的密切配合和积极开拓下，国办养老服务机构从原来的两家发展至 7 家，其服务能力的极大提升，缓解了养老服务需求不断增长和养老床位供不应求之间的矛盾。休养环境的改善、功能设施的完善、服务层次的丰富，也使国办养老服务机构成为养老服务行业的骨干和示范。

至 2010 年，贵阳市各类养老服务机构发展至 106 家，其中公办养老机构 7 家，民办养老机构 42 家，乡村敬老院 57 所，已建成养老床位 5000 余张，城镇社区养老服务覆盖率达 93%，53 万余老年人受益。虽然贵阳市的机构养老建设取得了较大的进步，但是按照全国老龄办规定的每千名老年人拥有 12 个床位(即 12‰的标准)，贵阳还有约 4‰的差距。以贵阳 49.71 万 60 岁以上的老年人为基数计算，床位缺口至少近 2000 张，随着老年人口逐年增加，需要的床位数还将相应增大。

同时，在目前贵阳市养老机构床位总体上存在缺口的情况下，更为凸显的问题是：全市 7 家国办养老机构床位供不应求、十分紧俏；而其他养老机构由于地理位置、环境、设施和管理等多种因素的影响，绝大部分都存在长年入住率低、床位空置率高、生存较为艰难的现象。例如，贵阳市老年公寓、贵阳市第一社会福利院、贵阳市第二社会福利院等 7 家国办养老机构由于大部分位于市区内，开办时间长、交通方便、管理完善、设备设施齐全、环境优美、护理人员素质较高等因素，长年维持高入住率，床位供不应求；而绝大部分民办养老机构除了交通、位置、环境、设施等相对较差外，护理人员基本上是自己培训的，缺乏规范的培训和护理技能。因此，老年人大多不愿意住民办养老机构。

（二）养老机构就业效应与城镇化

1. 养老机构的就业效应

随着老年人口的逐渐增多，养老机构的大量出现催生了专门以老年人为服务对象，提供养老服务、疾病服务、精神文化服务等一系列老龄产业。作为服务业的重要组成部分，养老服务业有着集聚人力资源、吸纳就业人数较多等特点，是创造就业机会、拉动就业增长的重要渠道和形式。党的十七届五中全会明确指出，要优先发展社会养老服务，培育壮大老龄服务事业和产业。因此加快发展养老服务业，不仅能够解决老年人和老年家庭生活问题，而且对于转变经济发展方式、扩大内需、促进就业、提高居民收入水平等具有积极意义。

2. 促进消费,成为拉动积极发展的又一杠杆

养老服务面向不同收入层、不同家庭结构和不同生活能力的全体老年人,而不再限于传统概念中"经济上弱势"的老年人。首先,养老服务领域的服务种类很多,基本可以覆盖老年人养老需求品种。改革开放以来,人民整体生活水平提高了,相当部分老年人为养老留有较多积蓄,有较强的消费能力,但是缺少合乎标准质量的服务供给。因此,有足够的需求使养老服务业成为新的消费热点。根据 2010 年商务部统计,目前以养老服务为主的家政服务年营业额达 1600 亿元,按照前两年服务业的平均发展速度,用 5 年的时间使该产业规模扩大三分之二,那么将拉动 1.1 万亿元的消费,如果进一步加快发展,将会带动更多消费。其次,可以间接增加其他社会消费。由于养老服务业促进了养老保障体系的完善,解决了老年人的后顾之忧,改善了人们未来的消费预期,必然减少"养老储蓄",扩大当前家庭消费。

3. 创造就业岗位,吸纳大量人员就业

养老机构的增多及每个养老机构雇用服务人员数量的增加,其创造的就业岗位也在不断增多。同时,随着人们生活水平的提高,信息化及专业化带来的现代家庭养老服务业对从业人员的教育背景和素质提出了更高要求,传统养老机构简单生活护理的低端服务已发生很大改变,需要更多经过专业培训和教育的护理人员,以及企业、机构的管理人员,劳动力资源结构得到优化。现阶段我国"421"家庭模式居多,即一对年轻夫妇要负担 4 个老人的养老重任。照顾老人需要大量的时间和精力,这可能会影响到年轻人的工作,养老机构的出现,一方面为吸纳就业人数做出重要贡献,另一方面又把子女从照顾老人的工作中解放了出来,使年轻夫妇可以有充足的时间投入到工作中去,达成一种双赢的局面。

(三)养老机构与城镇化

21 世纪上半叶,我国的发展将走到一个历史的交会点——即城镇化与人口老龄化的交会。加快城镇化步伐,提高城镇化水平,既是我国实现工业化的内在要求,也是缩小城乡差距、统筹城乡经济社会发展的重要举措[14]。城镇化在加快老龄化进程和弱化家庭养老观念等方面起着推动作用。与此同时,我国将迎来人口老龄化的高峰,与发达国家人口老龄化过程相比,我国人口老龄化来势凶猛,具有基数大、增长快、负担重等特点。这将给我国的养老保障形成巨大的压力。目前,贵阳市老龄人口比例虽然不算太高,但增幅速度较快,在城镇一体化发展的过程中,城镇人口占总人口的比重不断上升,养老问题已经在城市化进程中凸显出来。因此,在加快城镇化进程的同时必须关注并解决人口老龄化问题、养老保障问题,构建城镇化的养老链,促进养老产业的社会化、集约化、商业化,以促进城市的稳健发展,从而实现社会经济的良性发展。

五、机构养老引致效应与城镇化

(一)机构养老的引致效应分析

截至目前,贵阳市已经建立了初步的养老服务体系,与以前相比,老年人的晚年生活已经得到较大的改善,老年产业的兴起同时伴随着城镇化进程的发展,城镇化用于反映人口向城市聚集的过程。作为西部落后省份的贵州,还有大量人口没有摆脱贫困,大多数居民还居住于山村,自我国 20 世纪 80 年代出现农民外出打工以来,以青壮年农民为主体的人口流向城市,广大农村出现大量留守妇女、儿童和老人。由于地处西南,且城乡差异大,这一现象在贵州农村更为明显。贵阳作为省会城市,也成为贵州本地最大的人口聚集地,四周农村劳动力不断向贵阳涌入,其城镇化水平已进入加速阶段,随着贵州养老体系逐渐建立,那些青壮年劳动力外出打工的家庭中的老年人的晚年生活可以从养老机构得到专业化、高效的老龄服务,得到更多关怀和专业护理。同时,老年人口集中养老可以顺应老年人的群体心理要求,更重要的是在不降低养老质量的基础上,减轻了子女护养重任,使其有更多的时间和精力投入工作,这就是机构养老的引致效应。

根据凯恩斯乘数效应理论,政府投资的国办养老机构和个人或单位出资的民营养老机构对经济发展能产生巨大的推动作用,得到的收益远远大于投资,既兼顾社会效益又收获经济效益。老龄产业是慈善产业,更是道德产业,养老机构可以理解为“社会企业”,收获的是道德红利(即企业品牌和社会效益)和商业红利(即市场利润和经济效益)。对于广大农村劳动力来说,可以放心地外出务工,有利于家庭生活水平的提高和社会经济的良好运行,同时也加快了城镇化进程的发展。

城镇化的推进对我国农村人口的养老保障产生广泛而深远的影响,既有积极的推动作用又提出了严峻的挑战。在人口老龄化、经济市场化等多种因素的交互作用下,解决人数众多的农村人口养老保障问题是一项艰巨、复杂的社会系统工程,必须有领导、有计划、有步骤地进行。

(二)引致效应与城镇化关联性测度

从上文可知,养老机构的引致效应解放了年轻人照顾老年人的时间,特别对于广大农村劳动力来说,可以外出务工,而大量的农民工向城市聚集,又推进了城市化进程和城镇化的发展,可以说,养老机构在这个过程中起到了积极的推动作用。在经济转型时期,第三产业的作用日益凸显,养老产业作为第三产业,在吸纳就业、创造社会财富方面都起到了重要的作用。在复杂的经济建设中有效厘清两者之间的关系,有助于人们准确地做出战略决策,进一步明确发展目标,制定科学合理的发展举措,基于此,分析城镇化水平与机构养老之间的关系就具有重要意义。下面通过定量和定性研究相结合,对两者的关系做出科学准确的分析,因为影响城镇化的因素有很多,这里只考虑机构养老和城镇化之间的关系。

由于机构养老的引致效应不能直观地用数据表现出来，在进行定性和定量分析时，用变量(社会保障水平)来量化(引致效应)，这是由于社会保障水平在一定程度上可以反映机构养老的引致作用：养老机构的存在减轻了年轻人的护养重任，对广大农村来说，年轻人没有了后顾之忧纷纷外出务工，加剧了城市化进程和城镇化的快速发展，因此，理论上说，社会保障水平和城镇化水平具有密切的相关关系。贵阳市 2005—2010 年城镇化水平与社会保障水平如表 5.6 所示。

表 5.6　贵阳市 2005—2010 年城镇化水平与社会保障水平

年份	2005	2006	2007	2008	2009	2010
城镇化水平/%	63.1	63.1	63.85	64.18	65.20	68.13
社会保障水平/%	9.53	9.67	10.43	9.9	14.53	15.1

通过 Eviews 软件对上述数据进行回归分析，得到如图 5.1 所示的结果。

```
Dependent Variable: Y
Method: Least Squares
Date: 10/28/12   Time: 20:53
Sample: 2005 2010
Included observations: 6

Variable        Coefficient   Std. Error   t-Statistic   Prob.

   C             57.02948     1.998671     28.53369     0.0000
   X              0.656205     0.169907      3.862142     0.0181

R-squared             0.788540    Mean dependent var     64.59333
Adjusted R-squared    0.735675    S.D. dependent var      1.900502
S.E. of regression    0.977095    Akaike info criterion    3.052737
Sum squared resid     3.818862    Schwarz criterion        2.983323
Log likelihood       -7.158210    F-statistic             14.91614
Durbin-Watson stat    2.916360    Prob(F-statistic)        0.018114
```

图 5.1　回归分析结果

可知回归方程 $y=0.6562x+57.0295$，拟合优度，当拟合优度越接近 1 时，说明因变量与自变量的拟合程度越好，反之越差。从结论可以看出 $R^2=0.7885$，既不接近 1 又大于 0.5，说明了城镇化水平和社会保障水平具有相关性，但不存在显著的线性关系，这主要是由于城镇化是一个极为复杂的问题，其水平提升涉及众多因素的共同作用与影响。因此社会保障水平的代表性可充分说明机构养老的引致效应和城镇化的相互关系。

六、对策建议

随着西部大开发战略的实施，贵阳作为西部落后地区的一个省会城市，在我国人口老龄化的大背景下，城镇化的快速发展，使传统的家庭养老功能逐渐衰弱，而社区功能又不完善，因此迫切需要一个强有力的养老服务机构。但由于我国养老机构起步晚、底子薄，加之相关政策法规不健全，我国的人口老龄化又是在"未富先老"的情况下出现的，种种原因导致现有养老机构无论是在资源上还是在服务水平上，都存在很大的不足。因此，在城镇化过程中的养老保障问题，如果不加以重视，日积月累，就会日渐沉积为严重的社会问题。做好机构养老是一项长期而艰巨的任务，城镇化步伐的加快和人口老龄化高峰的到来使这一问题的有效解决更显迫切。我们必须坚持科学发展观，从全面建成小康社会的大局出发，从我国的基本国情出发，积极有效地予以解决，其基本思路如下。

（一）加大公共财政扶持力度

养老事业属于公益性事业，养老问题不仅是一家之事，更是一国之事，无法解决"后顾之忧"，不仅关系到社会主义经济建设的大局面，更有可能影响到社会稳定，因此，政府必须加大养老事业的财政投入。公办养老机构作为政府投入的一个标杆，在各个方面都应起到模范作用，包括基础设施、管理、服务人员素质等；同时，民办养老机构作为一个重要组成部分承担了政府的部分责任，缓解了政府的压力，政府应加大资金支持力度，设立专项基金库，以资金的方式支持社会力量兴办的养老机构，给予不同数额的开办费补助和营运补贴，并且对社会贡献大的民办养老机构给予补助，用于加强民办养老机构软硬件建设，提供贷款担保，发放低息贷款，解除民办养老机构经营者的后顾之忧。

（二）加强政府宏观调控，制定与落实好相关法律与政策

政府应加强有关机构养老的法律与政策的制定，从宏观上加强管理、指导与监督等工作。

随着生活水平的提高，老年人对晚年生活的服务质量要求也越来越高，不少经济条件好的老年人会选择服务质量高、设备齐全的养老院，其中就存在着价格制定等一系列问题。因此，有必要加强对养老机构的质量和收费价格的监控，制定相应的约束机制，建立、健全相关养老机构内部各类规范化标准，从而更好地满足老年人的生活需求。同时增加对社会养老机构的投入，特别是对一些民办的养老机构给予必要的政策和资金支持，以满足迅速增长的社会养老服务需求。

（三）鼓励多元投资，扩大机构养老规模；延伸养老产业链，吸纳就业

机构养老的发展有公办、民办形式，这有利于养老机构在竞争中发展。为了适应贵阳市老龄化发展的需要，提供足够多的养老机构和床位，贵阳市政府应该最大限度地鼓励和支持社会力量参与、兴办养老机构。

现阶段，"公助民办、公建民营"理念是符合市场经济条件下，兴办养老服务事业和养老服务机构的有效途径和办法。"公助民办"是指各级政府和公有制单位已经办成的公有制性质的养老机构，按照市场经济发展的要求进行改制、改组和创新，与政府的行政管

理部门脱钩，交给民间组织或社会力量去管理和运作，政府部门不再插手。"公建民营"则指新建养老服务机构，由政府出资，招标社会组织或服务团体进行经营或管理，政府仅起行政监管的作用。这样就能够将更多的人吸引到养老产业上来，既激活了养老服务市场，有利于养老服务产业的健康发展；又开拓了养老产业新增长点，衍生出长期护理保险、以房养老、反向住房抵押贷款等新兴老年保险金融产品；还吸纳了就业，对社会经济发展和社会稳定具有重要意义。

同时，政府和机构要共同探索双红利导向型的社会企业发展模式，兼顾社会效益和经济效益。在得到经济利益的同时收获社会声望，就会使养老机构更有动力地投入到养老事业中。

(四)完善养老保障的制度，着力解决城乡二元制结构

贵阳已经进入以城带乡的发展阶段，进入着力破除城乡二元结构，形成城乡经济社会发展一体化新格局的重要时期。贵阳每年增加6～8万人，其中流动劳动力占有很大比例，如果长期解决不了户籍问题，长期被排斥在城市生活、福利待遇制度性体制之外，不仅严重挫伤他们的积极性，也会影响城市化、现代化的进程。而且，这些农民也将陆续进入老年期，他们的养老保障也是在城镇化进程中最需要解决、最值得密切关注的社会问题。

破除城乡二元制结构对构建社会主义和谐社会具有重要意义，二元制结构的核心是农民问题，在城镇化进程中，政府可从以下几方面着手：①深化农村土地政策改革，实现农村改造和城镇化建设综合规划，同期配套各种基础设施，实现既能保证农民生活水平改善问题，又能为该地区青年人才及子女提供居住、生活和学习环境。②完善社会建设体制改革，建立社会投资与政府相扶持的新型公共服务体系，保障外来常住人口快速增长对公共服务的需求。③以人为本，提倡多元文化融合理念。外来人口在生活和文化上未必能马上融入当地，特别是老年人，政府应加强这方面的人文关怀，使外来人口与当地居民在生活方式、生活习惯等方面形成共振，这样也有利于实现社会安定。

(五)加强机构养老从业人员培训，发展多元化服务体系

高的服务质量是机构养老的生命，同时也是老年人的保障。一名优秀的养老从业人员不仅要在日常生活方面照顾老人，同时还应具有老年医学、管理学、护理学、营养学及心理学等专业知识技能，养老机构应引进竞争机制，使服务人员努力提高自身的专业素质，以适应养老体制的改革。此外，还应该建立多元的服务项目以满足多元化的养老需求，不仅只是提供基本的生活保障，如组织老年人进行必要的身体锻炼、户外活动、组织娱乐活动等。

七、结论

贵阳已经步入老龄化阶段，随着城镇化的推进，养老问题不仅是一个单纯的老有所养

的问题，还是一个关系到经济能否持续发展、社会是否稳定团结的关键问题。家庭养老功能的削弱和社区功能的不完善，机构养老已成为一种必然选择。因此养老机构建设是一项艰巨、复杂的社会系统工程，必须从实际出发，有计划、有步骤地进行，逐步建立起能推动城镇化进程，适合贵阳地区实际和经济文化发展趋势的模式。

参 考 文 献

[1] 王国勇.贵州城镇化发展分析报告. 贵州民族学院学报，2010.

[2] 国晓丽. 城市化进程中女性失地农民工就业问题与竞争力构建探析——基于福建省莆田市城厢区青山村的调查. 经营管理者，2015.

[3] 李晓云. 当前我国农村女性劳动力回流的理论研究与路径分析. 商业时代，2013.

[4] 王玉姣. 农村失地妇女的就业状况研究. 南京农业大学，2011.

[5] 李枚. 贵州女性农民工创业者的自我评价. 理论与当代，2015.

[6] 杨永芳. 对西部民族地区失地农村妇女的调查研究——以宁夏银川市为例. 新疆大学学报，2008.

[7] 林莉. 城乡统筹背景下农村失地妇女就业问题探讨——基于福建省的实证研究. 西华大学学报，2014.

[8] 索肖凤. 黑龙江失地妇女就业保障研究. 哈尔滨商业大学，2017.

[9] 王刚义.居家养老的困境与出路——探索一种适合中国国情的养老模式. 创新，2008.

[10] 周常洪.大量独生子女家庭将导致社会性养老困境. 探索与证明，2009.

[11] 梁馨月.中国社区养老方式新探索. 山西财经大学学报，2010.

[12] 王峻.构建老有所养新模式. 中国人力资源社会保障，2011.

[13] 周星.农村空巢老人的养老困境及对策. 劳动保障世界，2010.

[14] 马凯.社会网络嵌入视角下的社区养老模式. 四川理工学院学报(社科版)，2011.

第六章　贵州乡村振兴之民风文明探索

第一节　乡村振兴战略下乡村文化重构路径及动力机制①

党的十九大提出实施乡村振兴战略，把乡风文明作为乡村振兴战略的五大要求之一。2018 年 1 月 2 日发布的《中共中央国务院关于实施乡村振兴战略的意见》指出：乡村振兴，乡风文明是保障，把"繁荣兴盛农村文化，焕发乡风文明新气象"作为重要内容，要求"必须坚持物质文明和精神文明一起抓，提升农民精神风貌，培育文明乡风、良好家风、淳朴民风，不断提高乡村社会文明程度"。[1]2018 年 3 月 8 日上午，习近平在参加山东代表团审议时，强调要推动乡村文化振兴，加强农村思想道德建设和公共文化建设，以社会主义核心价值观为引领，深入挖掘优秀传统农耕文化蕴含的思想观念、人文精神、道德规范，培育挖掘乡土文化人才，弘扬主旋律和社会正气，培育文明乡风、良好家风、淳朴民风，改善农民精神风貌，提高乡村社会文明程度，焕发乡村文明新气象。②这就指明了乡村振兴中文化振兴的地位、内涵及其建设路径和目标要求，这对当前乡村振兴的全面实施有着很强的现实指导意义，也为我国当下的乡村文化建设提供了基本指向。

在我国现代化发展进程中，一直推行城乡一体化的发展理念，城市经济实力上的不断增强，使城市文化迅速扩张，成为社会发展的主流文化。相对于城市而言，乡村在现代化发展过程中由于自身能力不足，乡村文化出现了大量的问题。当前我国乡村不同程度地存在着乡村文化建设式微、乡村文明衰落、公共文化空间不断缩小、文化产品不足等问题。

在乡村振兴战略实施过程中，乡村第一、二、三产业融合发展，乡村文明建设要求不断提升，新的文化因素的加入，都势必会引起乡村文化的重构与重建。乡村文化具有自身独特的优势，对乡村振兴战略下的乡村文化建设不能是城市文化的简单移植与复制。所以，要科学地反思和展望乡村文化，树立乡村文化自信，凝聚乡村振兴的精神力量。

一、我国乡村文化体系存在的问题

在我国现代化发展的过程中，传统乡村文化的生存空间发生了很大的变化，乡村文化体系在现代化的冲击之下逐渐出现了消解之势。以乡村社会的生态景观及村落建筑为中心的物质文化、民风习俗为主的乡村文化传承、乡规民约为基础的乡村治理体系、村民共同的文化记忆等是在漫长的历史中形成的乡村社会独有的乡村资源，可是在现代城市化的进

---

① 孙美瑶(1971 年—)，博士、贵州财经大学副教授。
② 习近平参加山东代表团审议，http://politics.gmw.cn/ 2018-03/08/content_27931821.htm。

程中，乡村文化的物质载体大批消失或失去了自身特色，使乡村文化处于衰落的边缘，不可避免地进入消失或共融或变异的转型期。国家乡村振兴战略的实施正是在这一历史发展时期提出来的，对于乡村文化融入现代社会体系中有着十分重要的现实意义。

文化是一个民族生存与发展的精神家园和动力源泉。随着我国乡村在现代化进程中物质生活条件的改善，村民对乡村精神家园的渴求日益强烈。由于多样化的原因，我国的乡村文化正在走向衰落，在这种情况下，城乡文化差距不断扩大，并且成为城乡发展不平衡的重要表征与文化根源。迫于这一严峻的现实问题，中央将振兴乡村文化作为振兴乡村战略的重要组成部分而提出，这不仅是社会发展的需要，也是乡村产业振兴、人才振兴、组织振兴和生态振兴的必要条件。这就需要在充分认识振兴乡村文化基本目标的基础上，全面厘清乡村文化落后和衰退的主要根源，并提出乡村文化重构的路径与具体实施建议，以及进一步探讨实现这一目标的动力机制所在。

（一）乡村文化主体的空心化

马克思说"主体是人"。文化是人的实践本质力量的确认，而且文化只能是属于人的文化，人是文化的主体。在乡村文化建设中主体是当地的村民，由于改革开放，村民可以自由流动，很多村民进入城市中谋生，留守在乡村的大多是老人和儿童。生活在乡村中的老者是传统乡村文化的代表和承载者，但是由于现代化的加速发展，他们所拥有的知识已经不能适应乡村社会的发展而逐步被边缘化。而在乡村文化传承及创新发展中处于中坚力量的青年一代在这一时刻却离开了乡土，在整个乡村文化体系中，他们处于一种缺位的状态，这种状况直接削弱了乡村文化的生存根基，导致了乡村文化主体的空心化。

（二）乡村文化地位的边缘化

在整个现代化进程中，城市文化的发展一直处于强势的地位，在社会文化发展中居于主流，而乡村文化则是处于边缘的位置上，这种文化差异被称为"城乡文化距离"。在中华人民共和国成立后城乡二元制度的实施，更强化了城乡的差距，加大了城市文化与乡村文化之间的距离。乡村文化处于边缘的地位，其主要因素是由乡村落后的经济地位所决定的，这种经济上的差异导致了乡村文化日益边缘化。所谓城乡一体化，也被简单地认为是城市文化对乡村文化的全方位取代。这样就出现了两个方面的问题：一方面，中国的城市化对乡村的全方位剥夺，从人才到资源到文化，都是从乡村向城市单向流动；同时由于城市文化的优势地位，通过种种的现代化媒体手段把城市文化传送到乡村，甚至有城市文化优于乡村文化的想法出现，这种情况就使得大量的乡村文化建设以城市文化为标准，成为城市文化在乡村的复制和移植。另一方面，在城市化扩张过程中，我国几乎所有的乡村传统文化都受到冲击，城市文化的扩张挤压了乡村传统文化的生存空间，乡村气息渐渐流失，大量的优秀民间文化濒于灭绝，中国乡村传统文化开始断裂。

（三）乡村文化认同的疏离感

"文化认同是人类对于文化的倾向性共识与认可，目的是为了在文化上取得归属感……它往往发生在不同的文化接触、碰撞和相互比较的社会现状之中，是个体面对其他异己的存在所产生的一种反应，这种反应的结果要么是为了保持自我的同一，要么就是认同他者。"[2]在城市强大的文化挤压之下，乡村中原来的生活方式、人际交往、价值观念都发生了潜移默化的改变，在乡村中低俗文化的泛滥，严重冲击着乡村传统文化的根基。在城乡文化的冲突下，"乡村社会逐渐丧失了文化培育的独立性和自主性，丧失了自己的话语表达和文化自信，从而失去了文化认同的基础。"[3]由于文化认同的根基动摇，乡村传统的文化内聚力散失，乡村文化不被村民所接受并被其鄙弃。尤其是年青一代的村民，由于"离土又离乡"的社会流动，"使得他们从未真正从事农业生产，城市和非农业生产的生活已经抽空了他们对农村和农业文明的文化认同，家乡逐渐成为一个越来越陌生的文化存在，一个标示着让人看不起的农民身份的文化符号，一个血缘和宗族文化秩序迅速溃败的沦陷之地。"[4]

（四）乡村价值体系的多元化

乡村中的价值体系是村民文化心理中的深层内核，很大程度上影响村民的生活方式、行为规范和思维习惯。乡村价值观是乡村社会价值规范变化的直接反映，是乡村社会变革与发展成功与否的直接反映。在城市化快速发展的过程中，由于大量的农民进城务工，城市文化和市场文化对乡村传统价值观的解构作用日益凸显。这种城市价值观打破了原来传统乡村中农民封闭、保守的传统价值观，开放的市场意识开始冲击原有的安土重迁的小农意识，个体意识取代了原有的集体意识、法治文化逐步取代了礼治文化，乡村文化中逐渐出现了科学、理性的生活方式。

二、乡村文化重构的制约因素

城市文明对传统乡村文化的冲击是现代化进程中社会发展的必然。任何的传统社会向现代工业社会过渡的过程中都会经历冲突与碰撞，从乡村文化的内部来看，乡村社会文化力的不足及在社会发展中形成的缺陷，造成了它在现代化进程中的生存困境。

（一）文化环境较为封闭

乡村所处的地理位置大多较为偏远，对外流通及信息的传播十分有限，特别是在以前对外交流十分困难的条件下，逐步形成了乡村文化封闭的特性。首先，封闭的乡村社会无法接受外部有效文化的补充与互助，较低的生产力发展水平和较差的自然条件更是不能激发起对外部先进文化的需求欲望，地理位置、交通等条件的限制也影响了外来文化进入乡村社会中。乡村中文化需求较为单一、文化生活贫乏。其次，乡村文化的封闭性使乡村中的村民习惯传统的环境，他们参照前人的生活模式，很难对现有的文化生活风俗进行创新。"在文化的变革和创新中缺乏紧迫性和方向感，缺乏变革的参照系"[5]，文化创新对于他们来讲变得没有必要。

（二）文化人格具有较大依附性

传统乡村文化中的一个重要特征是依附性，主要表现在两方面：一是乡村社会的"土地情结"，自给自足的小农经济使农民被严格束缚在土地上，所以农民对土地和村落有强烈的依恋心理，养成了村民安土重迁、重本轻末的文化心理。二是农民对家族、政权的依附，在传统社会中，生产条件的限制使得农民依附于统治当局和宗法家族，在经济上和生产上形成一定的依附关系，这也造成了农民依附人格的形成，这在一定程度上制约了他们的创新精神，导致了乡村社会发展停滞。

（三）文化变革的滞后性

传统社会中小农经济的封闭性在本质上造成了乡村社会生产力发展缓慢，也带来了乡村文化变革的滞后性。尽管在"美丽乡村"建设和城乡融合发展的过程中，城乡的物质差距在不断缩小，在基本生活方面也实现了城镇化，但是乡村中的精神文化无法跟上物质文化的发展。乡村文化具有自我保护功能，对新式文化的影响形成一定的阻碍作用。所以，村民的生产生活方式、乡风意识、文化价值体系表现出传统的一面。

三、乡村文化重构的动力机制

乡村文化重构是在国家乡村振兴战略指导下的乡村社会文化变迁的过程，党中央的这一战略，是新时代乡村发展的重要指向。党和政府在城乡发展不平衡的状况下，以村民的利益为出发点，全面进行乡村振兴行动，旨在重构全新的乡村文化秩序。乡村文化的重构同乡村振兴的其他措施一起实施，不仅增加了乡村文化建设的效率，同时也提高了广大乡村主体的积极性，强化了社会发展的动力机制，重视传统乡村文化中的有利因素，促进了乡村秩序内生因素的发展。

（一）乡村文化重构的动力源泉是村民的美好生活需要

民生改善是国家富强之本，民族振兴之基。习近平总书记多次强调，小康不小康，关键看老乡。实施乡村振兴战略，顺应了广大人民群众对美好生活的向往，体现了以人民为中心发展观的本质要求，是我们党全心全意为人民服务的根本宗旨在新时代的具体表现。产业兴旺、生态宜居、乡风文明、治理有效、生活富裕总目标的根本出发点和落脚点是从生产、生活、生态的方方面面增强亿万人民群众的参与感、获得感和幸福感①。党的十九大重新指出了新时代我国社会的主要矛盾，这就要求首先满足村民的美好生活需要，这也是乡村文化重构的动力源泉和落脚点。

（二）乡村文化重构的精神基础是乡村文化的传统性

乡村文化的形成和维系，不仅需要外在的约束机制，而且需要内在的精神基础。内在的精神基础是社会文化秩序得以存续的力量源泉。在一定程度上，人们对政府所倡导的价值理念的认同与接受程度，决定着一种社会秩序的稳定程度。乡村社会不仅是村民通过经济活动形成的经济共同体，更是村民在长期的交往中建构起来的乡村文化平台。在整个乡村社会中，人们由于共同的价值观、行为规范和风俗习惯等在生产生活中建立起稳定的联系，由于这种联系是在村民的日常生活中形成的，是以他们共同生活的社会公共文化空间为基础的。在这一社会公共文化空间中，由于拥有共同的生产生活经验、风俗习惯、文化信仰等，成为村民之间特有的文化性关联，从而促进了乡村社会中集体认同的形成，这为乡村文化秩序的形成提供了内生的动力源泉。

我国农耕文明源远流长，中国的乡村文化创造并保存了世界上最有价值的农业遗产，并且形成了一整套价值、情感和知识的文化系统。在从事农业生产的过程中，总结出一套"天人合一"的哲学思想、"道法自然"的生活方式及对生命本体的参悟智慧，正是在这种农耕文明的土壤中，才孕育出"天人合一""海纳百川"等特质的中国传统文化。所以，乡村文化是我们民族文化的根和脉。这些乡村文化传统资源，由于不同的自然地理条件、生产劳动方式、民族风俗文化、历史发展机缘等形成了个性化和多样化的特点，具有丰富样态的乡村传统文化成为乡村文化重构的精神基础。

从现代社会的整个发展历史来看，乡村不仅是社会发展的根源，还是另外的一套价值体系。乡村文化的重构就是要发展、维系和恢复原有的生活方式、价值观和世界观，使之与现代价值观相融合，发展出新的价值体系。所以，乡村文化的传统性是重构乡村文化的精神基础。

（三）乡村文化重构是内生性与外生性的统一

乡村文化秩序具有二元性，一是乡村内生性，二是外生性的力量。乡村内生性是以村庄所处的政治、经济、文化状态为背景，在乡村自身内部出现的态势和指导村民的行为准则；而外生性是一种外部力量的干预，即外来的力量对乡村文化的作用与控制。乡村文化秩序的构建本身就是一个动态的过程，一直处于内生性秩序与外部力量的共同作用之下。

只有多方合力才能够共同助力实现乡村文化的重构。在乡村文化重构中村民是实施主体，是内在的动力源泉，但是也要有必要的政府、市场、非政府组织及"新乡贤"等各方面的力量，努力形成一种合力机制。首先，各级政府对乡村文化重构的投入随着乡村振兴

---

① http://theory.people.com.cn/n1/2018/0827/c40531-30252014.html。

战略的实施不断增加，极大地改善了乡村文化的基础设施建设。乡村公共文化空间建设的提升、村风村貌的改善、民族民间文化的传承与保护，都需要政府的力量所给的支持与帮助。其次，融合城乡各方面的资源也是乡村文化重构的关键力量，除了政府对乡村文化重构的政策支持外，社会上的各种力量，都是乡村文化建设重要的动力源。总之，在乡村文化的重构中，政府的引导是助力、村民是主力、城乡协同是融合力，这样几种力量组合在一起才能够实现乡村文化振兴的重构。

四、新时代重构乡村文化的策略选择

（一）培育新型的乡村精神文化

乡村精神文化是乡村文化的核心，在重构乡村文化中具有至关重要的作用。中国优秀的传统文化是重构新型乡村文化的重要来源，中华民族几千年来所奉行的自强不息、厚德载物、坚韧不拔等优秀传统文化要素，有助于乡村社会中重新树立新型的人生观、价值观和世界观。根据乡村社会中的精神文化需求，开展有针对性的宣传教育活动。例如，针对进城务工的农民，宣传勤俭节约、吃苦耐劳的优良传统；针对乡村中留守的老人和儿童，宣传尊老爱幼、互帮互助的优良传统，对村民进行孝道文化教育。

（二）创新乡村行为文化

历史上乡村处于一个相对的封闭状态，人口居住分散、村落规模小，生计方式以小农生产为主。由于交通、通信的不畅，外界的文化元素很难进入乡村社会，对于乡村行为文化的重构策略就要从乡土本身入手，利用民族民间活动及具体文化事项，在实践中创新乡村中的行为文化，激发村民追求新型文化的热情；同时还要看到随着乡村社会的不断发展，村民的精神文化需求有了新的变化，必须准确把握乡村文化生活的新特点和村民对乡村文化服务的新需求，对乡村文化的重构从内容到形式都要进行积极的探索。一方面是在村民主体的传统文化需求基础上，挖掘乡村传统文化要素，创造出反映村民现实生活的优秀文化产品，不断推动乡村文化传播体系；另一方面要丰富发展乡村文化的生产方式和表现形式，进一步增强乡村文化产品的表现力和影响力，推动各种形式文化的和谐发展。

（三）丰富乡村社会的物态文化

在乡村文化建设中政府要进一步加大资金投入，建设乡村基础文化设施，为乡村文化重构提供物质载体；同时引入其他社会资本、民间资本参与乡村基础文化设施的建设，构建以政府引领、以乡村基层组织为依托、以村民为主体的全普及的乡村公共文化服务网络。因此要充分发挥相关乡村文化设施的作用，加强对乡村物态文化的管理，制定乡村文化产业发展战略，在带动乡村产业振兴的同时发展特色文化。

（四）改善乡村的环境文化

在乡村文化重构中根据当地乡村的实际情况，制定具有当地特色的政策法规，保护当地的生态环境。一是加大宣传力度，提高村民保护家园的意识，认识到保护自身所处的乡村环境的重要性和必要性，对损害资源环境、生态环境的行为进行补偿性收费，进而达到保护乡村生态资源环境的目的；二是鼓励、引导社会各种力量参与到乡村环境保护工作中；三是强化对中华传统人文精神的传承，形成良好的社会环境，注重提升乡村道德水平，建设现代乡村道德体系，引领乡村社会中的伦理道德走向良性发展道路。

五、乡村振兴战略下乡村文化重构的途径

（一）乡村现代生产方式的重构

正如马克思所说："物质生活的生产方式制约着整个社会生活、政治生活和精神生活的过程"。[6]在乡村振兴战略下，首先要解决的问题是产业振兴，没有乡村现代生产方式的转型，乡村的生产力水平就无法提高，乡村文化重构是建立在乡村产业振兴基础之上的，产业振兴不仅是乡村振兴的基础，同时也是乡村文化重构的物质前提。所以一方面大力发展现代农业，彻底改变农业低效的状况，提高其现代化水平，建设高效农业；另一方面，乡村产业振兴必须走融合发展之路，促进城乡融合发展。城乡二元结构的存在是城市与乡村融合发展的主要障碍，制约着城乡要素的平等交换、收益合理分配，影响着乡村产业综合效益和竞争力的提高。所以不仅要进一步破除城乡二元结构，建立健全城乡融合发展机制和政策体系，推动城乡之间要素的自由流动、激发乡村发展活力；还要促进乡村振兴中第一、二、三产业的融合发展，大力延长产业链条，依托农业生产基础和优势，不断挖掘农业多种功能，推进城市企业发展链条向农村延伸，实现乡村经济的多元化发展。因此发挥资源优势、环境优势、产业优势，充分挖掘潜在资源，大力发展精深加工、休闲观光、农耕体验、健康养老等延伸产业，并且通过农业的提升，加快第一、二、三产业融合发展，不断提升农村各种产业的发展水平，实现乡村社会的产业兴旺，为乡村文化重构打下坚实的基础。

（二）提高村民文化自觉意识

"文化自觉"是费孝通先生学术反思的结晶，是指"生活在一定文化中的人对其文化有自知之明，明白它的来历、形成过程、所具有的特色和发展的趋向，不带任何文化回归的意思，不是要复旧，同时也不主张全盘西化或全盘他化。"[7]也就是文化的自我觉悟和自我创建。村民的文化自觉则是指村民在乡村文化振兴战略实施过程中对自身持有的文化有自知之明，了解分析乡村文化并对其本质有深刻的认识，能够在传承和维系优秀传统文化中保持其乡村文化的主体身份，对异质文化能够进行理性的反思，自觉主动地去培育乡村文化。

首先是对传统乡村文化的再认同。文化的再认同是指对传统文化在乡村社会文化体系中的地位和价值进行重新确认。在我国传统的乡村社会文化中都蕴涵着乡村社会基本的价值理念，决定着广大村民的基本文化价值取向，这种文化价值理念以乡村所特有的文化形态决定和影响着人们的思想观念。"礼失而求诸野"就是指在乡村社会中存在的价值体系，可以在社会发生变化时成为整个社会重建的价值来源。一方面要对传统文化批判继承，如对乡村物质文化遗产和非物质文化遗产的继承，就有在精神层面上自然和谐思想的传承及对民间宗教信仰等乡村精神文化的传承；另一方面要对不适应乡村振兴的文化予以摒弃，借鉴现代化进程中有价值的理念，将其转化为乡村文化振兴的推动力。

其次，注重村民文化主体意识，村民是乡村文化创造的主体，所有的乡村传统文化都是村民在不断的生产实践中创造出来的物质和精神的宝贵财富，必须要发挥其主体的积极性，使之自觉地为乡村文化的创造与创新贡献自己的聪明才智。所以要充分尊重村民的主体地位，发挥"新乡贤"的作用和力量，把传统的"文化灌输"转变为村民主体的自主创造。

(三)建立城乡文化融合发展机制

城市文化与乡村文化融合发展，不是把乡村文化城市化，也不是把城市文化强加于乡村，而是城乡文化融合发展的过程。城市文化与乡村文化之间不存在等级上的区分。但是由于城市与乡村经济发展实力的悬殊，因此在主流社会宣传中一直宣扬以现代化和城市化为代表的"主流文化"。虽然从阶段发展论来讲，城市文化是人类文明发展的高级形态，但这并不意味着城市文化可以取代乡村文化，不能简单地以城市文化作为标准去改造乡村文化。乡村文化在接受城市文化冲击的同时，也对城市文化进行"反哺"。乡村文化是村民主体在生活智慧上的创造，与城市文化形成强烈的对比。因此，只有城乡文化融合发展，两者才能和谐共生、相互促进，进而共同发展。城市文化中先进的价值观和现代化的理念对乡村文化重构有一个参考作用，可以用城市文化去改造乡村文化中的糟粕，城市文化的开放性可以为乡村文化拓展空间，改变封闭的文化状态。因此，乡村文化只有在和城市文化的融合发展中保持传统文化中的优秀部分，保持其乡土特色，才能形成自己的文化特性。

(四)用先进文化引领乡村文化重构

中国特色社会主义文化是我们进行乡村文化重构的先进文化。只有用先进文化来引领乡村文化的振兴，才能保证乡村文化未来发展的走向和价值所在。

首先，社会主义核心价值体系引导农民树立现代价值观。"社会主义核心价值体系是兴国之魂，是社会主义先进文化的精髓，决定着中国特色社会主义发展方向" [8]。所以，要将社会主义核心价值体系作为乡村文化重构的精神导向，向村民传递正确的社会发展理念。

其次，要将先进文化同村民的日常生活实践相结合。充分利用村民日常生活中的传统节日、民俗活动，将先进文化的价值融入村民的实际生活中。

最后，要增强村民对先进文化的认同感，利用一定的宣传手段，把村民对先进文化的认同与村民的实际需求相结合，使村民形成对先进文化的认同；同时，只有积极关注关系到村民切身利益的重点和难点问题，帮助村民解决实际困难，维护村民的根本利益，才能使先进文化在乡村中得到普及，起到引领乡村文化重构的作用。

（五）在文化重构中凸显乡村文化特点

积极发挥乡村文化的独特优势、推进乡村文化创新，是重构乡村文化的重要途径，乡村文化创新能力关系到民族文化的兴衰。从整个乡村文化的发展来看，乡村文化之所以能够长久不衰，也正是来于它的创新能力。乡村文化创新主要包括3个方面：①创新乡村社会中的人文环境和生态环境，使乡村文化与生态环境和谐发展；②创新乡村文化的发展机制，形成乡村文化持续发展的运行机制；③创新文化实践模式，创造性地开发乡村文化产业。

乡村文化由于其封闭性和保守性，基本上都保持了自身的文化特色，在乡村文化的重构过程中，既不能简单地抄袭模仿成功的村寨，也不能复制现代城市文化，只有保持乡村文化的独特个性，对其他文化才能形成强烈的吸引力和感染力，乡村文化在整个社会文化体系中才会有文化自信。所以在乡村文化重构过程中不仅要尊重和保护地域文化、民族文化，尽最大努力维护它们的特色，还要培育培养乡村文化品牌，不断地挖掘、整理和保护优秀的乡村民间文化。因此要重视文化遗产的保护，建立科学的民族民间文化遗产传承机制，使文化遗产与现代元素相融合，为乡村文化增添新的生命活力。

六、结论

传统乡村文化是乡村振兴战略下乡村文化重构的精神根基和灵魂，乡村文化的建设与重构使第一、二、三产业的融合发展有了深厚的文化内涵，为乡村产业振兴与发展提供了丰富的文化资源和可持续发展的动力；乡村产业的发展也为传承传统乡村文化、发挥其文化教育功能构建了平台，从形态上重新塑造了传统乡村文化存在的时间和空间，为重构乡村文化提供了经济上的支持。这种乡村文化重构与乡村产业互为动力和支持的关系，让我们认识到乡村文化重构是一个系统工程，乡村产业的发展要基于乡村文化的保护和发展，合情合理地开发传统乡村文化资源，引导传统乡村文化形态的汇聚与重构，以此丰富乡村文化产业的内涵，增强乡村对城市的吸引力，从而推动传统乡村文化保护与乡村文化产业的融合发展。虽然乡村文化的创新与发展在借鉴现代文明，但并不是对现代城市文化简单地模仿和复制，而是要保留乡村社会中优秀的文化成果，建立健全城乡文化中的互补机制。只有在乡村文化重构中保持乡村文化特性，还原乡村文化独特的面貌，才能重塑乡村文化强烈的吸引力和感染力，才能重建乡村文化的文化自觉与文化自信，才能建立乡村文化中新的文化认同。因此，在乡村振兴战略下的乡村文化重构就是要保护乡村社会的地域民族文化特色，打造乡村文化的特色品牌、保护优秀的传统文化资源，传承优秀的民族民间文化，建立有效的民族民间文化传承机制，为那些历史悠久、颇具价值的文化遗产注入现代文明元素提供制度保障，促使乡村社会文化焕发出新的生命活力。

第二节　乡村振兴新业态：文化聚集区的生态经济效应分析
——以贵阳花溪大学城为例[①]

一、国外文化聚集区的发展及其理论研究

文化聚集区(也称大学城，以下简称聚集区)是高等教育从精英化向大众化转变进程中教育和经济相互作用的产物。不仅西方是这样，我国也同样如此[②]。

文化聚集区是指基于特定区域，具有一定规模，且联系紧密，与所在城市相互依托、互动发展的高校集合体和高校单元集合体，具有教育功能和经济功能，表现出开放性与共享性的特点。聚集区的发展可以分为"自然发展型"和"规划建设型"两种类型[9]。"自然发展型"的聚集区是指随着城市社会经济和高等教育的发展，一所或若干所集中于一地的大学规模越来越大，大学内部或周围集聚了一定的人口，从事一些第三产业的活动，从而使大学校园本身或大学周围形成了具有一定规模的城镇。国外大多数大学城属于"自然发展型"，比较著名的有剑桥大学城、加州大学城；"规划建设型"聚集区是政府顺应高等教育发展的需要，指导和直接参与建设的一些规模较大的大学城。

国外关于文化聚集区的研究理论有聚集效应理论、辐射效应理论、区域创新系统理论、三螺旋理论及孵化器理论5种。

1. 聚集效应理论

区域经济学集群学派的代表人物迈克尔·波特认为某一产业的企业在发展的过程中会产生集聚现象。集聚是指在某一个特定产业领域内的企业，由于彼此之间的共性和互补性而紧密联系在一起形成的一组在地理上靠近的相互联系、相互支撑的企业集群。据此原理，多所大学、科研机构及高科技产业企业在一定地理范围内聚集，使人才、资金、技术、信息集中在一起，人口和消费才会因集中产生外部正效益。

2. 辐射效应理论

瑞典经济学家缪尔达尔(G. W. Myrdal)在研究区域经济增长极的理论时，把某一个增

---

① 邱蓉，贵州财经大学与贵州省科技厅软科学联合项目，编号为：黔科合 R 字【2012】LKC2033 号。

② 西方国家大学的源起可以追溯到古希腊时期的学院(Academy)及古罗马时期的修辞学校。现代意义上的大学以欧洲中世纪组织化了的高等教学机构为标志。大学城的出现是进入 20 世纪以后的事情，美国早在 20 世纪 20 年代就开始扩大高等教育入学机会，向大众化发展，其他国家则到 20 世纪 50 年代才开始进入这个阶段。第二次世界大战后，工业生产的恢复、科技革命的发展，客观上要求扩大培养具有高深知识和高度熟练技能的专门人才，以满足现代化生产的需要。同时期，人力开发理论和教育经济学说的发展，也为高等教育的发展提供了理论依据，各国纷纷增加高等教育投资。实践的需要和理论上的支撑催生了"大学城"。彼时，"大学城"现象只集中在发达国家，到 20 世纪八九十年代以后，一些发展中国家也陆续进入高等教育大众化发展的阶段。一些国家由于发展教育的需要，政府主动兴建了一些规模较大的大学或大学群，形成了文化聚集区。

长中心或创新活动中心对周围地区的推动作用或有利影响称为辐射效应，也称扩散效应。大学城作为区域经济增长极和区域内创新活动中心，通过产业扩张、技术创新及制度推动等方式带动区域经济发展。

3. 区域创新系统理论

1992 年，英国学者库克首先提出了区域创新系统的概念，他认为：区域创新系统主要是由在地理上相互分工与关联的生产企业、研究机构和高等教育机构等构成的区域性组织体系。这种体系支持并产生创新，它涉及教育部门、研究机构、金融部门和产业部门，这些机构、部门频繁互动时，就可以认为该区域内存在一个区域创新体系。

4. 三螺旋理论

20 世纪 50 年代三螺旋理论最初出现在生物学领域。20 世纪 90 年代中期，纽约州立大学的社会学家亨利·埃茨科威兹和阿姆斯特丹科技学院的罗伊特·雷德斯多夫在三螺旋理念的基础上提出了著名的官、产、学、研三螺旋理论，用来分析知识经济时代政府、产业和大学之间的新型互动关系。该理论认为：由于高科技的专业化、市场的多样化及复杂性，政府、企业和大学三者共同合作开发建设有助于促进区域经济的增长。

5. 孵化器理论

1956 年美国乔·库曼首次提出"企业孵化器"理论，又称苗圃理论。该理论认为：企业孵化器是一种孵化、培育企业的新型社会经济组织，它主要通过为创业企业提供有利于其成长的良好环境、相关的基础设施和一系列的支持性服务，降低或分摊企业的创业成本和风险，从而提高企业的成活率，使之成长为成熟的企业。更进一步的研究主要集中在产、学、研之间的融合机制与互动关系方面，从理论、政府政策到微观组织结构、目标与任务，以及合作方式及其效果评估，都有所涉及。

二、我国文化聚集区的发展及其理论研究

我国文化聚集区也是高等教育由精英化向大众化发展过程中出现的。开始是高校科技园的形式，20 世纪 80 年代后期到 90 年代末，在地方政府的有力支持下，部分高校开始探索建立以高等院校为主体和核心的园区形式，这就是大学科技园。这种依托于城市的特殊园区的建设，是一种有效的尝试，为后来文化聚集区的兴起提供了宝贵的经验。这一时期比较有代表性的是深圳清华大学研究院、广东珠海大学园区、广东东莞大学科技城、上海松江大学园区等。到了 21 世纪，随着高等教育大众化的深入发展，在政府主导下，各地纷纷开始了文化聚集区的建设。2000 年 8 月，廊坊"东方大学城"拉开了建设大学城的序幕。仅仅 5 年时间，大学城就达 70 多处，涉及 26 个省市，如表 6.1 所示。文化聚集区的空间分布具有明显的指向性，从东部到西部城市分布呈递减趋势。其中，东部沿海地区占 67.6%，中部地区占 21.6%，西部地区占 10.8%，文化聚集区在城市经济和高等教育的

发展中发挥着越来越重要的作用。

表 6.1　我国主要的大学城(按规划面积排序)

名称	高校数量/所	规划面积/平方千米	规划人数/万人
南京仙林大学城	11	47	20
广州大学城	10	43	30
南京江宁大学城	14	27	20
河北廊坊东方大学城	27	13	20
常州大学城	6	13	10
福州大学城	9	12	12
杭州下沙大学城	14	10	13
重庆大学城	8	9	20
上海松江大学城	7	5	8
上海闵行大学城	2	5	6
上海杨浦大学城	17	4	14

我国的大学城建设模式主要归结为以下三种[10]。

1. 政府主导型大学城

政府主导型大学城即由政府主导大学城的发展方向,为入城大学免费提供办公和培训的场所,为其办学和科研活动提供有力支持,为成果转让和孵化提供优惠政策等,其典型代表为深圳大学城。

深圳大学城位于广东省深圳市南山区东北部(西丽塘朗片区),总体规划建设面积为10平方千米,分东、西两校区建设。大学城从2002年开始建设,2003年9月基本完成教学基础设施建设并入驻。

深圳大学城是我国唯一经教育部批准,由地方政府联合著名大学共同创办、以培养全日制研究生为主的研究院群,2000年8月开始创建。创办大学城旨在实现深圳高等教育跨越式发展,提高深圳自主创新的能力和后劲,提高经济质量、人口素质和文化品位,促进深圳率先基本实现现代化。

2. 企业投资型大学城

企业投资型大学城有如下特点:一是产业化运作,由企业投资兴建,企业拥有城区设施的产权并对其实施产业化运作和管理,企业提供一切生活设施,做好后勤服务,学校则把消费市场全部交给企业,按市场原则运行。二是入驻大学城的高校有偿使用城区资源,并在城区管理部门、教育部门的指导和协调下自主办学。虽然学校是办学的主体,但其教育活动受企业影响。三是城区的城市功能齐全,整个城区按城市社区模式规划建设,形成以若干大学为核心的具有特定整体功能和环境特征的城市社区,其典型的代表有东方大学城。东方大学城由东方大学城开发有限公司、东方大学城管委会和各高校管委会负责管理。

3. 多元投资型大学城

多元投资型大学城在我国比较多，其特点有 3 个：一是这种模式以政府行为为主。大学城多由政府出面策划，并由政府促成高等院校进入办学。二是入驻大学城的高等院校是建设大学校区的主体，学校通过市场运作来筹集建校资金，并通过收取学费来抵偿办学费用。三是由于有地方政府的支持，而且入驻的学校又有一定的知名度，因此这类大学城建设的信任度较高，在市场运行中也较容易获得社会的支持。

文化聚集区的兴起，从一开始就引发了学者浓厚的兴趣。对其研究大概可以归纳为 4 个方面：一是介绍国外文化聚集区及分析我国文化聚集区形成的原因。二是分析文化聚集区产生的经济效应，特别是对区域经济的促进作用[11]，包括社会、经济、资源环境及制度建设等方面[12]。三是针对较强的文化聚集区的个案研究[13][14]。四是从产学研的角度研究文化聚集区的合作机制问题[15]。运用的理论分析工具除了上述聚集效应理论、辐射效应理论、区域创新系统理论、三螺旋理论及孵化器理论之外，还扩展到了新经济增长理论①和可持续发展理论②。新经济增长理论认为一个国家、地区的经济增长主要取决于它的知识积累、人力资本水平及技术进步，一些研究者认为文化聚集区正是从这三个方面实现对区域经济增长的推动作用，同时主张聚集区的建设首先应该进行可持续发展论证。

三、文化聚集区的生态经济效应分阶段概述

生态经济是指在生态系统承载能力范围内，运用生态经济学原理和系统工程方法改变生产和消费方式，挖掘一切可以利用的资源潜力，发展一些经济发达、生态高效的产业，建设体制合理、社会和谐的文化，以及生态健康、景观适宜的环境。生态经济是实现经济腾飞与环境保护、物质文明与精神文明、自然生态与人类生态的高度统一和可持续发展的经济。文化聚集区的生态经济效应指的是在教育资源与其他社会资源相互作用的过程中所表现出来的环境、经济和社会效应。

文化聚集区的生态经济效应在不同的阶段表现出不同的特点，如图 6.1 所示。

---

① 新经济增长理论。20 世纪 80 年代，在对新古典经济理论批判与更新的基础上，形成了以罗默和卢卡斯为代表的新经济增长理论。该理论认为知识如同资本、劳动力一样，也是一种生产要素，并把知识作为独立因子纳入经济发展分析。同时将人力资本引入经济增长模式，认为专业化知识和人力资本的积累是经济增长的主要源泉。

② 可持续发展理论。1987 年挪威首相布伦特兰夫人在她担任主席的联合国世界环境与发展委员会的报告《我们共同的未来》中，把可持续发展定义为"既满足当代人的需要，又不对后代人满足其需要的能力构成危害的发展"，这一定义得到广泛的接受，并在 1992 年联合国环境与发展大会上取得共识。可持续发展的内涵主要包括四个方面：一是生态可持续。可持续发展要以保护自然为前提，与环境的承载能力相协调。发展不能以牺牲环境为代价，要时刻保护环境、改善环境，保持生态完整性，保证以持续的方式使用可再生资源。二是经济可持续。可持续发展是鼓励经济发展的，它体现着一个城市或国家的实力和社会财富。可持续发展重视的不仅是增长数量，更追求的是质的增长，同时兼顾节约资源、不随意排放废物，改变传统的生产模式，走资源节约型道路。三是人口的可持续。可持续发展要控制人口的增长，不能过度增长，人口的增长应与经济发展、社会进步相适应，与生态环境相协调。四是社会的可持续。可持续发展要尤其重视改善与提高人们的生活水平，努力营造一个自由、平等、和谐、免受暴力的社会环境。以上四个方面是相互联系且不可分割的，其中第一项是前提条件，只有保证第一项，其他三项才能顺利进行。

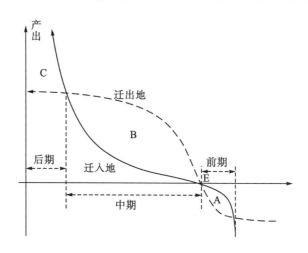

图 6.1　文化聚集区不同阶段生态经济效应

1. 前期投入阶段(土地补偿效应)

文化聚集区开发建设的初始阶段需要大量的资金,需要给失地农民征地补偿,但这与巨额的投入相比,产出效应不足,净效应呈现出负值(图 6.1 中 A 区域实线部分)。而对于原来高校所在地,高校的迁出导致人口的剧减,从而引起消费需求的大幅度下降,加上原校区房屋拆建,在短时间内都会对经济和环境造成不利的影响,即资金投入的多但是产出的少,净效应是负的状态(图 6.1 中 A 区域虚线部分)。

2. 中期建设阶段(投资、消费乘数效应)

毫无疑问,文化聚集区的建设需要巨大的投资,随着资金的不断注入,带动了新校区大量相关基础设施的建设,乘数效应快速增强。同时各大高校的迁入加大了该地区人口密度,庞大而稳定的学生、教职人员及其家属长期极大地刺激该区域的消费需求。在投资和消费的双重作用下,文化聚集区的投入产出比呈上升趋势。前期拆建所带来的负面影响渐渐消失,土地置换效应逐渐显现。

3. 后期完善阶段(集聚效应和产业结构效应)

当文化聚集区的建设接近尾声,投资也渐渐消退,供需趋于平衡,周边的第三产业发展完善,迁出地的产出也趋于平稳(图 6.1 中 C 区域虚线部分)。文化聚集区建设完成后,会逐渐展现出它特有的功能,如浓厚的文化气息、优美的自然环境及众多高素质人才集聚于此,将构成一道亮丽的城市风景线。它的发展建设可与当地的经济、文化、环境等融为一体,因此,文化聚集区的环境生态效应和文化示范效应显著,对周边地区的发展产生辐射效应,会带动周边地区的发展。这种效应会随着时间呈上升的趋势,持久地对经济、社会、文化、环境施加影响,迁入地投入产出曲线呈持续上升趋势。图 6.1 中显示,文化聚集区与旧址的投入产出总效应从前期投入阶段的负效应在均衡点 E 转换到中期建设阶段的正效应。均衡点越靠近前期，在投入中所产生的负效应就越小（B 区域的面积越小），到后期完善阶段，C 区域的面积是趋向无穷大的，文化聚集区的建设对当地经济贡献越来越显著，并持续发挥作用。

在文化聚集区建设中后期，高校的聚集会带动相关产业的发展，如娱乐业、餐饮业、房地产业、旅游业等。文化聚集区通常选址在人烟稀少、基础设施不足、土地价格比较低廉的城市郊区，与城市中心地带有一定的距离。文化聚集区的建设之初，投资主要集中在基础设施及相关配套服务设施的建设上，这会使该地区由生地变成熟地，有助于进一步吸引投资。文化聚集区大多建在郊区，这里工业污染少、环境空气好、文化氛围浓、居民素质高，良好的社会声誉也提升了区域内土地的潜在价值。所有这些当期和预期因素，使得对该区域内的房地产需求和投资大大增加，促进该区域房地产业的蓬勃发展。便利的交通、干净整洁的校园、充足完善的文化、体育、生活设施，使得文化聚集区往往成为本地区城市居民的后花园，为文化旅游业的发展提供了条件。据调查，近三年来全国各地高校尤其是名牌大学旅游仅假期接待的旅游总人数就突破了 400 万人次。由此可以看出，文化聚集区发展旅游业具有巨大潜力。

在另一个层次上，各类人才的集聚，研发力量的加强和集中，既为科技产业的发展提供了条件，也为这一区域的产业结构逐步改善和优化奠定了基础。

从长远来看，文化聚集区的外部效应还体现在文化示范效应和生态环境效应上。文化聚集区是一个文化气息浓厚的区域，旨在建设开放、多元性的文化，提升城市（或乡镇）的学术氛围和文化品位，对城市的文化具有继承和推动的作用[18]。文化聚集区代表着城市文明的最高水平，它是现代城市文明的一面镜子，不但继承城市的文化，还对其有着推动和传播的作用。首先，文化聚集区是一个人才云集的地方，大量学者的聚集对城市文化起到熏陶和潜移默化的作用，它有助于提升城市良好风气的形成，陶冶市民的情操。例如，学校的师生与社区居民长时间接触，高校文化与社区能够很好地相融，两者取长补短，形成一个文化系统。其次，文化聚集区对城市文化的创新具有推动作用，各大高校与周边企业间的合作可以将高校集聚所产生的新文化转化成其他的形式，不仅扩大高校的文化效应，还能进一步产生经济、社会效益。此外，随着时间的推移，文化聚集区的环境生态效应将逐渐显现出来。绝大多数文化聚集区都是建设在郊区（城市的边缘地带），而这里具有城乡二元结构的特征，城市与乡村两种经济、社会形态和环境景观混杂其中，且两种形态之间的界线比较模糊，其特征、结构和功能实质上介于传统城市和乡村之间。建成之后的文化聚集区也是一个"依山傍水"、景色优美的生态区域，可以反过来改善本区域的生态环境。

文化聚集区在不同的建设时期，生态经济效应呈现不同的特点。规划投资初期，主要以土地补偿效应为主；建设中期，以投资和消费乘数效应为主；建设后期，以产业结构、文化示范效应和环境生态效应为主[19]。

四、贵阳花溪大学城的生态经济效应分析

(一)花溪大学城概况

为解决贵州省属高校在贵阳市中心城区布局过于集中、地域分布不尽合理的问题,顺应高等教育发展的客观需要[①],贵阳市计划用 5 年左右的时间,筹建远景用地 15 平方千米的花溪高等教育聚集区。贵阳花溪文化聚集区位于贵阳市花溪区内,后划归贵安新区。文化聚集区北区预计占地 4.5 平方千米,由贵州大学和贵州民族大学组成;南区位于党武乡范围内,占地 5 平方千米,分别由贵州师范大学、贵州财经大学、贵阳医学院、贵阳中医学院、贵州轻工职业技术学院、贵州民族大学、贵州亚泰职业技术学院和贵州民族大学人文科技学院 8 所高校组成,南区即"花溪大学城"(以下根据不同的语境,"文化聚集区"和"大学城"会交替使用)。

花溪大学城的建设分为两个周期,如表 6.2 和表 6.3 所示。

表 6.2　花溪大学城一期规划建设表

校区名称	规模/人	用地面积/亩	建筑面积/万平方米
贵州师范大学	15000	2000	75
贵州财经大学	19000	1500	50
贵阳医学院	17000	1500	60
贵阳中医学院	10000	1500	55
贵州轻工职业技术学院	11000	1000	32

表 6.3　花溪大学城二期规划建设表

校区名称	规模/人	用地面积/亩	建筑面积/万平方米
贵州民族大学	17000	1500	50
贵州民族大学人文科技学院	7000	500	14
贵州亚泰职业技术学院	13000	650	30
贵州省税务干部学校	250	103	16.2
贵州民族体育教育综合表演研究基地	建成后将成为全省民族体育训练基地,同时也成为全国乃至全世界各地运动员提供培训竞技、文化交流的平台	300	

(二)花溪大学城经济社会效应分析

花溪大学城的建设会给当地带来经济效应和社会效应。经济效应主要从经济增长效

---

① 2008 年,全国高等教育毛入学率已经达到 23.3%,贵州省仅为 11.8%,约为全国平均水平的 50%,高等教育资源供给不足。

应、就业效应、产业集聚效应等几个方面分析，而社会效应则着眼于对产业结构、社会经济体制的影响。

经济效应主要体现在经济增长方面，可以通过国民收入核算方程式表现出来，而社会效应不仅仅体现在经济增长上，它更关心结构的改变，以及社会制度、经济制度、价值判断、意识的变革。

1. 经济效应

(1)经济增长效应。新经济增长理论认为知识如同资本、劳动力一样，也是一种生产要素，并把知识作为独立因子纳入经济增长分析。同时，将人力资本引入经济增长模式，认为专业化知识和人力资本的积累是经济增长的主要源泉。

国民收入核算方程为

$$Y = C + I + G + X - M$$

式中，Y 为国民收入；C 为消费；I 为投资；G 为政府支出；X 为出口；M 为进口。

由上式可以得出消费乘数、投资乘数、政府购买乘数、对外贸易乘数均大于1，即每增加一个单位消费、投资、政府支出、出口均会带动国民收入的成倍增长。

(2)消费效应。消费需求是拉动经济增长的重要动力，而由于我国居民更愿意以储蓄的形式把钱存入银行，因此我国目前的边际消费倾向呈现递减的趋势。凯恩斯提出的消费倾向=消费量/收入量是平均消费倾向，其边际消费倾向=消费增量/收入增量 $= \Delta C / \Delta Y$，它是按照越来越小的规律变化的。高校学生的消费有着其独特的一面，最易于引导家庭储蓄向消费领域流动，从而挖掘储蓄对经济增长的促进作用。在宏观经济学中，国民收入从其支出的角度看就是投资、消费、净出口和政府支出的总和。在文化聚集区经济的研究中，同样可以用下面的公式来分析。

$$Y = I + C + G + X - M$$

式中，Y 为园区收入；I 为园区投资；C 为园区消费；G 为政府支出；X 为园区出口；M 为园区进口。假设园区投资 I、政府支出 G 和园区出口 X 是外生决定变量，分别用 I_0、G_0、X_0 表示，则有

$$X = X_0, G = G_0, I = I_0$$

而园区消费 C 和园区进口 M 则是部分由外生决定，部分依赖于园区可支配收入的变量，则有

$$C = C_0 + cY_r$$
$$M = M_0 + mY_r$$
$$Y_r = Y - tY$$

式中，C_0、M_0 为外生变量；Y_r 为园区可支配收入；c 为园区边际消费倾向；m 为边际进口倾向，t 为税收率。合并得

$$Y = K(I_0 + G_0 + C_0 + X_0 - M_0)$$
$$K = 1/1 - (c - m)(1 - t)$$

式中，K 为区域乘数。

在区域乘数 K 中，$(c-m)$ 是园区边际消费倾向，在 t 给定的情况下，$(c-m)$ 对园区乘数 K 的大小起决定作用。$(c-m)$ 越大，K 就越大。$(c-m)$ 越小，K 就越小。在高校园区的消费群体中，主要是大量学生和教职工。其中，教职工有相对较高和稳定的收入，而学生的消费水平也比较稳定。所以边际消费倾向 $(c-m)$ 也较大，导致 K 也较大，从而得出区域经济收入较高的结论。

花溪大学城建成以后，会带来近 10 万的学生和数万的教职工。这一庞大的人群通过消费必将为当地经济发展做出很大的贡献。而且在需求引致下，周边将会出现各种服务组织，供给相应的产品和服务，这一过程也必将提高城市的聚集能力。

(3)投资效应。花溪大学城的建设所产生的投资效应主要是基础设施的投资和大学城带来的对房地产业和消费产业等第三产业的投资。投资是当前经济发展的重要动力和支撑，在整个大学城的建设过程中，投资包含了政府投资和企业投资。凯恩斯的投资乘数理论表明：在一定的边际消费倾向下，新增加的一定量的投资经过一定时间后，可导致收入与就业量数倍的增加，或者导致数倍于投资量的 GDP。这个理论可用下面的公式概括。

$$\Delta GDP = \Delta I \cdot K$$

式中，ΔI 为新增投资；K 为投资乘数。其中，$K = 1/(1 - \Delta C/\Delta Y) = 1/(1 - 消费增量/收入增量) = 1/(1 - 边际消费倾向) = 1/边际储蓄倾向$。

凯恩斯的投资乘数理论是在社会总收入与总消费的基础上，基于边际消费倾向而产生的宏观投资理论，研究的是投资的直接拉动作用，没有专门分析区域经济和产业经济中投资的间接拉动问题。

在文化聚集区的建设过程中，上百亿的投资对经济的拉动作用是必然的。文化聚集区的投资是由政府和企业共同完成的，政府通过征地和规划后给高校提供土地，同时制定相应的优惠政策让企业参与到整个文化聚集区的建设过程中，在此过程中会产生大量的就业岗位和收入增加。在文化聚集区建设进程不断加快的同时，规划出来的科研、娱乐、休闲等区域将会吸引企业进行投资，再一次实现了投资对经济的拉动作用，下面主要研究高校园区建设基建投资对经济的拉动作用。

考虑到花溪高校园区的建设不断推进，高校会增加相应的配套，如办公楼、图书馆、实验室设备等。由于目前没有贵州高校实际基建投资自筹部分的统计数据，这里参考北京大学高等教育研究所的一项关于我国普通高等院校对现有办学条件和潜力的研究结果，1997 年我国高校学生人均固定资产价值约为 43149 元(考虑通胀因子)[①]。这里从需求的角度进行估计，意味着自 1998 年起，贵州高等院校在校生人数每增加 1 人则增加 43149 元的基建投资(包括校舍建筑 36972 元、仪器文化用品 5962 元和图书印刷 215 元)[②]。按此标准，贵州高等院校每增加 10 万人，则会带来用于新建校舍、购买设备仪器等的社会总产出如表 6.4 所示。

[①] 根据丁小浩等的研究数据，考虑到历年的通货膨胀因子得出的数据。

[②] 高校投资统计的调查数据为 1998 年生均固定资产 36185 元，其中校舍建筑 31005 元，仪器文化产业 5000 元，图书印刷 180 元。考虑到 2003 年间的通货膨胀因子(累计 1.1925，根据《中国统计年鉴》居民消费指数 CPI 统计计算)得到 2002 年的数据分别为 43149 元、36972 元、5962 元、215 元。北京大学高等教育研究所调查统计的是 2000 年中国 616 所高校的平均数据，按照贵州省的经济水平以及之后的发展速度和近几年大学城的建设，取均值固定资产 43149 元/(生·年)应该是比较保守的数字。

表6.4　贵州高等院校新增基建拉动的社会总产出

基建投资	项目计算方法	金额/亿元
校舍—建筑业带动的总产出	36972×人数×建筑业乘数(3.02)	111.655
仪器—文化用品产业带动的总产出	5962×人数×文化用品产业乘数(2.66)	15.859
图书—印刷业带动的总产出	215×人数×印刷业乘数(2.72)	0.5848
被带动的总产出增量合计		128.0988

根据以上分析，结合贵州高等院校在校生数量的年增加数量，可以计算出贵州高等院校历年基建拉动的社会总产出及经济效应，如表6.5和图6.2所示。

表6.5　贵州高校基建投资带来的社会总产出

年份	高校在校生增加人数/人	带动的产出增加量/亿元	GDP总量/亿元	产出增量对贵州GDP的贡献率/%
2006	14792	18.93	2338.98	0.81
2007	20146	25.81	2884.11	0.89
2008	25834	33.10	3561.56	0.93
2009	31546	40.41	3912.68	1.03
2010	24221	31.02	4593.97	0.68
2011	20807	26.65	5600.31	0.48

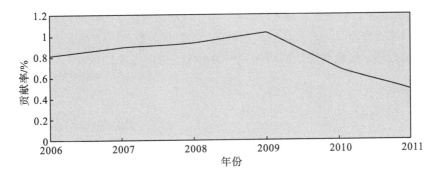

图6.2　高校基建投资拉动经济效应

数据来源：根据2006—2011年贵州年鉴(教育部分)整理得出。

从图6.2中可以得出2009年以前，高校基建投资对经济的拉动效应呈现逐年递增的状态，而2009—2011年则出现一定的下降，其主要原因是贵州经济在这两年出现大幅增长，而相应的高校招生数量的增加幅度却变化不大，且还出现小幅降低。需要说明的是：①所计算的依据是当年价，没有剔除通胀因子，所以实际增幅可能会略小；②基于基建投资的特点，当年投资未必能满足当年增加学生的需要；③因以上研究的数据是整个贵州省，这与花溪文化聚集区建设对经济的拉动效应会存在一定偏差。

(4)政府支出效应。花溪大学城建设需征10553亩建筑用地，依据法律和国家土地补偿规定，培训中心所在地原居住的失地农民可以得到相关征地补偿。土地补偿分为货币补偿和非货币补偿。其中，货币补偿的效应体现在失地农民在政府的组织协调下，利用货币补偿金进行职业技能培训、文化素质提高，进而以适应市场上劳动力由体力型向专业技能型转变，以保障失地农民的基本生活，或者形成其自主创业的原始资本。非货币补偿效应则表现为两个方面：一方面培训中心开发以"集中"发展方式加速城镇化进程；另一方面，政府为减少征地的负外部性，通过土地交易税帮助农民建立失业、养老和健康等相关保险，将失地农民纳入社会保障体系，保证失地农民的生活水平顺利达到城市化水平。

（5）文化聚集区的辐射效应。瑞典经济学家缪尔达尔把发达地区对周围地区的阻碍作用或不利影响称为回流效应，也称为极化效应或聚集效应；把发达地区对周围地区的推动作用或有利影响称为扩散效应，也称为辐射效应。辐射是指物体通过一定的媒介相互传递能量的过程，带动是指外力推动或拉动的过程。高校园区作为区域增长极和区域创新活动的中心，对区域经济的发展有强烈的辐射和带动作用，主要表现为极化效应和扩散效应。胡珑英等认为：极化效应和扩散效应皆随距离的递远而衰减，可以用如下公式表示。

$$Sr = So \times e^{-ar}$$

式中，Sr 为增长极的极化或扩散的强度；So 为增长极的极化或扩散强度的初始状态；e 为扩大的倍数；a 为距离衰减系数；r 为距离。

从上面的公式可以得出，在花溪高校聚集园区建成后，首先园区作为一个核心区域或经济增长极会对周边区域经济产生辐射作用，促进区域经济的发展。但是对周边经济发展的促进作用并非完全一样，而是随着距离的变化而发生变化的，距离园区越近，r 越小，则其对经济的辐射作用越强，而随着距离 r 的变化，增长极对区域经济的辐射作用越来越小。

而经济学家查得逊认为，极化效应是时间 t 的二次函数，极化效应和扩散效应影响的叠加产生溢出效应。极化效应、扩散效应和溢出效应的曲线图如图 6.3 所示。

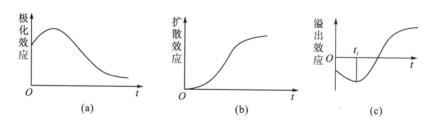

图 6.3　极化效应、扩散效应和溢出效应曲线图

根据图 6.3(a) 可以得出，文化聚集区在建成后会产生极化效应，会使与园区发展相关的产业快速地向园区汇聚，形成巨大的消费市场，但是这种汇聚并不是持续不断的，而是到一定程度后，由于市场逐渐饱和，此汇聚会逐渐减弱。从图 6.3(b) 中可以得出，当极化效应发展到一定程度，会产生扩散效应，在初期时，扩散效应非常明显，对经济的拉动作用也非常明显，但当扩散效应发展到一定程度以后，会逐渐趋于平缓，正如上面所说，随着距离的变远，其辐射作用将会减弱。从图 6.3(c) 可以看出，时间 t_i 是聚集阶段和外溢阶段的分界点，极化作用大于扩散作用，溢出机制表现为区域内经济活动和经济要素向高校

园区汇聚，其溢出效应为负值；当高校园区发展到一定阶段以后，极化效应逐渐减弱，而扩散效应却在不断增强，此时经济要素和经济活动开始向外部溢出，其溢出效应为正值。

　　文化聚集区建设完成以后，由于消费的引致需求和极化效应，会促使诸如科技、金融、餐饮甚至房地产等行业不断向该区域汇聚。因此使该区域的相关产业不断丰富和完善，形成产业链，促进了该区域经济不断发展。但当区域经济发展到一定程度后，区域空间就会无法满足区域发展需求，此时相关产业会向区域外渗透，形成辐射效应，进而影响更大区域的经济进步和发展。

　　(6)就业效应。用投入产出分析法对贵阳花溪大学城的建设可能会带来的新增就业机会进行估算。估计花溪大学城建设对增加就业机会的影响，需要计算出各个行业的就业增加值弹性。这里采用了北京大学黄涛教授[16]的研究成果，该研究利用计量经济模型不仅计算了15个行业的就业增加值弹性，还计算了40个部门对最终需求增加的就业效应，结果表明教育文化电影电视业无论在就业增加值弹性上，还是在最终需求增加的就业效应上，都位居各个行业之首。

　　在该研究中，将大学生因接受高等教育而产生的额外支出，如饮食、交通、学习用品等，看作相应行业(饮食业、运输业、造纸印刷及文教用品制造业)最终需求的增加。根据马玲[17]一文中"学生规模扩大对部门最终需求带来的影响"和其他研究中对40个行业最终就业效应估计结果，计算贵阳市花溪大学城建设发展过程中带来的有关行业最终需求的增加所产生的影响。新增基建创造的就业效应如表6.6所示。

表 6.6　　新增基建创造的就业效应

参数	校舍 (建筑业)	教学仪器(仪器仪表及 文化办公用品制造业)	图书(造纸印刷及文教用 品制造业)
最终需求的就业效应	0.1972	0.1304	0.1262
生均需求创造的就业岗位	0.7291	0.0774	0.0027
预计年均增加岗位数 (以20万师生为基数)①	145820	15480	540

　　通过表6.6可以得出，花溪大学城的建设可以为贵阳市提供161840个岗位。虽然采用该方法得到计算结果的精确度有待进一步检验和提高，但据此可以判断，花溪大学城的建设发展所带来的就业效应是显著的。

　　2. 社会效应

　　社会效应强调的不仅仅是经济增长，更关心结构的改变，以及社会制度、经济制度、价值判断、意识形态的变革，着眼长期"质"的飞跃。花溪大学城的建设作为一种新型高等教育模式，在产、学、研合作方面可以为教育产业的发展、产业结构调整、社会制度变革等起到示范和带动作用。

　　(1)通过建设大学科技园为合作提供平台。大学科技园是以具有较强科研实力的大学

---

① 计算方法为"生均需求创造的就业岗位=生均需求值(万元)×最终需求的就业效应"。

为依托，将大学的综合智力资源优势与其他社会优势资源相结合，为高等学校科技成果转化、高新技术企业孵化、创新创业人才培养、产学研合作提供支撑平台和服务的机构，它不仅是推进企业技术进步的一项战略性措施，还是增强企业的技术开发与创新能力，促进科研与生产的紧密结合，加速高技术的产业化，提高企业的自我发展和市场竞争能力的有效途径。

(2)通过校企，培养综合实力强的创新型人才。由于大众教育的到来，全球经济环境的改变，企业对人才的需求不断提升，创新人才逐步受到社会的青睐。因而校方在人才的培养模式上也应根据科技园区内的产业类型，培养行业特色鲜明、就业去向明确的定向服务人才，增强专业教学和科技园区内产业集群相结合的紧密程度。为了确保企业与校方的长期合作，在定向人才培养模式的基础上，还可以推进"订单式"的培养模式，即企业预测人才需求量，向学校"买断"毕业生。在实施过程中，企业与高校共同制订培养计划，部分学科由企业方聘请专家讲授，最后从众多的毕业生中挑选出优秀的人才，促进学生学习的积极性。

(3)校企联合创新科技企业模式。产学研合作有利于将大学的知识、技术和智力转化为以技术创新为主要特征的科技经济实体。当这些科技产业发展、壮大到一定规模时，便从大学剥离，走向独立发展的道路，其母体往往成为新企业的股东，所以人们形象地把高校科技企业称为"象牙塔里的宝藏"。通过科研与经济的结合、技术链与产业链的衔接，带动了区域高新技术产业的发展，提升了区域的产业结构，成为区域新的经济增长点。因此，用高新技术改进传统产业，推进了相关行业的技术进步，提升了企业的市场竞争力。

3. 花溪大学城建设对产业结构调整的作用

(1)促进区域高科技产业的发展。大学园区的集中兴建，让学校的办学模式由封闭走向开放，有利于学科之间的相互渗透与融合，营造学科交叉和优势互补的良好氛围。学生可以到任何一所大学修读课程，教师可以互相任聘，高素质教师可以在几所大学执教。各学校的图书馆及公共教学实验设施可以实行"一卡通"，最大限度地实现分校区资源共享。此外，集中兴建大学园区，让高科技产业和研究机构直接依附在大学园区发展，形成学、研、产一体化协调发展的模式，可使高等学校和研究机构成为高科技产业的孵化器。

根据平台经济理论，文化聚集区的建设也可以看成是高新技术产业的一个平台建设。这一平台会对高新技术产业形成集聚作用，从而形成高新技术产业集群。文化聚集区中尤其是以技术研究型为主的大学来说，其科技创新和科研成果的转化极为重要，而高科技集群的建设能帮助高校科研和创新得以实现，如贵州大学就是集电子信息、生物工程、材料工程等理工科为主的综合型大学。凭借高校优越的科研条件，园区内必将集聚大量的高素质人才，从而实现科研技术成果的转化，并通过资金与科研结合的方式，不断创新发展，促成良性循环，促进区域高科技园区发展。

(2)促进区域第三产业的繁荣与发展。花溪文化聚集区建设完成以后，将汇聚超过20万人的巨大且稳定的消费群体。按如今的消费水平，学生每人平均月消费额将超过1000元，教师将超过2000元，加上第三产业从业人员的消费，则一年的消费将超过20亿元。而与师生需求相关的餐饮、商场、书店、通信、体育休闲、文化娱乐等行业必将迎来跨越式发展，它们以高校园区的消费人群为服务对象，在周边区域形成大规模的学生街、商业街，这些必将成为当地第三产业发展的巨大推力。

(3)提升旅游产品的品质和知名度，促进文化旅游业的发展。花溪文化聚集区总体布局遵循崇尚自然、结合自然、高于自然的理念、通过对自然资源的保留、巧借、渗透与相融，以期形成"山中有城、城中有山，湖水相伴、绿带环抱"的有机形态。

保留、巧借：地块东靠斗篷山，南依思雅河，基地内有数个或连或断的山体及部分保护林地，最大限度地保护了现有的自然环境，保留了地块内原生的山丘和林地，作为各校园的"绿核"，建筑围绕"绿核"布置，保证基地内外重要生态脉络连续完整的同时形成了校园的主体结构，使"山之间有连脉，水之间能互通"。

渗透、相融：在保证自然形态不受破坏的前提下，校园及其周边相关区域被划分成不同生态与使用功能区，与山水有机融合。通过开敞空间和建筑设计布局使得西北侧为思雅河景观带，南侧为环路防护绿地，东侧的斗篷山原始林区则是自然绿化景观与各校区形成指状渗透融合。

目前，旅游业也成为拉动经济的重要产业，且旅游业对经济的拉动不像工业对经济的拉动。工业对经济的拉动作用会消耗大量不可再生资源，造成环境污染，而旅游业是绿色经济，在拉动经济的同时更好地保护了环境，是经济可持续发展的重要保证。贵州旅游资源丰富，原生态保存较为完整，旅游业是推动贵州发展的重要动力。而作为贵州省会城市的贵阳，旅游资源更是相当丰富，特别是花溪区十里河滩、花溪公园、花溪湿地公园、天河潭等风景区，是旅游休闲的好去处。按照文化聚集区的规划，建设完成以后，必将成为花溪又一处旅游胜地，而且文化聚集区本身的人气汇聚，也将进一步促进花溪区旅游业的发展。

大学作为城市的一个特定的区域，是一个高素质人群集聚的区域。课堂之外的交流学习是现代教学中非常重要的学习和思维锻炼的方式，知识和智慧会在师生之间、同学之间的思辨交锋中得到升华。如何通过设计为师生提供更为舒适的交往空间，使得城市及校园文化脉络在校园规划中得以体现，是规划设计中需要考虑的重要问题。

城市及校际间交流：规划以人舒适步行尺度为基准，采取复合式的功能分区，形成多中心布局。沿思雅路和花溪路形成的城市科技人文轴促进了聚集区和城市间信息的交往流通；由思雅河的景观带及沿栋青路形成的生态共享廊侧边设置环绕的人行和自行车为主的道路广场，并通过绿化景观及人们的活动路径将其连续起来，将各个教学区及生活区畅通地联系起来，增进了聚集区的交往联系；此外，还通过设置人行天桥等使各校区形成连续的交往环，便于各个校园之间的交流。

(4)促进区域房地产业的发展。文化聚集区的选址距离贵阳市20千米、距离花溪区行政中心2.5千米。建设初期，基础设施薄弱、人烟稀少，但随着文化聚集区建设的不断推进，基础设施不断完善，周边配套和服务也在不断完善，这会促使土地价格不断攀升，提高土地的产出效率。同时，文化聚集区自然环境优美、交通便利、没有工业污染、文化氛围浓厚，相应地提高了周边区位条件和投资环境，提升了土地的潜在投资价值。而且，需求者也会对周边置业产生良好预期，使这一区域产生巨大需求，按照市场规律，这必然会促进房价攀升，促进周边房地产市场蓬勃发展。

(三)小结

　　基于"教育强省"的重大战略决策,花溪文化聚集区在借鉴国内外成功经验的基础上,进行科学规划、合理安排,充分利用土地资源和依托周边自然资源,力图打造具有贵州特色、全国一流的高校聚集园区。文化聚集区的建设,并不仅仅局限于解决贵州高校硬件设施不足的现状,同时要配套相应的生活和商业设施,实现聚集区内商业的发展。在园区中,将规划一定的科技园区,引进高新技术产业,实现整个园区产、学、研相结合,在促进高校科研成果转化为经济效应的同时也促进企业创新,为高校学生提供良好的发展平台,促进整个区域经济发展。园区庞大且稳定的消费人群为区域相关服务业和商业提供巨大需求,促进区域第三产业的稳步发展。根据高校园区的规划,高校园区建设将依托原有自然资源和依据贵州建筑文化,打造具有贵州特色的高校园区,结合花溪生态自然资源,形成旅游精品路线,这也必将促进花溪生态旅游业的发展。同时,随着区域经济的不断发展,园区良好的人文和自然环境也将使这一区域的土地价值不断攀升,而人们会更愿意选择这样一个区域作为居住环境,会促使房地产业向该区域聚集,实现区域房地产业的发展。而园区作为贵州经济发展的重要经济增长极,将会辐射拉动周边区域经济的发展。

　　我国文化聚集区虽然兴起、发展的时间不长,但是也已经初具规模。从全国各地大学城的兴建来看,大学城的建立对周边地区的经济发展影响巨大。以贵州花溪大学城的修建为例,在具体分析文化聚集区的经济效应时,应该从多方面去分析大学城的影响力。例如,大学城的兴建既可以促进区域高科技产业的发展,也可以促进区域第三产业的发展,还可以促进旅游业和房地产业的发展。综上所述,我们可以根据得到的经验,在今后大学城的规划和兴建中,获得经济社会环境利益的最大化[20]。

五、省外文化聚集区建设中存在的问题

(一)发达省份大学城的发展现状考察

　　大学城建设从东南沿海一些发达省份开始,逐步扩展到全国。但是在发展的过程中也出现了一些问题。下面以上海松江大学城和南京仙林大学城为例来具体说明。

1. 上海松江大学城

　　松江大学城位于上海市西南部,距离市中心 30 千米,紧邻沪杭高速公路,依托余山国家风景旅游度假区,占地 8000 亩,总投资 25 亿元,招生规模近 5 万人。大学城内现有7 所高校:上海外国语大学、上海旅游专科学校、上海对外贸易学院、上海立信会计专科学校、华东政法大学、东华大学、复旦大学视觉艺术学院。松江大学城始建于 1999 年,到 2005 年年底 7 所大学全部建成并交付使用,且其相关配套设施(法院、检察院、学校、医院、超市、大卖场等)也均竣工。大学城建设实行所有权和办学权分离的机制,松江区

政府提供土地，东方明珠股份公司等社会企业组成投资主体出资建设，拥有大学城资源的所有权，而入驻的高校则长期租用。大学城建成之后，其优越的地理位置和完善的基础配套设施吸引了大批国际知名高科技企业入驻。松江区拥有国际级出口加工区，2002 年松江工业区已累计引进外资项目 261 个，总投资 25.8 亿美元，合同外资 17.8 亿美元，美国福特、日本日立、英国 ICI、德国 PM 等近 40 家世界 500 强企业投资落户。大学城的建设还使杨浦区的地区财富迅速积累，这主要体现在松江大学城周边土地的边际效应上，即单位土地价格上升，相应的房地产业也迅速发展起来。

松江大学城这十多年来给上海市创造了巨大的经济收益，但同时问题也逐渐出现，如"空壳化"问题。据有关资料调查显示，在建设大学城之前，地价约为 25 万元/亩，大学城建设之后，以大学城为中心的城南区地价涨至 36 万元/亩，城北区涨至 40 万元/亩，商业用地则涨至 50 万元/亩。随着松江大学城的建设，房地产业也随之升温，房产价格由原来的 1700 元/平方米上涨至 2800～2900 元/平方米。目前松江大学城区普通商品房用地价格为 900～1100 万元/亩，公寓售价为 14000～17000 元/平方米，别墅售价为 20000～22000 元/平方米。然而，过度的宣传吸引了众多的投资者，使得楼盘的前期价值过度透支。自 2004 年以后，大学城及新城地区的购买者几乎都为投资者，消费型购房比例很低，再加上配套设施单一，不足以吸引人们入住，所以松江大学城区的市民化进行得并不理想，人气低落，没有达到预期的效果。再者，松江大学城大学的科研水平不够，事实上给上海带来的收益仅体现于教育资源和产业园区地理上的聚集。大学城内的大学基本都偏向于文科，无法与松江区的制造业型人才需求相匹配，毕业生多外流，很难产生实质性的知识外溢效益。

政府认为大学城地处郊区，交通不便是"空壳化"的主要原因，所以采取了针对性较强的改进措施。例如，在交通方面开通了轨道交通九号线，拉近松江新城与市中心的距离；同时还将建设大型换乘枢纽和停车场等，站点旁配合建造一系列商业配套设施，最终形成松江新城南部的一个综合性城市新区[21]。

2. 南京仙林大学城

2002 年 1 月 14 日，江苏省南京市政府共同启动了仙林大学城和新市区建设。10 年来，仙林新市区城市建成区面积从 8 平方千米增加到 47 平方千米。目前，大学城内有高校 12 所和南京外国语学校仙林分校等 4 所中小学进驻招生，总人口约 26 万人，是目前全中国规模最大的大学城。

从城市郊区到全国一流大学城，再到仙林副城、科学城，回顾仙林新市区 10 年来的发展历程，脉络清晰可见。

仙林新市区位于南京主城东部，是 2001 年南京"一城三区"城市发展战略确定的三大新市区之一。新市区占地约 80 平方千米，由大学集中区、科技产业区、国际会展区和高尚住宅区组成，是"以发展教育和高新技术产业为主"的新市区。在 2002 年年初至 2005 年上半年期间，围绕满足各高校进驻和招生需要，大学城工委、管委会先后编制完成了 40 多部规划设计，依托栖霞区、南京经济技术开发区和仙林新市区三区协同发展的体制优势，一次性统一实施了大学城规划范围内 14 个行政村、150 多个村民小组、1.4 万余户、

4 万多人的房屋拆迁和安置工作，全面建成了仙林大道、文苑路、文澜路等地区骨干路网和必要的配套设施。不仅确保了进驻院校建设发展的需要，形成了大学城发展雏形，也为新区发展水平和各项建设的顺利进行奠定了基础，提供了保障。

2005 年下半年至 2008 年上半年，根据市委、市政府提出的仙林地区要加快实现"三个转变"（即以规划建设为主向建设与管理并重转变，以教育为主向教育与产业发展并重转变，以大学城单一功能向新市区综合功能全面转变）的目标要求，仙林大学城加快推进交通、医疗、商业、居住等城市生活配套设施建设，引进并启动建设了地铁二号线东延线、鼓楼医院仙林国际医院、仙林金鹰奥莱城、五星级酒店、社区服务中心等重大配套设施，集中开工建设了一大批商品房小区和教师公寓，同时进一步理顺管理体制，切实强化城市管理，全面提升了新市区品质功能。

2008 年下半年以来，大学城工委、管委会发挥地区教育、科技和人才优势，通过加强与南京大学等重点知名高校的沟通联系，切实加大了创意产业和智慧产业的招商力度，围绕高科技产业定位，积极培育科技转化平台，加快载体建设。大学城先后启动建设了江苏生命科技创新园、南京大学科技园，并与栖霞区、南京经济技术开发区联合组建科技创业投资有限公司，鼓励朝阳产业入区发展，陆续吸引了激光显示产业基地、紫东国际创意园、南京液晶谷、国电科学技术研究院等一批科技含量高、发展前景好、带动作用强的园区在仙林及周边落户。此外，依托大学城和新市区的生态、人文优势，围绕现代服务业定位，布局并推进了总部经济和生活型服务业的招商和建设，初步形成了以高校集中区为核心生活圈、以研发机构和孵化平台为智慧圈、以产业基地和国家级开发区为产业圈的"一城三圈"发展布局。

经过 10 年的发展建设，仙林地区已从一个城市郊区发展成为一个环境优美、教育聚集程度高的开放型、生态型大学城，并正在由单一的大学城向以高层次教育、高科技产业、高质量环境为主要特征的新区全面转变。

仙林大学城 10 年的发展虽然给南京市乃至江苏省带来巨大的经济社会效益。但是它所存在的问题也不容忽视。首先，聚集效应并没有很好显现。例如，"仙林大学城教学联合体"共建的内容包括 10 个方面，即互聘教师、互认学分、互用实验室、互借图书、互用体育场馆、互享高水平学术讲座、互相开放教学实践基地、互享信息资源、互开辅修专业、构建教学管理制度平台。但是实施得并不是很好，大学城内的高校依旧各自为政，资源共享方面做得不是很充分。其次，债务和生源仍是两大矛盾。一方面由于建设规模巨大，学校负债累累，直接影响到了仙林大学城高校教师的收入。另一方面，可能会出现招生不足的情况。硬件设施的规模超过了学生的扩招速度，出现了资源的浪费。为避免资源的浪费，政府收回了仙林大学城仙林湖以西一幅 24.1 亿元的天价地块。

3. 存在的主要问题

综上而言，目前我国文化聚集区面临的问题主要有以下几个方面。

(1)在规模上贪大求洋，有出现金融风险的可能。部分省会城市大学城规模与所在城市的相互关系如表 6.7 所示。

表 6.7　部分省会城市大学城规模与所在城市的相互关系

大学城名称	开发规模/km²	开发规模排序	所在城市的经济实力排序	所在城市的建成区面积排序	所在城市财政预算收入排序	所在城市的高校学生排序
郑州大学城	50	1	12	9	10	5
南昌大学城	50	1	9	14	15	11
南京大学城	44	2	4	5	3	2
长沙大学城	44	2	5	11	12	7
广州大学城	43.3	3	1	1	1	4
武汉大学城	40	4	11	5	2	1
重庆大学城	33	5	15	2	6	9
兰州大学城	30.8	6	13	10	13	12
西安大学城	27	7	14	6	9	3
济南大学城	26	8	6	7	7	6
沈阳大学城	20.7	9	8	3	4	8
杭州大学城	16.6	10	3	4	5	10
合肥大学城	13.3	11	10	12	14	15
昆明大学城	11.3	12	7	8	8	14
福州大学城	10	13	2	13	11	13

资料来源：卢波，段进. 国内大学城规划建设的战略调整. 规划师，2005(01)。

从表 6.7 中可以看出，经济实力、建成区面积不占优势的城市，大学城的建设规模却排在前列。显然，一些城市并没有根据自身的经济实力、财政收入等因素建设适合自身发展的大学城，在发展大学城项目上具有一定的盲从性。大学城建设长期规划不够，对今后可能出现的生源变化、经济政治等外部环境的变化没有充分准备，对将来质量建设和内涵发展没有充分的考虑。

大学城超规模的建设，也将学校置于金融风险的边缘。全国各地的高校为兴建大学城纷纷向银行大量举债，迄今为止，各大高校向银行的贷款总额为 1500 亿～2000 亿元。对于沿海发达省市(如杭州、南京、珠海等)的文化聚集区建设审计调查结果显示，建设计划投资中约有三分之一的金额都来自银行贷款，而银行一方也很乐意贷款给高校，因为他们认为高等教育事业是国家重点扶持的行业，有政府的支持，认为他们还贷不存在任何问题。然而，我国高校由于长期以来都依赖政府的投资，已经习惯了无偿使用资金，不清楚向银行贷款是有偿的，缺乏承担风险的意识，而且由于市场经济的建立，教育产业化在高校发展，传统的自主办学向法人实体的转变也导致了资金的市场化和多元化。但事实上很多高校并不能很好地认识到其对金融风险的承受力，高校的财政管理面临着巨大的风险。

(2)文化聚集区建设过程中，各个高校只考虑自身利益，缺乏整体规划，资源共享率差[22]。

文化聚集区的建设是高等教育产业发展的必然结果，其聚集和辐射效应的表现之一就是实现资源共享。目前来看，文化聚集区还远没有充分发挥它的集聚和辐射效应。高校之间不但没有形成真正的资源共享和优势互补，依旧各自为政，反而造成资金和资源的浪费，如硬件设施，很多学校依然使用自己学校的图书馆、体育馆、游泳馆等，即使有些学校在硬件设施上实现了共享，但对于师资互用、学分互修等资源都没有实现共享。文化聚集区与所在城市不能融为一体，许多教育资源不对公众开放，各高校的科研成果也不能很好地转化，无法形成产、学、研良性互动。

（3）对文化建设的重视不够。

高校的发展过程是一个历史和文化慢慢积淀的过程，校园内的一草一木都承载着丰富的文化内涵。但高校搬到新校区不仅仅是简单的位移问题，还面临着文化的移植和再生，因为原有的纽带和联系都会消失，之前经过时间形成的历史和文化积淀也跟着消失。其实，搬到一个新的地方，各高校都需要与周边社区磨合，达到最终相融的状态，这一切都需要时间，不是很快就能形成的。

（4）文化聚集区内部管理不规范、协调难度大。

中国大学城的管理尚在摸索中，没有成熟的经验可供参考。大学城的偏远性、开放性、聚集性、经营性特征均给大学城的管理带来考验。大学城的偏远性不仅给师生的学习、工作和生活带来不便，而且易使学生生活变得单调，缺乏文化氛围、学术气息；大学城的聚集性使学生高度密集，发生群体事件的可能性增加，各高校之间的协调性差，加大了管理的难度（尤其是住宿区）。

（5）怎样寻求新的区域环境平衡。

文化聚集区大多是选址在远郊区的，千百年来这里的人类、植物、动物都能和平共处，文化聚集区的到来势必会破坏这一切，且目前我国文化聚集区的建设还存在盲目追求大规模的弊病。这样就使千百年来形成的生态平衡因为大规模建设而遭到破坏，在建设过程中，挖湖垒山、围滩改渠、大范围的砍树除草等都会打破原来的生态平衡，如何构建新的平衡系统是一个长期的过程。

我国大学城发展迅速，在短短几年快速崛起，但目前处境并不乐观，很多问题亟待处理。

（二）启示

较之国外自然发展型的大学城，我国文化聚集区基本上是政府规划建设而成的，发展速度较快，同时也存在一些问题。例如，大学城在与地方经济和城市的融合程度上，在产学研合作模式上都有一定程度的欠缺。2003 年以来，这些弊端开始凸显出来。贵州地处欠发达地区，文化聚集区的建设要晚于发达地区，可以更好地借鉴发达地区的先行经验，以促进贵州高等教育和区域经济的发展。

花溪大学城的建设不仅顺应了当今大众化教育的发展模式，同时也是促进贵州省高等教育发展的一项具有开拓性的举措。贵州省作为西部欠发达省份，在文化聚集区的建设上是继起力量，东部沿海发达省份取得的经验和出现的问题，应该拿来参考。

1. 建设花溪大学城须防止资源浪费

需要搬迁的 5 所贵阳高校：贵州师范大学、贵州财经学院、贵阳医学院、贵州中医学院、贵州轻工职业技术学院在基础设施建设上已经有相当的规模和水平，近年来刚刚建设好的教学楼、体育馆、大礼堂、音乐厅等设施都耗资极巨。贵州省作为一个耕地面积少、土壤贫瘠的省份，对于土地资源的保护尤其需要注意。

2. 花溪大学城建设需要兼顾生态环境

贵阳市城市建设目标早就被定位为"生态文明城市"，因此对生态的保护也成了大学城建设的约束条件之一。贵阳市的交通拥堵问题在西南地区算是比较严重的，在有些地段（如喷水池地区）的交通高峰时期最为严重。据报道，贵阳市机动车保有量目前是40万辆，而且每天都在快速增加着，而贵阳的道路建设远远跟不上汽车数量的增速，这就造成了贵阳市交通拥堵状况越来越严重。花溪大学城的建设将处于贵阳市北部市区的几所高校迁往贵阳市南部的花溪区，可能会在短期内造成交通拥堵。

3. 花溪大学城需要配套设施的及时跟进

政府建设花溪大学城的初衷是为了解决中心城区面积有限、过于拥挤的问题，解决高等教育发展的瓶颈，促进其发展，但依然会忽略一些可能存在的问题。

建设文化聚集区是一个非常复杂的系统工程，牵扯到许多问题。不仅需要在新校区建立大片教学楼、宿舍楼、礼堂、食堂等，周边的配套设施（如银行、医院、幼儿园、教师住宅楼、中小学、菜市场等）如果跟不上，不但会影响在校学生的正常学习和生活，还会影响高校教师的工作积极性，而后者是一个不容忽视的问题。在未搬迁到花溪区之前，大部分教师可能会选择在交通便利的贵阳市区居住而不是花溪这样偏僻的地方。搬迁之后，许多在贵阳市居住的教师可能大部分时间都会消耗在路上，长此以往，对教学、科研等工作均可能造成不利影响。如果大部分教师不在学校居住，那么与学生之间的沟通也存在问题。另外，新校区地处郊区，离市区较远，这就在一定程度上影响学生与社会的交流，严重缺乏社会实践和创业的机会，既不利于学生的全面发展，也不利于大学城本身的发展。

4. 花溪大学城需要注重文化培植

各个学校由于几十年的积淀都有着丰富的文化。例如，贵州财经大学建于1958年，贵州师范大学建于1941年，贵州民族大学建于1951年，且各高校均位于市中心或离市中心较近。高校周边的历史文化、经济现象及周边居民的活动都为校园文化的形成提供了有利的条件，同时高校又凭借自身独有的人文氛围对周边社区产生强大的辐射效应，两者相互融合、相互促进。因此，花溪大学城的建设不仅是校舍的搬迁，还应该是文化的移植。

（三）政策建议

1. 花溪大学城需尽量避免不必要的资源浪费，努力实现资源共享

贵州省地处西部欠发达地区，我们需要认清其财政状况。2012年贵州全省公共财政收入为1014.05亿元，在全国排名第26名，贵州省总人口为4000万人，而建设一所大学城

的花费将是巨大的，还贷的压力又转而施加在教师和学生身上，且贵州省需要扶持的地方太多，超出财政能力的大规模大学城建设会加剧财政压力。而且，随着人口的增长比例下降，从长远来看，生源规模可能会收缩，超大规模显然会导致大量教育资源闲置浪费。一些发达省份政府已经收回了大学城的闲置土地。在适度控制大学城规模的基础上，应该充分利用现有资源，努力实现资源共享（如互聘教师、互认学分、互用实验室、互借图书、互用体育场馆、互享信息资源、互开辅修专业等），避免重复建设。

2. 注重交通及配套设施方面的建设

借鉴发达省份大学城的发展状况，可以得出交通和配套设施是很重要的，如果在这方面不重视，新城区很难避免出现"空壳化"的局面。可以从缩短贵阳市与花溪区的距离着手，如增加公交线路、延长公交运营的时间、修建轻轨等。交通便利不仅有助于学生与社会的融合，更好地保障人才的全面发展，还会节约高校教师的时间，使学生与教师能够更好地交流。在配套设施方面也应给予重视，尽可能地做到丰富多彩，在保障大学城内居民正常生活的情况下尽量缩小大学城与贵阳市生活水平的差距，以吸引更多的人入住，增加人气。花溪区地处长江、珠江分水岭，是贵阳市著名的生态区，因其冬无严寒、夏无酷热、无霜期长、雨量充沛、空气优良，已经成功创建国家级生态示范区。花溪大学城拥有良好的自然生态环境，交通问题的解决将使这一区域的发展"如虎添翼"。一些发达省份大学城的发展中"市民化"受阻都与交通和配套设施不完善有关，因此配套设施上除了银行、餐馆、旅馆、医院、超市、邮局等一些基本的配套设施外，还应逐步加设中小学、养老院、文体活动中心、广场、KTV、酒吧等设施。

3. 通过加强花溪大学城内部的管理来保障城内居民的安全

花溪大学城地处郊区，在建设施工过程中，校内存在闲杂人员，师生的安全问题是需要引起重视的。如果通过加强大学城内部的管理来保障安全，应当遵循宏观管理与自主发展相结合的科学管理原则，实现市场主导、政府指导、学校管理、全面协调的发展途径。在宏观层面上，国家、政府等相关部门应该制定和实施指导全国大学城建设的规划和标准，对大学城建设的基本原则、建设条件、评估标准等做出规定；在微观层面上，花溪大学城内各大高校要完善管理机构，明确管理职责，各部门协调配合，确保执行相关管理规章等，建立起一套针对大学城切实可行的监督、反馈和问责机制。

4. 重视花溪大学城教育科研与产业的紧密结合

大学城并不是众多高校在空间上的简单聚集，聚集和辐射效应的发挥会使得大学城与企业、政府渐渐走上互惠互利、友好合作的道路，真正带动区域经济的发展。由于花溪区特殊的生态环境，在产业的发展方面不能走单一发展传统工业的道路，应该坚持走一条科技含量高、经济效益好、资源消耗低、环境污染少、人力资源能得到充分发挥的新型工业化道路。在产业选择上花溪适合侧重发展旅游业、物流业、高新技术产业等对环境污染相对较少的产业。后续建设的花溪区六大产业园，分别是金石产业园、大学城科技创业园、黔峰生态科技园、小孟工业园、燕楼循环工业园、羊艾农产品加工产业园,这六大产业园建设的启动,展示了花溪把绿色经济生态作为创新工业发展的动力之基。各高校不仅要注重本学校学科专业结构的调整,使其培养的人才能够为该区域的产业服务,还要与周边企业密切合作,努力将科研成果产业化,提升经济效益。同时,政府也要鼓励产业园区的企业向大学城获取智力支持,增强企业的核心竞争力。因此,花溪大学城的定位不仅仅是适宜旅游居住的生态城,更是经济发展迅速的科技城。

5. 注重发挥花溪大学城的文化先导作用

花溪大学城是一座新城,可能不具备老校区几十年所积淀的深厚文化,与社区居民融合得也不是很理想。但文化不是一朝一夕就能形成的,大学城在我国作为新生事物其文化的形成与老校区不同。首先,就大学城本身来讲,要保证大学城在本质上是培养人才和发展文化的"大学之城",重点在"大学",而不是"城"。大学城内各高校的目标是追求学术、文化和知识的进步,是培养素质全面的综合人才,大学城文化的建设应首先服务于这个目标。其次,建立大学城与社会的协作体制,加强与社会文化交流的互动机制;建立文化建设的开发机制,健全文化建设中的宣传机制,实行全面有效的控制机制;建立文化建设的长效机制,进一步加强文化的内涵修养。最后,政府作为主动构建大学城的角色,一是应该发挥引导作用,掌握大学城文化发展的方向;二是应该起到协调作用,在大学城内各高校发生利益冲突时在中间协调,为大学城的文化共享搭建平台;三是起到支持作用,采取宏观调控,用政策、财政等手段为大学城的文化建设提供助力。

参 考 文 献

[1] 中共中央国务院关于实施乡村振兴战略的意见. http://www.moa.gov.cn/ztzl/yhwj2018/zxgz/201802/t20180205_6136444. htm.2018-3-5.

[2] 李文君. 基于国家文化安全的中国文化认同构建. 长沙:湖南师范大学,2011:40-41.

[3] 赵霞. 传统乡村文化的秩序危机与价值重建. 中国农村观察,2011(3):83.

[4] 孙斐娟. 进入现代世界的农民文化命运与新农村建设中的农民文化认同再造. 社会主义研究,2009(6):73.

[5] 王国胜. 现代化过程中的乡村文化变迁探微. 理论探索,2006(5):13.

[6] 中共中央马克思恩格斯列宁斯大林著作编译局. 马克思恩格斯选集(第 2 卷). 北京:人民出版社,1995:32.

[7] 费孝通. 反思·对话·文化自觉. 北京大学学报(哲学社会科学版),1997(3):22.

[8] 本书编写组. 中共中央关于深化文化体制改革推动社会主义文化大发展大繁荣若干重大问题的决定. 北京:人民出版社, 2011.

[9] 杨天平. 西方国家大学城的演变与发展. 北京理工大学学报(社会科学版),2003(03).

[10] 王爱华,张黎. 我国大学城的几种典型模式及其特点. 中国高教研究,2004(03).

[11] 何心展. 大学城的聚集与辐射效应分析. 浙江海洋学院学报(人文科学版),2005(06).

[12] 肖岳峰,肖冬. 大学城对区域经济发展影响的评价模型探讨. 市场论坛,2006(03):188-189,193.

[13] 马凤才,李恩会. 高等教育聚集与转型期资源性城市发展实证分析——以大庆市为例. 中国科技信息,2008(20):303-304.

[14] 袁新敏，高长春. 大学科技园区与区域经济融合发展的类型与模式分析——以长三角地区为例. 科技进步与对策, 2011, 28(15)：31-35.

[15] 连燕华，马晓光. 我国产学研合作发展态势评价. 中国软科学，2001(01)：54-59.

[16] 黄涛. 中国宏观经济与就业经济计量分析——劳动力需求与宏观经济政策分析. 联合国计划开发署项目研究报告，1999, 12：94-95.

[17] 马玲，孟冬冬. 江苏高等教育对经济的直接拉动效应研究. 南京审计学院学报，2005(4)：25-29.

[18] 曾国平，李雪松，曾婷. 大学城的外部效应及其发展对策研究. 云南行政学院学报，2004(06).

[19] 罗清和，尹华杰. 大学城开发的经济效应分析. 深圳大学学报(人文社会科学版)，2010(11).

[20] 蒲文彬. 产业聚集理论视角下的贵州大学城发展问题思考. 贵州师范大学学报(社会科学版)，2012(06).

[21] 范明媛，王朝晖. 中国大学城"空巢"现象探究——基于上海松江大学城的调研. 价值工程，2011(36).

[22] 章右. 南京仙林大学城：资源共享尚难实现. 教育，2012(05).

第七章　贵州乡村振兴之生态宜居、治理有效探索

第一节　贵州灾害发生典型地区农村生态调查研究[①]

自然灾害是指在(地球生物圈内)特定的自然环境下发生,超越人类社会的控制和承受能力,对人类社会造成危害和损失的事件。习惯上,将自然界变化给人类社会带来危害的事件和(或)过程,统称为自然灾害。

近年来,我国经济高速增长,同时,自然灾害造成的损失也逐步增加,我国进入新的灾害多发期,洪涝、干旱、台风、地震、火灾、农业和病虫,以及滑坡、泥石流等灾害发生频繁,新的重大、特大、百年不遇的自然灾害事件不断出现,特别是在地域辽阔的农村地区,由于地形条件复杂,各种自然灾害造成的损失更为严重。日益频发的自然灾害不仅进一步破坏了生态环境,同时也严重影响了人民生命财产安全和地区经济的长远发展。为了应对自然灾害,相关部门设计了一些灾害救助规划,制定了一些预案,采取了一些应对措施。但是,分析灾害形成的原因,做好灾害的预防更为重要。本节通过对贵州省自然灾害特征的分析,对自然灾害和农村基础设施建设之间相互关系的研究,试图为政府在灾害预防方面提供一定的建议。

一、贵州自然灾害的特点、影响和发展趋势概述

贵州是一个多灾欠发达的省份,地处云贵高原东部斜坡,属于亚热带湿润季风气候区,大部分地区有碳酸盐分布。其自然环境为沟壑纵横,山高坡陡,是全国唯一没有平原的省份。特殊的地形、地貌和气象特点及经济社会的发展现状,经常发生的自然灾害主要包括洪涝灾害(山洪暴发、河水猛涨、喀斯特低洼地区积水成涝等)、干旱和地质灾害(滑坡、泥石流、崩塌、塌陷、地震、地裂等)[1]、病虫、鼠害等。例如,1946 年晴隆、安龙、兴仁、望谟、册亨等县发生了强度较大冰雹灾害,房屋损坏数万间;1951 年全省76 个县分别遭受了旱、水、病疫、虫灾;1959—1961 年三年自然灾害,导致出现了饿死、病死人的现象;1963 年和 1972 年的旱灾;1996 年和 1998 年都匀、贵阳、铜仁、黔东南州部分县市的水灾;1994 年贵阳和 2001 年遵义的风灾;2002 年全省性的"秋风";2004 年纳雍山体大滑坡(贵州民政厅网站)等。又如,2014 年石阡县发生的特大洪涝灾害,造成超过 15 万人受灾。特别是地质灾害,发生频率颇高。2010 年 5 月,贵

---
① 邱蓉,滕萧。2011 年贵州省教育厅高校人文社会科学研究项目。

州省全省 9 个市(州、地) 88 个县(市、区)中有 85 个县(市、区)不同程度遭受旱灾，受灾总人口 1868.9 万人，农作物受灾面积 163.9 万公顷，因灾造成直接经济损失 132.3 亿元。2011 年贵州再次出现罕见旱情，据相关数据统计 9 月中下旬，贵州全省 88 个县(市、区)均不同程度受灾，其中 31 个县特旱，39 个县重旱；同年 6 月贵州省南部的望谟县特大暴雨洪涝灾害造成全县 13.94 万人受灾，农作物受灾面积 11800 公顷，倒塌房屋 2403 间，损坏房屋 9626 间。因灾造成直接经济损失 17.1 亿元。这些自然灾害给当地政府和人民群众造成巨大财产损失。

（一）贵州自然灾害的特点

由于特殊的地貌和气候的多样性使贵州省自然灾害具有以下特点。

1. 受季风气候影响，自然灾害频繁

贵州属于亚热带湿润季风气候区，降水较多，年降水量1300 毫米左右，其中 6～8 月降水量达 450～600 毫米，素有"天无三日晴"之称。境内各地阴天日数一般超过 150 天，常年相对湿度在 70%以上。1月平均气温-5～6.8℃且雾天、小雨天多，极易形成凝冻天气。另外，气候不稳定，灾害性天气种类较多，干旱、秋风、凝冻、冰雹等频度大，对农业生产危害严重。

2. 受灾面积广，影响人群多

贵州省共有 88 个县级行政区划单位，但是 2005—2010 年每年受灾县都有 84～88 个。只有 2007 年、2009 年、2010 年有局部县未遭遇大规模的自然灾害。自然灾害对贵州省的影响是广泛的、全面的，同时，大范围的受灾面积也导致受灾人数众多。2010 年，受灾人口占贵州省常住人口的 75.8%。

3. 抵御自然灾害能力弱，经济损失巨大

贵州省是一个农村人口占大多数的落后地区，还基本过着"靠山吃山、靠水吃水"的生活，人们为了生存只能靠当地的自然资源来维持。以毕节为例，当地煤资源分布地域广、品种多，有高硫煤、低硫煤、无烟煤、炼焦煤等，其中，有的煤层较浅，当地老百姓不需要太多生产资料的投入便能挖到煤，由于过量开发煤矿资源，致使山地被挖空，造成地面沉降、地面塌陷等自然灾害，且造成大量资源浪费。过度开发和不合理利用，使环境遭到人为破坏，甚至导致再恢复困难，极大地增加了灾害(地质灾害)发生的可能性。

自然灾害带给人们的创伤是多方面的。从微观而言，自然灾害特别是突如其来的自然灾害会引起恐慌、焦虑、压抑及其他情绪和知觉问题，有些使人们失去财产、家园，甚至生命。从宏观而言，自然灾害对经济造成严重的破坏，可能使当地经济停滞甚至倒退，同时使经济本来就不发达的农村山区，土地更加贫瘠，粮食减少，严重制约农业的发展，导致当地群众的生活更加贫困，对地区的经济发展和社会稳定带来了严重影响。持续的自然灾害会引起社会秩序的混乱，一旦灾区出现物资匮乏，就会引起民众的恐慌，导致人们哄抢物资。如果灾害引起瘟疫，造成社会骚乱，就有可能会引发政治不稳定。

（二）自然灾害的发展趋势

自然灾害的发生，既有自然的因素，也有人类不当活动的因素。如果不能有效治理，尤其是事前预防，贵州自然灾害将会呈现如下发展趋势。

1. 发生频率越来越高

由于当地人们对自然资源(草地、植被、水、矿产等)的过度开发，特别是对煤矿资源过量开采，以及自然环境的严重污染，自然环境已经失去了自身的免疫力，没有了天然的保护屏障，只要天气突变就极易引起各种自然灾害的发生。

2. 破坏更大，影响更严重

随着贵州省各项事业的全面发展，自然灾害的破坏更加广泛，不仅对农业生产有着巨大破坏，还对当地的交通、水利、电力、电信等工程设施造成巨大损失。由于自然环境破坏，自身的修复能力下降，因此造成自然灾害持续时间更长，影响更严重、更久远。

3. 并发灾害越来越多

自然灾害的发生并不是单一的，一种自然灾害的持续发生，会引发其他自然灾害的发生。由于自然环境遭到严重的破坏和污染，自然灾害发生同时并发、衍生、次生的自然灾害发生越来越多，从而进一步加剧自然灾害的破坏、损失程度，增加了防灾减灾的难度。

二、农业基础设施的定义及分类

农业基础设施是指那些为农民生产与生活提供服务的且使用期限较长的设施。农业基础设施可以分为三类：一是生产服务设施，如水利设施[2]、农业科研和技术推广服务机构等；二是生活服务设施，如医疗和文化等；三是生产生活服务设施，如教育、道路和通信设施等[8]。

如何对农业基础设施定性？公共产品的经典定义是每个人对这种产品的消费都不会导致其他人对该产品的消费减少，公共产品具有非竞争性和非排他性。但是农业基础设施的多层次性决定了农业基础设施不单单是公共产品那么简单。黄勇民对多层次农村基础设施给出了很详细的定性，如表 7.1 所示[3]。

表 7.1　农业基础设施性质

层次		农业基础设施产品内容
纯公共产品		大江大河治理、省级大型水利与农田基础设施、农产品流通的基础设施和市场网络、农业与农村信息化基础设施等
准公共产品	自然垄断型	市县级中小型水利与农田基础设施、乡村道路、农村电网、渔业基础设施、农业科研与实验、农业技术推广、农产品质量管理设施、动植物检疫基础设施等
	优效型	动植物良种繁育基础设施、动植物防疫基础设施、农产品加工基础设施、农业教育与培训、大型农业机械等
私人产品		中小型节水设备、中小型农业机械等

三、灾害与农业基础设施建设的相关分析

(一)灾害损失统计

自然灾害损失统计如图 7.1 所示。

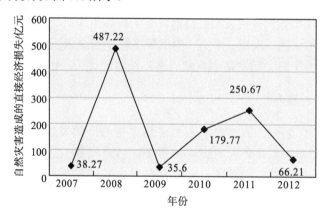

图 7.1　自然灾害损失统计①

从图 7.1 中可以发现,2007—2012 年期间,由自然灾害造成的直接经济损失波动较大。可以看到 2008 年的损失是非常惨重的。这一年里,贵州省先后遭遇了雨雪冰冻、泥石流、滑坡、旱涝交替等,2008 年贵州省的生产总值是 3561.56 亿元,由自然灾害造成的直接经济损失占到了生产总值的 13.68%。

(二)贵州农业基础设施建设投入

贵州农业同全国农业一样,存在着普遍性问题,如道路条件恶劣、自来水供应不足、电力能源供给不足、通信设施不完善等。特别地,贵州省的农业还会遭受自然灾害带来的威胁,尤其是洪涝灾害,对农村的发展造成了严重的制约[4]。

---

① 资料来源:根据《2013 贵州省统计年鉴》数据绘制。

近年来，响应国家推动农村基础设施建设的号召，贵州省也加快了推动农村基础设施建设的步伐，特别是水利基础设施建设的要求，更是摆在了农村基础设施建设的重要位置[5]。图7.2和图7.3所示为国家和贵州省财政支出中农林水事务项目的情况。

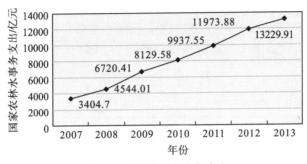

图 7.2　国家农林水事务支出

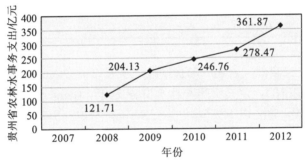

图 7.3　贵州省农林水事务支出

显而易见，不管是整个国家的情况还是贵州省的情况，对农业方面的投资都处于持续增长的态势[6]。贵州省2008—2012年对农业的投入几乎翻了三倍，可见国家和地方对农业建设是高度重视的。试比较国家和贵州省对农业投入的增长：2008—2009年，贵州省对农业的投入增长67.7%，国家对农业的投入增长47.9%；2009—2010年，贵州省对农业的投入增长20.9%，国家对农业的投入增长21.0%；2010—2011年，贵州省对农业的投入增长12.9%，国家对农业的投入增长22.2%；2011—2012年，贵州省对农业的投入增长29.9%，国家对农业的投入增长20.5%。

贵州省对农业投入的增长与国家对农业投入的增长，可以说步调一致。2008—2009年是投入增长最快的一个时间段，这段时间内全国灾害频发，除了2008年的汶川大地震，还有雨雪冰冻的困扰，贵州省也不例外。从图7.1可以看出，2008年是贵州省自然灾害造成经济损失最严重的一年。在这段时间内，国家和地方都大大加强了对农业建设的投入。

(三)灾害与农业基础设施的相关性分析

下面以农业基础设施建设中最有代表性的水利建设为例进行相关性的分析。

对灾害和农业基础设施建设之间做相关分析需要说明的是，由于农业基础设施建设数据的不完善，此处引进的是财政支出中的农林水事务项目。2007 年以前，国家定义的还是农业支出，但是由于包含的农业支出较狭窄，在 2007 年以后就没有这个项目的统计了。农林水事务即地方财政一般支出中的农业支出项目，包括农业支出、林业支出、水利支出、扶贫支出、农业综合开发支出等。农林水事务包含的内容与农业基础设施建设的内容基本一致，所以下文的数据引用的都是"中国统计年鉴"中的农林水事务的数据，如表 7.2 所示。

表 7.2　2008—2012 年贵州农林水事务支出与灾害损失统计

年份	自然灾害造成的直接经济损失/亿元	贵州农林水事务支出/亿元
2008	487.22	121.71
2009	35.6	204.13
2010	179.77	246.76
2011	250.67	278.47
2012	66.21	361.87

如表 7.2 所示，定义自然灾害造成的直接经济损失 (The Direct Economy Loss for Natural Disasters) 为变量 DELND，定义贵州农林水事务支出 (Affairs of Agriculture，Forest and Water) 为变量 AAFW，建立以下模型。

$$DELND = \beta_1 + \beta_2 AAFW + \mu$$

在工具 Eviews 中输入数据，得出分析结果如图 7.4 所示。

```
Dependent Variable: DELND
Method: Least Squares
Date: 11/17/14   Time: 11:16
Sample: 2008 2012
Included observations: 5
```

Variable	Coefficient	Std. Error	t-Statistic	Prob.
AAFW	-1.347761	0.876473	-1.537709	0.2217
C	530.8446	223.7560	2.372426	0.0983

R-squared	0.440773	Mean dependent var	203.8940
Adjusted R-squared	0.254364	S.D. dependent var	180.5016
S.E. of regression	155.8635	Akaike info criterion	13.22501
Sum squared resid	72880.32	Schwarz criterion	13.06879
Log likelihood	-31.06253	Hannan-Quinn criter.	12.80572
F-statistic	2.364548	Durbin-Watson stat	2.397412
Prob(F-statistic)	0.221725		

图 7.4　分析结果

从图 7.4 中的数据可以看出，结果不是很理想，拟合优度较小，拟合度不理想，P 值均大于 0.05，不被接受。可以说相关分析是失败的。原因可能在于：首先，数据较少，能够收集到的只有 2008—2012 年的数据，为分析造成了困难；其次，对于自然灾害造成的经济损失，因素是多方面的，除了农业投入外，还有其他方面的因素可能影响更显著；最后，可能是时间的滞后性，农业基础设施的建设是一个长期过程，短期内见到成效的可能性很小，如 2008—2009 年灾难多，损失严重，政府在 2009 年投入的资金显著增加，但是不能立刻就能见到成效。

(四)贵州水利建设投入与农作物灌溉面积相关性分析

1. 贵州水利情况介绍

农业是农场经济的基础，水利是农业的命脉。贵州省水资源丰富，长江流域和珠江流域都经过贵州，赤水河、南盘江等河流滋养着这片土地。据统计，截至 2010 年，贵州省有大型水库 9 座，其中较为著名的为南盘江下游的一座大(一)型水库——万峰水库；中型水库 30 多座，如南盘江下游的一座中型水库——坝索水库。除此之外，贵州全省还有小(一)型水库 400 多座，小(二)型水库 1500 多座。可见，贵州省的水利设施还是很丰富的。

据统计，截至 2012 年，贵州省的有效灌溉面积达 131.759 万公顷，节水灌溉面积为40.328 万公顷，除洪涝面积为 5.570 万公顷，水土流失治理面积为 322.500 万公顷。可见，虽然由于自然灾害，水土流失较多，但是，通过不断地治理，成效还是很明显的。

2. 水利投入分析

(1)水利投入概况。响应中央一号文件[7]，强调突出抓好水利基础设施建设，贵州省近年来也加大了对水利基础设施建设的投入，如图 7.5 所示。

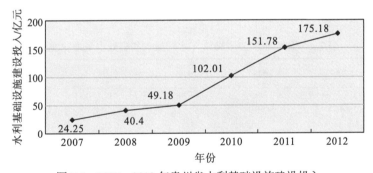

图 7.5 2007—2012 年贵州省水利基础设施建设投入

由图 7.5 可知，贵州省对水利的投入逐年增加，且投入的增长率也在不停攀升，截至2012 年水利投入已为 2007 年的 8 倍多。特别是旱涝交替暴发的 2008 年后，水利投入大幅增加，2008—2009 年的水利投入增长率为 21.7%，2009—2010 年的水利投入增长率达到了 107.4%，可谓是高速增长。

为了直观地观察到水利投入在整个贵州省财政支出中所占的比重，绘制了如图 7.6 所示的饼图。

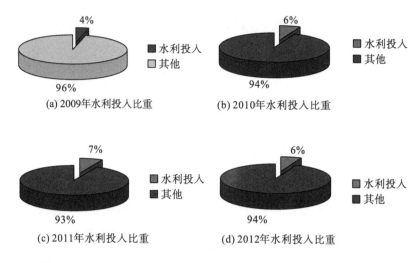

图 7.6   2009—2012 年贵州省水利投入在全省财政支出中所占的比重

水利投入占整个贵州省财政支出的比重也是缓慢增加的，虽然比重增加幅度很大，但是整个财政支出本身的增长速度非常快，而且财政支出作为基数，数值很大，所以水利投入在数量上是大幅增加的。也可以看出，贵州省近几年财政支出大幅加快，对于除了农业基础设施建设投入外的其他投入，投入量也是在不断增加的。

（2）水利投入与有效灌溉面积的相关分析。贵州省 2007—2012 年水利投入和有效灌溉面积统计如表 7.3 所示。农村水利基础设施兴建中的一个重要的目的就是改善灌溉田地，对抗旱涝，确保农业生产。

表 7.3   贵州省 2007—2012 年水利投入和有效灌溉面积统计

项目	2007	2008	2009	2010	2011	2012
水利投资 /亿元	24.25	40.40	49.18	102.01	151.78	175.18
有效灌溉面积 /万公顷	89.428	98.741	108.741	119.533	126.680	131.759

如表 7.3 所示，定义水利投资（Input of Water Conservancy）为变量 IWC，定义有效灌溉面积（Effective Irrigation Area）为变量 EIA，对这两个变量做相关分析，建立以下模型。

$$EIA = \beta_1 + \beta_2 IWC + \mu$$

在工具 Eviews 中输入数据，得出分析结果如图 7.7 所示。

```
Dependent Variable: EIA
Method: Least Squares
Date: 11/16/14   Time: 21:14
Sample: 2007 2012
Included observations: 6
```

Variable	Coefficient	Std. Error	t-Statistic	Prob.
IWC	2.525910	0.376994	6.700141	0.0026
C	895.9593	40.36066	22.19883	0.0000

R-squared	0.918187	Mean dependent var		1124.470
Adjusted R-squared	0.897734	S.D. dependent var		165.3151
S.E. of regression	52.86632	Akaike info criterion		11.03461
Sum squared resid	11179.39	Schwarz criterion		10.96520
Log likelihood	-31.10383	Hannan-Quinn criter.		10.75674
F-statistic	44.89189	Durbin-Watson stat		1.133506
Prob(F-statistic)	0.002582			

图 7.7　分析结果

从图 7.7 中的结果可以看出，拟合优度值为 0.918187，接近 1，拟合度较好。P 值均小于 0.05，可以得到拟合回归方程

$$EIA = 895.9593 + 2.525910 \times IWC$$

从相关分析可以看出，水利的投入对有效灌溉面积是有影响力的。也就是说，加大水利这一农业基础设施建设是会对农业的生产发展提供帮助的，尽管其间有自然灾害的发生，但是水利建设一定程度上是能够减少灾害经济损失的。

从单独分析水利投入的结果看，农业水利基础设施的投入对农田的灌溉是具有深刻的影响的。也就是说，对洪涝、干旱这些自然灾害是可以起到抵御作用的；但是分析自然灾害和农村基础设施建设的相关性时，结果却不如预期，这就需要收集更多的数据，更加深入地研究。

四、农业基础设施投入短缺的原因分析

(一)家庭联产承包责任制条件下农业基础设施的公共物品特征

计划经济时期，农业基础设施主要依靠政府投入，村集体负责组织农民建设和维护，有具体明确的责任主体和直接的受益主体。但在家庭联产承包责任制下，农户家庭分散经营各自的田地，农业基础设施逐渐凸显了其公共物品的特征：效用的不可分；消费的非竞争性；收益的非排他性。农业基础设施对区域外部来说是准公共物品，而对区域内部的各农户家庭而言，却具有纯公共物品的性质。所以，单个的农户家庭没有投入的意愿。农业税的减免，使原先附加在农业税之上的收入也随之消失，村集体没有了收入来

源和独立财权，自然也就没有能力和动力着意于农业基础设施建设和维护。调查发现，大多数农业基础设施，特别是农田沟渠堵塞、水利设施凋敝老化严重，呈现出典型的"公地悲剧"特征。

（二）投入主体分析

农业基础设施的性质决定了政府应该是农业基础设施建设的投资主体，仅仅依靠个人或集体的力量很难解决农业基础设施的建设问题[8]。为了明确农业基础设施投入主体可能采取的行动，需要分析各利益主体的利益目标和行动机会。2012年贵州农林水利投入在分级公共财政支出中的比重如图7.8所示。

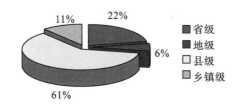

图 7.8　2012 年贵州农林水利投入在分级公共财政支出中的比重

贵州省长期以来也是以地方政府主导为主，主要依靠的是县级政府。2012年，贵州省农林水利投入总支出为 2755.68 亿元，其中县级财政支出达到 1601.45 亿元，占到了 61%。原因在于：中央政府集中建设，公共资源及资金必会经过层层的过滤，基础设施建设成本会提高，而且时间滞后，效率不能达到最高。而地方政府对当地情况十分了解，对建设项目的评估更加准确，除去了中间层层过滤，更加合理地支配各类资源及资金。特别是贵州这样一个欠发达地区，地理环境各异，资源禀赋差别大，县级政府对当地的情况了解彻底，因此配合地级、省级政府，在乡级政府的协助下，县级政府能够更加合理高效地完成资源配置，特别是完成农村基础设施的建设和管理。此外，对于县级区域之间，农业基础设施是准公共物品，甚至是私人物品。因此县级政府对本区域管辖内的农业基础设施而言，是重要的支出主体，但是县级政府的收益并未直接体现。县级政府被动地履行责任，更多与惩罚而不是激励有关，而且是非经济因素的惩罚。

但是，县级财政腾挪空间毕竟有限，特别是一些偏远县，财政收入少，地方常常入不敷出，甚至还是"吃饭财政"，对农业基础设施的投入，相对于需求来说，杯水车薪。而且，越是贫困地区，也越是灾害易发地区，灾害和贫困形成恶性循环。这就需要县级政府以外的其他投入主体省级和地级政府在更大空间内筹措谋划，加大农业基础设施的投入，预防和减少灾害。

第二节　贵州村民委员会民生资金管理调查研究①

一、村委会民生资金管理问题调研

(一)民生问题及民生资金概述

民生问题就是人民的生计问题,是指关系到人民大众生存和发展的基本权利和具体需求的问题。民生问题是全面建成小康社会的关键问题,是当前我国经济社会运行矛盾的主要表现,是国家通过改革和发展要解决的重要问题之一。民生资金是解决民生问题的保障,其主要包括扶贫救济、医疗卫生、教育住房、征地拆迁等各类补贴和发展资金。民生资金来源渠道大多为各级党委政府的财政投入、社会组织及各界捐助款物等。当前,随着我国各级党委、政府普惠型民生政策的力度不断加大,各级财政投入民生保障的资金量不断增多;社会各界对民生问题的关注度日益加深,各界捐助民生的款物越来越多[9]。民生资金管理的问题越来越成为民生领域的重要问题,越来越考验着各级民生资金管理者、社会治理者的施政智慧[10]。

民生资金管理的问题在贵州省广大农村尤为突出。《中华人民共和国村民委员会组织法》第八条第二款规定:村民委员会依照法律规定,管理本村属于村农民集体所有的土地和其他财产,引导村民合理利用自然资源,保护和改善生态环境。《贵州省村级集体财务管理暂行办法》第三条规定:村集体资金为村民集体所有。其他任何单位和个人不得平调、挪用、占有。村集体资金由村(居)委会负责管理。村(居)委会应建立健全财务管理制度,实行民主理财。由此可见,《中华人民共和国村民委员会组织法》和《贵州省村级集体财务管理暂行办法》都明确规定了村委会行使农村村级民生资金管理和执行职能。所有的农村民生资金管理和执行都要集中到村委会手中,然而实践中却尚未形成完善的管理机制和监督机制,使得民生资金管理问题严重,腐败现象频发,严重影响了党群干群之间互信的政治感情,严重损害了各级党委政府在群众心中的形象。因此,加强贵州省村委会民生资金管理问题及策略的研究,健全贵州省村级民生资金规范管理长效机制,有其必要性,同时也是实现贵州省"决胜脱贫攻坚、同步全面小康,奋力开创百姓富、生态美的多彩贵州新未来"的战略目标的关键所在。

(二)重点调研的两类民生资金及管理形式

为了便于对贵州省农村民生资金管理问题的研究,将农村民生资金分为补贴类和发展类两种民生资金。补贴类民生资金指的是直接用于补贴群众生产生活的民生资金,即有关部门依照国家政策核发给农户的补贴性惠民资金,其主要管理形式为"一折通"账户,如

---

① 刘琦(1972 年—),贵州理工学院教授,硕士研究生导师,贵州理工学院办公室副主任。

各类涉农补贴、救灾救济款、征地补偿款、农村寄宿生教育补贴、独生子女补贴等。自2006年我国税费改革后，贵州省农村便开始实施涉农补贴"一折通"发放措施，各种补贴类民生资金中的涉农补贴资金都统一使用农户在贵州农村信用社开办的"一折通"账户直接发放到农户。"一折通"采取了资金整合、程序简化、公开透明、安全有序、一折直通农户等的财政管理模式，极大地提高了财政涉农补贴发放的工作效率，社会效果显著。发展类民生资金即农村集体民生资金，是指由村委会设立专户管理和使用的用于农村建设和发展的村民集体所有资金，其管理形式主要是"村财镇管"。贵州省村委会管理的发展类民生资金是指各专项资金中的村集体所有部分和村集体收入的各种经营性资金，主要包括扶贫开发专项资金、公益林(退耕还林)专项资金集体部分、新农村建设资金、农业开发扶贫资金、教育专项资金、卫生防疫资金、村委会办公经费、村集体产业资金等。

　　本节重点调研当前贵州省村委会在参与这两种民生资金管理过程中出现的不规范管理问题，以及针对这些问题的解决策略。

二、村委会参与补贴类民生资金的管理现状及问题

(一)贵州省补贴类民生资金发放的管理现状

1. "一折通"发放确保了资金安全

　　"一折通"账户利用从县级职能部门直达农户的方法，不再将资金拨付到乡镇，资金由县财政专户直接发放到农户存折上，减少了许多现金发放环节，有效规避了乡村两级对补贴类民生资金的截留、挪用，保障了补贴类资金能及时足额地发放到农户手中。这不仅有利于党和政府惠农政策的落实，而且有利于遏制乡村腐败现象发生，深得民心。

2. "一折通"发放补贴降低了发放成本

　　以开阳县为例，调研中发现，过去用现金发放公益林、退耕还林补贴时，仅打印《农户领款表》《农户补贴明细表》和工作人员下乡差旅费等成本，平均1户就需要1元钱，全县用于发放公益林、退耕还林补贴的各项支出高达八九万元。利用"一折通"发放补贴资金只需要打印一份纸质表存档备查，其成本不超过两万元，与现金发放相比，节约了六七万元的补贴资金发放成本，还克服了工作人员下乡不便、携带现金不安全等困难。

3. "一折通"发放补贴类民生资金有利于干群关系和谐

　　调研中发现，资金发放时，避开了干部和农民面对面的现金发放环节，能减少不必要的争议，使干群关系更加和谐。例如，按上级要求，以前的粮食补贴资金必须一分不差地发放到户，如果用现金发放很难做到，而且在发放过程中"找零"情况比较普遍，少给一角钱，有些较真的老百姓也会有意见，不利于社会和谐。改为"一折通"发放粮补资金，每笔款可以精确到"分"发放到农户手中。这有利于改善干群关系，有利于和谐社会的建设。

(二)村委会在参与"一折通"管理补贴类民生资金时存在的主要问题

1. 贵州省还没有系统的法律法规对"一折通"进行规范管理

"一折通"的管理法律法规未对有关部门进行授权,明确责任主体,村委会参与"一折通"的管理只是出于自然的权限。

2. 村委会干部利用补贴类民生资金任意抵扣各类缴费,减少群众的获得感

调研中发现:涉农补贴往往体现党当前的工业反哺农业、城市帮扶农村等国家大政方针,体现了党中央对农业的重视和对农民的关怀,能有效调动农民的生产积极性。但贵州省部分村干部对惠农政策的重要性认识不够:一是认为农民的权利与义务应该对等,只有农民履行了经济上缴的义务后,才有享受国家补贴的权利;二是认为国家涉农补贴与农村经济上缴不能完全分离,用各种补贴抵扣经济上缴更为简便有效。例如,调研工作中发现开阳县宅吉乡保兴村村干部以农户的公益林补助款抵扣新农村合作医疗费用;七星关区层台镇有村干部用低保名额折抵农户征地补偿款等。基于这种认识,基层干部千方百计通过"一折通"抵扣"水电费""环境卫生费"、农村合作医疗费、社会抚育费等各类上缴款项,并不断翻新扣缴花样,从而造成农户举报上访不断,人民群众意见较大,严重影响到农户对国家扶持"三农政策"的获得感,还给乡村的稳定埋下了隐患[11]。

3. 村干部上报补贴基础数据时存在"猫腻"、利益勾兑、优亲厚友等现象较为普遍

目前贵州省通过"一折通"平台发放的财政补贴资金项目众多。涉及补贴类民生资金发放的有关基础数据庞大,需要适时更新;数据信息采集、输入、核对的工作量大;农村流动人口很多;农户间土地私下流转频繁;县级部门人员对农村情况了解较少等现状,使得农村补贴类民生资金发放工作难度很大,不得不更多地依赖于各地的乡村干部,尤其是当地村干部的群众工作。然而,村干部在实际开展工作中却难以摆脱各自的利益,所以往往带着利益博弈。例如,村委会干部在上报农户土地面积、作物等情况时,存在利益勾兑、夸大面积套取补偿款项,根据亲属关系远近存在优亲厚友等问题,甚至还与有关部门工作人员结成利益联盟,套出补贴款项后共同分账等,使得受补对象和补贴面积很难核准,而且核实的工作量也很大[12]。以粮食直补为例,在实际操作过程中,农户实际种植面积均由村委会负责统计上报农经站,再由农经站审核汇总上报财政所,最后由财政所会同农经站到村对农户种粮情况上墙公示,公示一周后,如无农户反映,即上报市财政局打入"一折通"存折发放。由于基层财政所工作人员少,加之公示时间短,农户实际种植情况的准确性很难把握。以高速公路征地拆迁为例,在征地过程中,开阳县就有村干部伙同该村有关农户订立攻守同盟,以农户的名义虚报被征收土地,骗取国家征地补偿款的例子,严重损害了人民群众的根本利益。

4. 补贴类民生资金发放管理失责后难以归责于村干部，监管困难

补贴类民生资金发放存在严重的条块分割现象，出现失职时，难以归责于村干部[13]。例如，除粮食补贴、综合补贴的基础数据是来自农经部门外，其他还有水稻、油菜粮种补贴来自农业部门，生猪补贴来自林牧业部门，农村五保户名册来自民政部门，村干部名册来自乡镇组织部门，征地补偿来自项目负责部门。由于各部门职责不同，在落实补贴政策时，各部门基础数据都来自自己的第一次摸底调研，各部门之间很少共享农户信息数据，各部门的摸底调研数据并不一致。这导致：首先，基层部门根据其上级主管部门要求各自为政，自行采集上报相关补贴信息，有的数据基层财政部门不清楚，但这些补贴最终通过"一折通"平台兑现给广大农户。当农户需要查找本人有关补贴项目、标准、金额等信息时，理所当然向财政所咨询，但基层财政所无法全面提供。这种状况，直接导致广大群众对直补工作的透明度和公平公正产生怀疑。其次，还有信息采集部门的重视程度和经办人员的政策业务能力的差异，直接影响着信息采集的质量和速度，影响补贴政策落实的严肃性，影响补贴资金发放的准确性和及时性，如对补贴对象的资格审核与认定不能严格按照标准执行；资金的领取不能严格执行实名制，以至于出现截留、挪用补贴资金的现象；信息采集不能在规定的期间内完成，导致补贴资金不能及时打卡到户。然而对于上报村民原始数据的村干部，却难以将责任归咎于其身。

5. 村委会上报的农户"一折通"部分户名不符，农户基础数据没有及时更新

调研中发现：以毕节市七星关区千溪乡千朗沟村为例，2006 年最初为该村农户办理"一折通"开户时，全部是使用表格数据批量处理的。然而，随着时间的推移，农村流动人口加大，农村户主出现了很多更替，有些输入的农户姓名与其身份证姓名等信息不符，由于工作量大，村委会干部在工作中没有和有关部门及时协调核实，因此造成了很多补贴难以发放到对应农户的"一折通"账户，而农户在领取补贴款时，需要到财政部门开具证明才能办理业务，给农户取款增添了麻烦，农户也不乐意接受。又如，开阳县宅吉乡林业站在发放公益林补助时，由于没有使用更新的农户数据，使得有些农户的公益林补助款几年都难以代发成功。

6. 村干部对"一折通"发放项目宣传不到位，致使群众对国家扶持政策大多不了解

农村税费改革后，乡村两级干部对"一折通"发放项目宣传不到位，其中一些原因是"一折通"发放该类财政补贴根本不通过乡村两级工作人员发放，他们很难把握。所以，很多农户并不理解这项改革的真正意义，在采集农民信息卡时不配合，不主动提供相关信息。另外，一些职能部门在确定补贴对象和补贴金额时，图省事、怕麻烦，不宣传补贴的有关政策，不按有关规定和程序进行操作，使补贴发放的透明度不够，还总认为只要涉农补贴资金划到了农户的"一折通"账户中就算完成了任务。其他工作，如补贴政策的宣传，补贴程序的审核，补贴结果的公示就可以不做或少做，致使很多农民对补贴政策不了解，对补贴效果不满意。此外，还导致了农户难以知晓所发补贴的类型，所以农民形象地称

"一折通"是"一锅粥"。国家惠农强农的政策难以在农村扩大影响，农户根本不知道是哪些部门的补贴，这都是村委会及有关部门宣传不到位的结果。

7. 村干部工作缺失致使部分"一折通"补贴类民生扶贫资金功能错位，村委会干部利用农户"一折通"账户的混乱现象乘机作案

补贴类民生资金"一折通"发放产业扶贫发展资金，往往需要农户主动申请，审核通过后县财政统一打入农户的"一折通"。一方面多数贫困户劳动力在外务工，在具体使用这些扶贫产业资金过程中，留守群体(被群众戏称为"386199部队"，即留守妇女、儿童、老人)便成为使用扶贫资金的主体。而因为家庭劳动力的缺乏，留守群体没有能力将资金用于政策要求的那样发展产业。另一方面，村委会的权力博弈使得扶贫资金使用主体的界限不清。在农村基于"应保尽保"以及"按户入保"的原则，在经过村委会干部之间的利益博弈——村庄权利博弈之后，各村庄低保人员名单中都出现了外出务工人员名单，即非低保户占有低保名额现象。低保金是农村"保护式扶贫"的主要方式之一，其发放方式也是打入农民家庭"一折通"账户，这使得这种扶贫资金丧失了应有的扶贫功能。

在调研过程中还发现，由于信息不对称，很多农户并不知道自己的"一折通"账户项目内容。加上很多项目本身管理不规范，因此涉及的补贴类民生资金在发放过程中出现了很多存折，有时连农户自己都不知道自己有多少个存折。这给乡村干部骗取、侵吞国家补贴类民生资金有机可乘。例如，在查处开磷集团征地窝案中，犯罪嫌疑人杨某某利用职务之便，伙同乡镇干部蔡某某、村委会干部廖某某等人，利用被征地农户之名以虚报冒领方式，涉嫌贪污征地补偿款160余万元。虽然法律法规对征地价格、土地补偿金的发放标准、发放程序等做了原则性规定，但没有具体的可操作性强的评估、测量、公示、复核等规定，使测量人员、工作人员有了很大的操作空间。例如，某案中，吴某某既是测量人员、工作人员，又是被征地群众，他与谢某某等人弄虚作假，虚增被征土地面积，套取征地补偿资金70余万元，事成之后，骗取的国家征地补偿款都是先打入有关农户的"一折通"，再由关联农户取出来分给有关涉案人员的。

三、村委会管理发展类民生资金的现状及问题

(一)贵州省村委会参与发展类民生资金的管理现状

1. 农村发展类民生资金投入不断增加

20世纪末，贵州省作为西部落后的省份，农村发展类民生资金投入较少，88个县中靠财政补贴的就有50多个县。一些地方只能依靠国家扶贫政策的支撑才能正常运行，无法投入足够的资金来进行社会保障事业的建设。随着我国经济社会发展改革的不断深入，贵州省从2012年以来保持了GDP较高速增长，加上国家新一轮西部大开发战略以及国家

精准扶贫工作的实施，贵州省对农村发展类民生资金投入逐年增加，尤其是扶贫开发类民生资金的投入额度再创新高。2016 年贵州日报报道：全省各地已全面完成低保提标核查到位工作，全省共有农村低保对象 307.3 万人，城市低保对象 35.7 万人。中央共下拨全省城乡社会救助资金（含特困人员供养、低保、医疗救助、临时救助等）90.33 亿元，较 2015 年增加 3.93 亿元，增长 5%。省级财政共预算安排城乡社会救助资金 8.15 亿元，全省共计支出城乡低保资金 79.12 亿元。2017 年贵阳晚报报道：贵州省一季度"1+7 民生工程"及"十件民生实事"分别完成投资 403.54 亿元和 282.96 亿元。截至 2017 年 3 月底，全省"1+7 民生工程"共到位资金 695.40 亿元，占年度计划的 41%；完成投资 403.54 亿元，占年度计划的 24%。这些工程主要有扶贫脱贫攻坚工程、教育提升工程、就业和创业促进工程、健康贵州建设工程、多彩贵州建设工程、社会保障兜底工程、城乡危旧房改造建设工程、整治环境及公共安全工程等。另外，全省"十件民生实事"共到位资金 345.66 亿元，占年度计划的 32%；完成投资 282.96 亿元，占年度计划的 27%。

2. 发展类民生资金主要实施村财镇管制度

村财镇管制度是村级财务由乡镇监管制度的简称。该制度的主要内容是：取消村级会计岗位、存款账户和会计档案保管权，将"村有村管"变为"村有镇代管"，村级记账变为镇级代理记账，设立村级财务报账员，对村集体资金进行镇管村用和村级报账制。村财镇管制度的目的在于从根本上解决当前农村经济社会发展中的不规范的财务管理问题，以促进农村经济健康发展、农村社会和谐稳定。其具体做法是：村里的财务收支全部收归乡政府财务部门统一管理，各村根据实际需要，采取提前预支（事后冲账）或事后报账的方法，由各村设置一名报账人员（主要是村干部担任）到乡政府财政分局按照规范程序划拨款项，再支付给第三方。村财镇管制度是当前农村民生资金管理的重要制度之一。其优点在于：一方面形式上逐渐完善了财务监督。乡政府把各个行政村的财务收归乡镇财务部门管理，实行财务适时报销制度。这有效遏制了以前村干部随意贪污、挪用侵占村民生集体资金等腐败现象。另一方面，探索了规范财务管理的新形式。在做账程序上，通过乡政府专业的财务管理人员做账，规范了以前杂乱无章的村级账目，有效遏制私设小金库、坐收坐支等现象的发生。

3. 各地实施村财镇管的时间不一致

调研中发现：自 2011 年起，贵州省就开始实施了村财镇管制度，以规范管理农村发展类民生资金等村集体款物，但各地实施的时间不统一。以开阳县为例，开阳县自 2011 年就要求各乡镇实施村财镇管制度，虽然目前开阳县 16 个乡镇均已实施该制度，但是各乡镇的实施并不统一：有的是 2011 年就实施了，如永温镇；有的是 2013 年实施的，如宅吉乡；有的甚至到 2017 年才开始实施，如禾丰乡。再如，毕节市七星关区的乡镇实施村财镇管制度也不统一，最先（2011 年）实施的是"四桥"办事处（观音桥、三板桥、大新桥、留仓桥）；最晚（2015 年）实施的是千溪乡。

(二)实施村财镇管后,贵州省村委会参与发展类民生资金的管理问题

1. 村财镇管人员不稳定、业务水平不高、发展类民生资金管理人手缺乏

调研中发现:首先是乡镇代管中心工作人员多数不是财务管理专业毕业,财务管理业务不是很熟练,又未经过上级主管部门专业培训和取得上岗资格证,工作起来很难适应,部分人员经过岗位培训和工作实践,刚要适应工作需要,又被调到其他岗位去工作。重新充入新人,又需要一段时间的学习和提高,始而往返,业务人员始终处于一种不稳定的状态。其次,村委会的报账员,一般都是村干部兼任,由于村干部的人员本身就不稳定,因此,村报账员也时常在变,这导致农村发展类民生资金管理人手缺乏成了常态。

2. 实施村财镇管后仍有村委会存在坐收坐支问题,影响了发展类民生资金管理

由于受传统的工作体制的影响,一些村干部为防止"村财镇管"后失去对村财的支配控制权,通过采取将村、组、集体所有的土地、山场等集体财产和集体收入隐瞒不报或少报等手段,以达到对机动地、山场等资产被征用、租赁或拍卖使用权等而获得的补偿费、承包费等收入不入账的目的,以及截留、挪用各种捐款、项目款等,形成事实上的一边收钱一边花钱,花完后用收支单据再到代管中心报账,导致村集体资金体外循环,无法监管。

3. 村财镇管后,各地财务管理制度不统一,导致发展类民生资金管理混乱

以开阳县为例,首先是实施村财镇管报账票据标准不统一。调研中发现:在实施村财镇管票据规范问题上,开阳县各乡镇实施的标准是不一致的。有的乡镇村级报账需要 6 个村委的同志一起签字才能报账,如有个别村干部因特殊事情不能签字的,需要其他村干部代签;有的村需要"两支笔"同时签字,即支部书记和村主任同时签字才行;有的只需要村支部书记签字即可。其次,账户设立标准不统一。有的乡全部村只有一个对公账户;有的村只能设立一个集体对公账户;有的村可以用支部书记或主任的姓名设立账户;有的村只能用报账员的姓名设立集体账户等,这些现象形成了发展类民生资金管理新的混乱局面。

4. 村财镇管后,报账员设立制度存在漏洞,导致发展类民生资金遭受侵吞

从实际工作开展来看,村级只设置了现金日记账和银行存款日记账,有的个别村甚至连上述两本账都未设置,日常收支向镇代管中心一报了之,村级对自身财务状况很不了解,有的甚至连自己村在专户上有多少钱都要到代管中心查询,村财镇管后村级账簿设置不全,发展类民生资金底数不清。实施村财镇管以后,仍然有报账员侵吞发展类集体民生资金的现象发生。在村财镇管制度下,各村都要设立一个由村干部担任的报账员,且该报账员要以自己的姓名开设一个账户,保管各村在财政分局报销出来的各种资金。这种看似规范化的管理方式却使报账员侵吞公款有机可乘。一方面,报账员往往也是村里的做账员,他们在村中会计、出纳一肩挑,极易利用假账乱账、公私账目不分等手段侵吞农村民生集体资金,为农村集体资金贪污腐败埋下了严重的隐患。例如,开阳县永温镇永亨村村干部、

报账员马某就是利用这种公私不分的账目，通过复制假报账凭证骗取发展类集体民生资金20余万元的。另一方面，这种看似规范的报账程序，恰恰使整个报账过程更加隐蔽，不是内部人员很难发现其中的问题。

5. 村财镇管后，发展类民生资金专户账目管理仍不规范，虚报冒领等违法犯罪现象时有发生

虽然实行村财乡镇代管后，农村财务管理得到一定的改善，但从实际情况来看，仍有60%以上的村没有按要求设置会计账目，有的只设一本现金账而未设集体资源台账、固定资产账和往来明细账。有的报账员因不懂业务，干脆不设账、不记账，单据往乡镇代管中心一报即可。村级集体财富形成了新的混乱局面。最严重的还涉及专项民生资金的做账问题：首先是实施村财镇管制度以后，各村委会取消了村级会计岗位、存款账户和会计档案保管权，将"村有村管"变为"村有镇管"，这导致了一些村委会在专项资金使用方面无法进行单独核算，或者不能再重新设立专户(因为乡镇已经有了统一的专户，是所有的村公用的一个专户)，或者虽然违规设置了专项资金专户，但很大程度上起着过渡账户的作用，其报账员做账时往往与单位日常性开支混在一起核算反映，致使收支不能一目了然，资金结余情况也无法正常体现。其次是支出票据不合规，收支核算不规范，表现在将"拨入专款"列入"拨入经费"或"财政补助收入"，以隐蔽专项资金的收支，从其账本报表上看，"拨入专款"和"专款支出"已销声匿迹。

调研中还发现：村委会干部在套取、骗取、侵吞发展类民生资金的手段多样。一是借其他已完工的项目做替身，通过签订假合同，做假预决算，列假支出，暗箱操作，骗取民生专项资金，有的甚至在本系统内交替发生的基础上，还与系统外相似的项目上重复多次套取财政资金。二是申请项目大，实施项目小，虚增项目工程量，套取专项资金。三是采取拨入专款项目资金回流手段，以专款、赞助、设计、修理等形式向项目单位要回部分资金。例如，开阳县禾丰乡的十里画廊景区开发过程中，就出现了以重复项目申报的方式套取"一事一议"集体民生资金的现象。调研中发现，许多村委会通过直接列支以争取发展类民生项目为由的接待费、礼品费、请客送礼费、协调费、会议费等众多用于招商引资费用，来支出发展类民生资金。

四、贵州省村委会对民生资金管理问题的成因分析

(一)有关村委会民生资金管理的制度不健全

农村村委会是村民的基层自治组织。《中华人民共和国村民委员会组织法》第二条明确规定"村民委员会是村民自我管理、自我教育、自我服务的基层群众性自治组织，实行民主选举、民主决策、民主管理、民主监督"。因此，村委会在整个农村村民自治秩序中占据主导地位，凡是村委会研究决定的事项，只要不与国家法律法规有冲突，就具有法律赋予的效力，其他组织或个人无权干涉。《中华人民共和国村民委员会组织法》第五条规

定"乡、民族乡、镇的人民政府对村民委员会的工作给予指导、支持和帮助，但是不得干预依法属于村民自治范围内的事项"。这带来的问题是，一方面，虽然补贴类民生资金跨过乡村两级发放，但是其发放的基础数据还是来自乡村两级，尤其是村委会，所以村委会在采集、上报补贴类民生资金基础信息时拥有绝对的权力，并且难以约束。《贵州省村级集体财务管理暂行办法》第三条规定：村级应设置财务机构，配备专(兼)职财务人员，负责村集体财务的管理工作。对集体收入少、经济薄弱的村，可实行村财务乡(镇)代管的管理体制，定期集中会审做账，但应实行分村核算。村应成立民主理财小组，对村级财务进行民主监督和参与管理。另一方面，在实施村财镇管制度中，乡镇人民政府财政部门只能充当财务记账人员的角色。村委会决定农村民生资金管理等自治事项的时候，乡镇人民政府财政分局在实施村财镇管制度时，乡镇财政分局管理人员实际上对农村集体民生资金没有真正的决定权利。各村只要按照规定，提供有支部书记或其他领导签字的票据(各乡镇不统一)，乡镇财政分局就必须按照规定报账做账。这种只是负责登记账目的工作，明显缺乏监督的实际功效，使村财镇管的有效监督流于形式。

(二)村干部参与民生资金管理人员主体问题突出

1. 乡村财务管理人员缺口大，难以发挥监督作用

以贵州省开阳县为例，实施村财镇管制度后，各村的财务原则上都要收归乡镇财政分局管理。然而，开阳各乡镇的行政村数量较多(最少的乡镇都有八、九个行政村)，而且各村的财务管理实际上是一项巨大的复杂的工作，再加上乡镇财政分局的财务人员大多是事业编制身份或是临时聘用人员，所以人员的流动性相对较大。这些因素直接导致了乡镇财政分局管理村级财务的人员缺口较大，大部分乡镇村财镇管工作只能是兼职代管，很多常规工作都难以正常开展，所以民生资金的代管只能是形式上的代为做账，而无实际内容，村委会报账员也不可能参与乡财政的做账工作。

2. 村干部的文化素质不高、经济待遇很低，难以抵住物质利益的诱惑

在调研中发现：首先，在农村担任村委会领导的人员相对一般群众来说，都是有一定优势或影响力的人，但就目前来说，村干部的总体素质不高、经济待遇很低是存在的现实问题。现在农村的村干部大多是小学、初中或高中水平，有的甚至不识字，理想信念不高、服务意识不强，这些是农村村干部普遍存在的问题。其次，近年来农村事务繁杂，但贵州省村干部的平均月工资绝大多数在1500元以下，且没有五险一金。打响"精准扶贫，脱贫攻坚"大决战之后，涉及的民生资金项目很多(绝大多数是扶贫开发的)，很多村干部在当今这个物欲横流的年代是难以把控自己的欲望的。所以，很多人都会把当村干部视为捞钱的机会，只要能有机可乘，绝对不会含糊。

3. 乡村社会关系错综复杂，影响农村民生资金管理的决策

农村人一般都聚族而居，住在一起的村民基本上是亲戚、朋友、家族兄弟等，关系错

综复杂，很多村干部存在这样的复杂关系，受亲属、宗族、利益关系人等势力的影响较大，所以优亲厚友、以权谋私甚至徇私枉法现象时有发生。

（三）监督体系不完善，民生资金管理监督工作面临新的困境

1. 大众监督严重缺位

该公示的项目不公示，群众就难以对村委会有关项目进行监督；有些公示只是走走形式，做做样子，甚至公示的内容与实际的执行严重不相符；群众一般只关心自己的利益，对其他事务不够关心，尤其是国家的优惠政策等，再加上实施"一折通"发放制度和村财镇管制度后，很多涉及农村民生资金的使用都是从财政专户直接划拨到指定的账户，大众媒体、一般群众都很难发现其中的问题。除非是内部人员或是熟悉业务的人员举报，否则，一般举报线索都只是停留在表面现象上的。

2. 有关机关监督困难

针对农村村委会民生资金的管理问题，检察机关作为专门行使检察权的监督机关，却存在以下的监督困难：首先是涉案人员的身份限制。农村民生资金的管理者绝大多数是村干部，而村干部绝大多数都不属于国家工作人员。《中华人民共和国刑法》明确规定村干部只有在行使协助政府从事管理救灾、救济、扶贫、优抚、征地拆迁补偿等资金时，才有可能涉嫌构成贪污犯罪。所以，在村干部对农村民生资金管理过程中，对其涉案资金的性质及其主体身份的界定存在很多争议的问题，严重影响到案件成案的可能性。其次是涉案金额的数量问题也十分突出。这个问题在《中华人民共和国刑法修正案（九）》（以下简称《刑法修正案（九）》）生效后就更加突出了。以前的法律规定一般涉案金额在四五千元就可立案追诉，然而，《刑法修正案（九）》生效后，立案金额大幅上升，一般要在 3 万元以上才能立案查处。所以，检察机关对于涉及农村民生资金管理的案件自《刑法修正案（九）》生效后就受到严重影响，很多案件只能在调查中移交给纪检部门，做纪律处分了事，难以达到立案查处而震慑民生资金贪腐犯罪的效果。此外，审计机关也难以插手农村群众自治组织的经济管理问题，难以对农村民生资金形成有效监管。

五、贵州省村委会民生资金规范管理的主要策略

（一）完善"一折通"发放制度

1. 尽快完善有关农村民生资金管理方面的法律法规

对"一折通"的管理主体、监督主体等需要从立法的角度用法律制度来授权和约束；对村财镇管制度需要通过法律法规来明确相关责任主体。

2. 村委会要加强"一折通"发放宣传工作

一是使农民知晓"一折通"的重要性，保证每个农户都有一个"一折通"存折，并加盖"惠农补贴专用存折章"，涉农单位只备案盖章后的存折信息。二是加强"一折通"使用方法的宣传，要求农户妥善保管，不得遗失，如确需更改，必须到当地财政部门办理备案手续，让农户认识到保管好"一折通"存折的重要性。三是加强农民对补贴政策的培训，使广大人民群众对"一折通"看得懂、会使用，明白存折上每一笔记录的来龙去脉。

3. 村委会要做好补贴类民生资金项目发放前的准备工作

一是要加强"一折通"发放管理工作的组织领导，建立联动高效的工作机制。财政部门及金融部门加强对"一折通"存折的管理，对农户户名不符的农户明细要及时通知村委会和农户到各部门进行核实，并制作村委会、农户、有关部门三方签字的确认表，有关部门对照身份证上的姓名更改户名，用一年的时间将户名不符的存折全部更改正确，做到上报的农户存折信息与农户手中的"一折通"信息100%吻合，为以后的惠农资金发放工作打下基础。二是要加强信息采集工作，在项目补贴发放前做好调查摸底、信息采集、系统输入等工作。

4. 村委会要积极参与创新补贴类民生资金结算工作

村委会可以和银行联合，不断创新结算方法。例如，为了方便群众取款，村委会可以为金融部门设置定期流动兑付点，使金融机构能够深入离集镇较远的村组，为农户现场办理存兑补贴类民生资金的业务；同时村委会还可以申请上级主管部门在人员配备、办公条件等方面予以大力支持，搞好财政惠农补贴"一折通"发放服务窗口建设。

5. 村委会要加强补贴类民生资金整合工作

在实际工作中，村委会是比较了解本村情况的，在处理涉及众多补贴类民生资金发放时，要进一步协调发放到农户的"一折通"，并且与有关部门协商，尽量精简农户"一折通"的数量，使得农户"一折通"的效用真正体现。村委会还应当随时关注本村的各种补贴类民生资金涉及单位所共享的农户"一折通"信息资源，并做到基本数据适时更新，准确无误。

(二)健全村财镇管制度

1. 乡村两级要不断加强村财镇管人员培训

首先，加强理想信念培训，尤其是广大农村的村干部，要用常态化的培训树立起他们服务基层、抵制诱惑、志存高远、守住节操的信念，同时用法制教育使他们遵纪守法，减少对农村民生资金的威胁。其次，加强乡镇代管中心工作人员财务管理专业的培训，加大会计人员业务素质的培训力度，提高村级财务会计人员的业务、政治、法规素质，使他们严格执行会计制度，正确进行会计核算，发挥会计职能作用，为单位领导决策提供正确的建议。最后，加强农村民生资金大数据手段、信息化管理技术培训，使得村财镇管财务人员能够运用大数据、信息化手段对村财镇管制度进行创新操作，同时要严格执行凭证上岗制度。

2. 村委会要加强村财镇管制度宣传

使得本村村民能够树立县乡部门主要领导的法纪意识、政策意识，同时提高村委会干部对实施村财镇管后发展类民生资金使用管理重大意义的认识，强化他们自觉履行经济政策、经济规律和经济秩序的法制观念，尤其是使他们思想上筑牢维护集体资金健康运行、保障发展类民生资金为乡村建设发挥作用的底线。

3. 村委会要配合上级有关职能部门对村财镇管业务的指导

实践中可以责成财政部门牵头，有关涉及资金部门协调配合，形成农村发展类民生资金使用、管理、监督、检查体系和方案，定期或不定期对村委会落实村财镇管制度进行行业务指导和监督。政府有关部门还可以结合实际的落实工作构建农村民生资金管理工作绩效考核机制。

(三)构建农村民生资金监督体系

1. 加强对村委会管理民生资金的审计监督

一是审计民生资金的立项情况，立项是否结合实际，资金分配是否合理，建设项目程序是否合规，是否有损失浪费和决策失误现象，补贴发放是否按时到位。二是审计民生资金实施情况，是否按批准执行，有无未经批准擅自改变计划，突破资金规模。三是审计民生资金使用情况，各项支出是否合理合法，有无挤占、挪用、虚列支出、虚报冒领、贪污贿赂和损失浪费。四是设计民生项目结余资金是否解缴县财政，有无未经批准随意动用。五是加强民生资金的管理档案情况，查看财务管理制度是否健全有效，资金是否实行专户管理，单独设账，单独核算。六是强化动态审计组的设立，做到民生资金管理使用事前、事中、事后有人问、有人查、有人管。

2. 强化对村委会管理民生资金的检查监督

首先，加强预防引导职能。检察机关预防职务犯罪部门要加大预防农村集体民生资金职务犯罪工作的力度。一是加强检察官联系制度，办好"检察官"法制教育平台，通过教育平台为农村输送法治思想，提高村干部的法律意识；二是着重抓好警示教育，通过检察院和法院联合共同建立"贪污贿赂审判观摩庭"，预防部门可以组织村干部进行观看、旁听，发挥司法部门依法对犯罪分子惩处的警示作用，达到震慑农村集体民生资金犯罪的效果。其次，加大案件查处力度。检察机关的反贪局、反渎局等自侦部门应当加大对涉及民生资金领域职务犯罪案件的查处力度，形成震慑民生资金领域贪污、贿赂、渎职、挪用等违法犯罪行为的高压态势，并不断扩大影响。最后，提高控申部门的受案成效。一是做好受案工作。对于直接到检察院举报、申诉、控告的涉及民生资金管理的群众要做到热情接待、细心登记、认真核实、耐心讲解，按时回复。二是加强保护举报人安全的措施。由于害怕被打击报复，畏惧村里的宗族恶势力等原因，很多村民对发生在自己身边的集体民生资金贪污腐败现象敢怒不敢言，大多不敢举报。检察机关控申部门在工作中要加强宣传力度，使其打消举报后的顾虑。

3. 完善对村委会管理民生资金的大众监督

首先，完善媒体监督。有关部门可以充分利用新闻媒体、网络平台、微信公众号等百姓喜闻乐见的平台对民生资金管理进行监督，做到民生资金管理信息及时性、互动性、公开性。其次，有关部门可以不断拓宽受案渠道，要利用云计算、大数据、区块链等现代化手段，不断扩大农村民生资金管理监督的信息来源，包括开设"举报热线电话""网络在线受理平台""微信受案箱""举报奖励"等多种手段，不断扩大民生资金管理的监督手段，以保障农村民生资金真正惠及农村群众。

谋民利者得民心，得民心者得天下。习近平总书记指出："我们党和政府做一切工作出发点、落脚点都是让人民过上好日子。"民生资金的管理不仅关系到实现人民群众的基本需要，也直接关系到执政者的人心向背，关系到社会的安定和谐。所以贵州省村委会在民生资金管理中也应当不断创新管理方式，接受来自社会各界的监督，使基层自治组织的权力在阳光下运行，使村委会成为农民大众最信赖的组织机构，同时树立党中央和各级政府在广大民众心中的"为民、务实、清廉"的形象，使党的民生资金管理各项政策真正惠及广大农村的千家万户。

参 考 文 献

[1] 贵州省人民政府. 省人民政府办公厅关于印发省国土资源厅 2010 年贵州省地质灾害防治方案的通知(黔府办发〔2010〕47号). http://www.guizhou.gov.cn/zwgk/jbxxgk/fgwj/szfwj_8191/qfbf_8196/201709/t20170925_823488.html.2010-7-20.

[2] 梁晓伟, 李胜斌, 吴继轩. 从西南地区旱情看建设农业水利基础设施的紧迫性. 经济导刊, 2010(04):11-12.

[3] 黄勇民, 蓝磊. 多层次农业基础设施体系建设的经济学分析与政府职能定位. 乡镇经济, 2006(3)：17-19.

[4] 高超, 周凯, 陈国琴. 夯实农业基础设施促进山区生态建设. 节能环保和谐发展——中国科协年会论文集, 2007.

[5] 滕灵芝. 加强水利基础设施建设提高农业安全保障水平. 中国农垦经济, 2003(6)：38-39.

[6] 甘琳, 张仕廉. 农村水利基础设施现状与融资模式偏好. 改革, 2009(7)：125-130.

[7] 中央一号文件强调突出抓好水利基础设施建设. 中国水利, 2010(02).

[8] 刘艳平. 农业基础设施建设中地方政府职能的现实特征. 农机化研究, 2009(10)：234-236.

[9] 汪红霞. 浅析村财镇管财务管理制度. 财会研究, 2012(10).

[10] 吴建国. "一折通"成了"一锅粥". 当代经济, 2009(8).

[11] 沈小华. 财政涉农补贴"一折通"的现状及思考. 当代经济, 2012(12).

[12] 张克海. 惠农补贴"一折通"发放的调查与思考. 学习月刊, 2010(10).

[13] 高明. 产业扶贫资金如何精准到户. 协商民主与公共政策, 2016(4).

附　　录

城镇化进程中农村失地妇女就业调查

调查问卷

一、基本信息

1. 您的年龄为( )。

A.20 岁以下　　　　B.21～30 岁　　　　C.31～40 岁　　　　D.41～50 岁　　　E.50 岁以上

2. 您的家庭成员人数是( )。

A. 3 人及以下　　　B. 3～5 人　　　　C. 5～8 人　　　　D. 8 人以上

3. 您的家庭就业人数是( )。

A.1 人　　　　　　B.2 人　　　　　　C.3 人　　　　　　D.4 人及以上

4. 您有几个小孩?( )

A.1 个　　　　　　B.2 个　　　　　　C.3 个及以上

5. 您小孩的年龄为( )。

A .3 岁及以下　　　B. 3～7 岁　　　　C .10～15 岁　　　D.15 岁以上

6. 您的婚姻状况是( )。

A.已婚　　　　　　B.离异或丧偶

7. 您的受教育程度是( )。

A.文盲　　　　　　B.小学及以下　　　C.初中

D.高中　　　　　　E.职业教育

8. 您的劳动技能是(可以多选)( )。

A.务农　　　　　　B.加工业　　　　　C.服务业　　　　　D.其他

9. 您的年家庭收入为( )。

A.1 万元及以下　　B.1～3 万元　　　　C .3～5 万元

D.5～10 万元　　　E.10 万元以上

10. 您丈夫的收入为（　　）。

A.1 万元及以下　　　　B.1～3 万元　　　　　C.3～5 万元

D.5～10 万元　　　　　E.10 万元以上

11. 您现在的工作状态是（　　）。

A.失业　　　　　　　　B.居家就业　　　　　C.离家较近

D.外出就业　　　　　　E.自我创业

12. 您现在的月收入是（　　）。

A.1000 元以下　　　　B.1001～2000 元　　　C.2001～3000 元

D.3001～4000 元　　　E.4000 元以上

13. 您对现在的工作状态（　　）。

A.很满意　　　　　　　B.比较满意

C.不太满意　　　　　　D.不满意

14. 您家里有需要照顾的老人吗？（　　）

A.有　　　　　　　　　B.目前没有　　　　　C.没有

二、就业意愿

1. 您愿意就业的地点是（　　）。

A.居家　　　　　　　　B.就地就业　　　　　C.跨地区就业

2. 您接受过就业培训吗？（　　）

A.是　　　　　　　　　B.否

3. 您愿意接受培训吗？（　　）

A.愿意　　　　　　　　B.不愿意

4. 您愿意为培训付费吗？（　　）

A.愿意　　　　　　　　B.不愿意

5. 您愿意自我创业还是就业？（　　）

A.自我创业　　　　　　B.就业

6. 您觉得自我创业最大的困难是什么？（　　）

A.资金　　　　　　　　B.项目　　　　　　　C.市场

D.政策　　　　　　　　E.其他

7. 您能够接受的最低工作报酬是（　　）。

A.2000 元及以下　　　B.2001～3000 元

C.3001～5000 元　　　D.5001 元及以上

8. 您是否曾经从事过务农以外的工作？（　　）

A.是　　　　　　　　　　B.否

三、希望和建议

1. 您外出就业主要依靠（　　）。

A.亲戚　　　　　　　　B.朋友　　　　　　　　　C.同学

D.同乡　　　　　　　　E.劳务中介

2. 您对就业中介的服务是否满意？（　　）

A.满意　　　　　　　　B.不满意

3. 您觉得务工最需要解决的困难是（　　）。

A.工资定价　　　　　　B.住房　　　　　　　　　C.工伤

D.失业　　　　　　　　E.养老

4. 您愿意和能够使用就业信息网吗？（　　）

A.愿意，也会使用　　　B.愿意，但是不会使用

C.会用，但是不愿意　　D.不愿意，也不会使用